인공지능의 어두운 그림자

: 위험은 어디에서 오는가

SHADOWS OF AI

: UNCOVERING THE SOURCES OF RISK

김창익 지음

저자소개

김창익

- 카이스트 전기및전자공학부 교수
- 카이스트 사이버안보연구소 소장
- 카이스트 안보과학기술대학원장
- 전) 엡슨 팔로알토 연구소 책임연구원
- 워싱턴 주립대학교 전기공학과 공학 박사

인공지능의 어두운 그림자

: 위험은 어디에서 오는가

인 쇄: 2024년 7월 15일 초판 1쇄
발 행: 2024년 7월 22일 초판 2쇄

저 자: 김창익
발행인: 송 준
발행처: 도서출판 홍릉
주 소: 01093 서울시 강북구 인수봉로 50길 10
등 록: 1976년 10월 21일 제5-66호

전 화: 02-999-2274~5
팩 스: 02-905-6729
e-mail: hongpub@hongpub.co.kr
http://www.hongpub.co.kr
ISBN: 979-11-5600-211-6(93000)

정 가: 21,000원

인공지능의 어두운 그림자

: 위험은 어디에서 오는가

SHADOWS OF AI

: UNCOVERING THE SOURCES OF RISK

김창익 지음

도서출판 홍릉

차 례

CHAPTER

01

머리말

2022년 11월, ChatGPT가 실체를 드러낸 이후, 많은 인공지능 학자들은 "거대한 인공지능 실험을 6개월 동안 즉각 중단할 것"을 요청하는 공개서한에 서명한 바 있다. AI 분야에서 선구자적인 연구로 알려진 세 명 중 두 명인 제프리 힌튼 (Geoffrey Hinton)과 요슈아 벤지오 (Yoshua Bengio) 또한 이러한 우려를 공유했다. 물론 다른 한 명인 얀 르쿤 (Yann LeCun)은 초지능 AI가 세계를 지배할 가능성이 "불합리하게 우스꽝스럽다"고 일축하며 "유익한 기술의 위험성을 꾸며서 사람들을 두렵게 만드는 것"이라 말한 것도 사실이지만 말이다. 이러한 논쟁의 배경에는 GPT-4와 같은 초거대규모 언어모델이 있다. 이러한 모델들은 일상의 대화 수준을 넘어 전문가 영역에서도 놀라운 성능을 선보이며 인간수준의 지성을 가진 인공지능, 즉 범용인공지능 (AGI, Artificial General Intelligence)의 등장 가능성을 예고하고 있다. 최근에는 "100년 내 인간 멸종 확률이 99.9%"라고 하는 컴퓨터 과학자의 주장이 나오기도 했다.[1]

2024년4월, AI연구자인 다니엘 코코타일로는 ChatGPT를 개발한 회사인 OpenAI를 사임하면서 인공지능 기술에 대한 혁명적이지만 아직 완전히 이해되지 않은 기술과 관련된 문제를 다루는 방식에 동의하지 않아 회사를 떠난다고 밝혔다. OpenAI에서 정책 및 거버넌스 연구를 진행한 코코타일로는 회사의 취약한 안전문화를 비판하며 AI가 발생시킬 수 있는 위험에 대해 경고하는 것을 무시하고 전진하고 있다고 비난하였다. OpenAI는 그에게 회사를 비방하지 않을 것을 약속하는 계약서에 서명하도록 압박했으며, 만약 그가 거부한다면 회사의 투자 가치에 해당하는 보유 중인 자본을 잃게 될 것임을 경고했던 것으로 알려진다. 뉴욕 타임스의 보도에 따르면 그 보유 자본이 170만 달러에 해당한다 하는데 그럼에도 불구하고, 그는 이를 거절하고 AI에 대한 우려를 공개적으로 표명하기로 선택한 것으로 보인다.

어떤 사람들은 AI의 환경적 영향에 강한 우려를 나타내기도 한다. 강력한 AI 시스템은 많은 전기를 사용한다. 한 연구원은 2027년에 이르면 모두 합쳐서 이들이 네덜란드와 같은 작은 국가의 매년 사용량에 육박할 것이라고 말했다. EU의 인공지능 법안이 법으로 제정되면, 고위험 시스템에 엄격한 통제가 가해질 것이다. 미국 대통령 조 바이든도 AI가 일으킬 여러 문제에 대처하기 위한 조치를 발표하면서 "미국인의 안전을 유지하면서 AI의 힘을 활용하겠다"고 다짐했다.

인공지능(AI)은 최근 몇 년 동안 급속한 발전을 이루어 왔으며, 이로 인해 AI 전문가, 정책 결정자 및 세계 리더들 사이에서 점점 진보하고 있는 AI가 가지는 잠재적 위험에 대한 우려가 증대되고 있다. 급기야 2023년 11월에는 영국 블레츨리에서 28개국 대표들과 마이크로소프트, 메타, 삼성 등 기업이 참석한 'AI 안전성 정상회의 (AI Safety Summit)'가 개최되었으며 AI가 생화학 무기처럼 위험한 기술을 개발하는 데 쓰일 수 있다는 점에서 안전성 관리가 중요하다는 점에 의견이 모아졌다. AI의 편향성, 생성형 AI가 만든 가짜 이미지나 동영상 등이 이미 사회적 문제가 되고 있는 가운데, 인간을 물리적으로 공격할 수 있는 무기 개발 등의 파괴적인 상황 또한 머지않아 벌어질 수 있는 일이라는 점에서 대비가 필요하다는 것이다. 이 회의를 통해 AI위험성을 평가하고 관리하기로 합의한 '블레츨리 선언'이 발표되었으며 주요 내용으로는 1) 인간 중심, 신뢰, 안전에 기반한 인공지능 개발 및 사용, 2) 콘텐츠 조작 등 AI의 위험 식별, 문제해결 시급성 확인, 3) 유해하지 않은 AI를 위하여 개발자의 강력한 책임 확인, 4) AI 관련 국제 협력 강화를 위한 논의 및 연구 지속 등을 들 수 있다.

최근 AI가 사회의 대부분의 영역에서 놀라운 신기술로 등장하고 있고, 모든 강력한 기술과 마찬가지로 사회의 지속 발전을 위하여 AI의 잠재력을 신중하게 고민하고 활용해야 하는 시점이다. 그러나 AI가 가져다줄 장미빛 전망에 가리워져 고급 AI가 초래할 수 있는 재앙적이거나 종말적인 위험이 어떻게 일어날지 또는 어떻게 대처해야 하는지에 대해서는 제한된 정보만이 제공되고 있다. 이 주제에 대한 다수의 자료가 존재하지만, 이들 자료들은 다양한 논문에 흩어져 있거나 특정 위험에 중점을 둔 특정한 독자를 대상으로 하는 것이 일반적이다. 이 책에서는 인공지능이 갖는 잠재적 재앙적 AI 위험의 주요 원천을 크게 두 가지 범주로 나누어 설명한다. 첫째는 AI 모델이 기본적으로 지니는 **내재적인 취약성**(Intrinsic Vulnerability)으로 인한 위험이 그것이다. 사람의 지능을 포함 어떠한 지능이든 고유의 내재적 인 취약점은 있게 마련이며 인공지능 역시 몇 가지 내재적 취약성을 가진다. 훈련데이터에 크게 의존하는 AI의 특성상 훈련데이터가 불완전하거나 편향되어 있으면 모델이 잘못된 결정을 내릴 수 있으며, 특히 데이터가 특정 집단이나 문화에 치우쳐 있으면 모델이 부당한 결정을 내릴 수도 있다. 또한 인공지능학자들은 적대적 교란이라고 하는 수학적으로 계산된 노이즈를 추가하여 상대방의 인공지능 모델을 속이는 기술을 알아냈으며 이러한 기술은 영상, 음성, 텍스트 등 다양한 유형의 데이터에 적용될 수 있다. 흔히 최근의 인공지능을 블랙박스라고도 부르는 이유가 바로 인공지능의 투명성 부족으로 인함이며 이로 인해 AI 모델의 결정과정을 이해하기 어렵고 결과에 대한 설명이 힘들면 사람들이 모델을 신뢰하기가 쉽지 않게 되어 결국 인공지능에 대한 불신과 수용에 대한 저항으로 이어질 수 있다. 이러한 AI 모델의 불투명성은 훈련 데이터나 알고리즘에 내재된 편견을 숨길 수도 있으므로 투명성 없이 편견이 있는 결정을 내리면 기존 사회적 편견이나 차별을 지속하거나 심화시킬 수 있게 된다. 투명성의 부족으로 인한 또다른 문제는 AI 시스템이 잘못된 결정을 내릴 때 책임 소재를 밝히기가 어려워진다는 것이다. 결정 프로세스를 이해하는 것은 개인 또는 기관의 책임 소재를 분명히 하기 위해서도 중요하다. AI 시스템의 투명성 부족은 규제 기관이 이 기술의 공정성과 안전성을 평가하는 데도 어려움을 겪게 할 수 있다. 윤리적이고 책임있는 AI 개발과 배포를 보장하기 위해 종종 투명성을 확보할 방안이 요구되기도 한다.

두 번째 위험 원천은 AI 성능이 점차 사람의 지능에 도달하거나 넘어서는 단계로 진화함에 따라 **재앙적 위험 (Catastrophic risks)의 형태로 나타나는 위험 요소들**을 들 수 있다. 헨드릭스 등은 진화하고 있는 AI가 갖는 잠재적인 재앙적 위험 원천을 네 가지로 나누어 설명한 바 있다.[2] 4장에서는 헨드릭스 등의 분류를 좀 더 세분화하여 다음과 같이 여섯 가지 재앙적 위험의 원천을 제시한다.

악의적 사용. 불순한 의도를 가진 행위자들은 강력한 인공지능을 의도적으로 활용하여 대규모 피해를 초래할 수 있다. 구체적인 위험 요인에는 치명적인 병원균을 만들 수 있는 인공지능의 지원에 의한 생화학테러리즘과 인공지능을 이용한 허위정보의 생성 및 유통이 포함된다. 또한 통제되지 않은 인공지능 에이전트의 의도적인 유포 및 인공지능을 선전, 검열 및 감시 목적으로 사용하는 것도 위험하다. 이러한 위험을 줄이기 위해 생물안보 강화, 허위정보의 자동 탐지, 위험한 인공지능 모델에의 접근 제한, 그리고 인공지능 시스템에 의한 피해에 대한 법적 책임을 개발자에게 묻는 것 등이 제안되고 있다.

초지능 숭배. 인공지능이 점차 사람 수준의, 또는 그것을 능가하는 지능을 갖추어 감에 따라 반드시 나쁜 의도에 의한 악용이 아닐지라도 사용자들의 사상편향이나 신념에 의한 오용의 위험이 등장하고 있다. 예를 들어, 현재 지구가 안고 있는 여러 가지 환경 위기, 동물 멸종 위기 등에 대한 해결책으로서, 또는 단지 더 나은 지능이 지구의 지배자가 되어야 한다는 신념을 가지고 인공지능을 추종하고자 하는 세력이 존재하며 이는 사회적 낙오자 또는 불만세력에 의한 AI 악용과는 구분될 필요가 있다.

인공지능 경쟁. 경쟁 환경은 국가와 기업에게 인공지능 개발을 서둘러 완성하도록 압박을 가할 수 있고, 그로 인해 인공지능 시스템에 섣불리 통제권을 양도하는 일이 벌어질 수도 있다. 군대는 자율무기를 개발하고 인공지능을 사이버전쟁에 사용하도록 압박을 받을 수 있으며, 이는 사람이 개입할 기회조차 없이 사고가 언제든 통제를 벗어날 수 있는 새로운 종류의 자동화 전쟁이 가능해 진다는 것을 뜻한다. 기업들은 인간 노동을 자동화하고 안전보다 이윤을 우선시하는 경제적 유혹을 떨쳐 내기 힘들며, 이는 대규모 실업과 인공지능 시스템에 의존하는 상황을 초래할 수 있다. 우리는 또한 장기적으로 인공지능을 형성할 수 있는 진화적 압력에 대해 논의하고자 한다. 인공지능들 사이의 자연선택은 이기적인 특성을 유도할 수 있으며, 인공지능이 인간에 비해 가지는 이점이 커질수록 결국 인류의 대체로 이어질 확률도 높아진다. 인공지능 경쟁으로부터의 위험을 줄이기 위해 안전 규정, 국제적 조정 및 일반적인 목적의 인공지능에 대한 공공 통제가 필요해지고 있다.

취약한 안전 문화. 안전 문화란 조직의 비공식적이고 문화적인 측면에서 설명되는 개념이다. 조직 문화란 조직 내에서 지속적으로 발전하고 공유되는 가치, 믿음, 태도, 행동, 의사 결정 방식 등을 포괄하는 개념으로, 조직원들이 안전을 어떻게 인식하고 다루는가, 그리고 안전과 관련된 이슈를 제대로 알고 안전하고 건강하게 업무를 수행하는지에 영향을 준다. 조직 내의 의사 결정 구조, 팀 간의 의사소통, 조직 구성원의 행동, 역량 및 태도 등에 있어서 안전문화의 미약함으로 인해 상상이상의 위험이 발생할 수 있다. 달리 말해서 조직 내부 구조에서 발생하는 무분별한 안전 조치, 감독 부재, 역량부족, 오용 또는 의도하지 않은 결과 등과 같은 다양한 요인으로 인해 재앙이 초래될 수 있는 것이다. 체르노빌, 스리마일 아일랜드 및 챌린저 우주왕복선 사고와 같은 재해가 바로 조직의 취약한 안전문화로 인해 발생한 사례이다. 마찬가지로 고도의 인공지능을 개발하고 배포하는 조직들도 특별히 안전 문화가 강화되어 있지 않은 경우에는 재앙적인 사고를 겪을 수 있다. 인공지능 모델이 실수로 공개될 수도 있고 악의적인 행위자나 집단의 손에 넘어갈 수도 있다. 안전 연구에 투자하지 않거나 인공지능의 안전성을 일반적인 인공지능 능력보다 빠르게 신뢰성 있게 향상시키는 방법을 이해하지 못하거나 내부에서 인공지능의 위험에 대한 우려를 억누를 시도를 하는 기관이나 조직이 있을 수도 있다. 이러한 위험을 줄이기 위해, 내부 및 외부 감사, 위험에 대한 다층 방어층, 최첨단 정보 보안과 같은 더 나은 조직 문화와 구조를 확립해야 한다.

로그 AI. 로그 AI는 잠재적으로 위험한 행동을 하는 자율 인공지능 시스템으로 여러 형태를 띠며 다양한 수준의 심각성, 위협 또는 피해를 초래할 수 있다. 일반적이면서도 심각한 우려는 우리가 인공지능이 우리보다 더 지능적으로 발전함에 따라 그들을 통제할 수 없게 될 수 있다는 것이다. 인공지능은 '프록시 게이밍' 또는 '보상 해킹'이라고 불리는 프로세스에서, 결함이 있는 목표를 극단적으로 최적화할 수 있다. 인공지능은 환경의 변화에 적응함에 따라 목표가 바뀔 수 있으며, 이는 사람들이 자신의 삶 동안 목표를 획득하고 잃는 방식과 유사하다. 몇몇 경우에는 'AI 판사'와 같이 인공지능이 권력을 추구하는 것이 합리적으로 여겨질 수도 있다. 또한 AI가 어떻게 그리고 왜 그들이 통제되지 않으면서도 통제받는 것처럼 보이는 속임수를 쓸 수 있는지 살펴보고자 한다. 이러한 문제들은 앞에서 설명한 위험 요인보다 기술적인 면에서 더 복잡하고 사회적으로 매우 치명적이다. 늦기 전에 AI가 통제 가능하다는 것을 어떻게 보장할 수 있는지에 대한 깊이 있는 연구가 매우 필요하다.

막대한 에너지소비. 우리가 일반적으로 인공지능에 대해 이야기할 때, 그것이 보여주는 신기하고 놀라운 성능에 크게 주목을 하곤 하는데 그러한 대단한 결과물을 낳기 위해서는 많은 양의 전기와 수자원이 소비되고 있다는 사실을 잊으면 안 된다. 특히, 최근 생성형 AI 열풍이 불면서 최신 AI 모델은 엄청난 양의 에너지를 소비하며 이러한 에너지 요구 사항은 놀라운 속도로 증가하고 있다. 딥 러닝 시대에 동급 최고의 AI 모델을 생성하는 데 필요한 계산 리소스는 3.4개월마다 평균 2배씩 증가했으며 이는 2012년과 2018년 사이에 300,000배 증가한 것으로 해석된다. MIT 엠마 스트루벨 교수 연구진의 2019년 논문에 따르면, 초거대 AI 모델 학습에는 약 62만6000파운드의 이산화탄소가 발생한다. 이는 뉴욕에서 샌프란시스코를 비행기로 300번 왕복할 때 나오는 이산화탄소 수치와 비슷하다. 또한, '전기 먹는 하마'라는 별칭을 가진 데이터센터의 냉각을 위한 수자원 문제도 해결 과제로 남아 있다. 이와 같이 ESG 시대에 온실가스 배출을 줄이기 위해서는 데이터센터 설계 단계부터 친환경적 요소를 고려하고, AI 전용 반도체 등을 적극 도입해 운영 과정에서의 탄소 배출량을 대폭적으로 줄여야 할 것이다.

이 책은 인류와 지구의 지속가능성을 염원하고 노력하는 이들은 물론 가까이 다가온 범용 인공지능(AGI) 시대에 대한 막연한 두려움을 가지고 있는 모든 이에게 보다 구체적이고 명료한 이해를 제공하기 위해 쓰여진 것이다. 각 섹션을 통해 AI와 관련된 위험의 원천이 어떻게 대규모 재앙이나 심지어 종말적인 위협을 초래할 수 있는지를 구체적으로 설명함으로써, AI의 위험성에 대비하기 위한 우리의 이해와 관심을 높이고자 한다. 위험의 원천을 구체적으로 인지하고 적절히 관리함으로써 AI의 혜택을 인류가 누리면서도 잠재적으로 발생할 수 있는 재앙 가능성을 최대한 낮추게 되기를 바랄 뿐이다.

CHAPTER

02

인공지능의 어두운 그림자

인류의 역사는 인간의 삶을 직접적이고 측정 가능한 방식으로 개선시킨 혁신으로 가득하다. 우리는 몇 시간이 걸리던 이동이 몇 분으로 단축되었고, 살아있는 메신저를 사용하던 것 대신에 이제는 스마트폰을 통해 세계의 반대편에 있는 사람들과 수 초 안에 소통할 수 있다. 그리고 높은 해상도와 매우 신뢰성 있는 비침습적인 방법으로 해부를 하지 않고도 우리 몸 속의 곳곳을 들여다볼 수 있게 되었다. 이 모든 것은 우리 사회 내의 기술 발전과 컴퓨팅 파워 및 통신 대역폭의 기하급수적인 성장 경로 덕분에 가능해졌다.

기술에서 주목할 점 중 하나는 지난 몇 십 년간 변화의 속도가 가속화되고 있다는 것이다. 이는 지수적인 추세를 따르는 모든 것의 본질적인 특성이다. (그림 1)

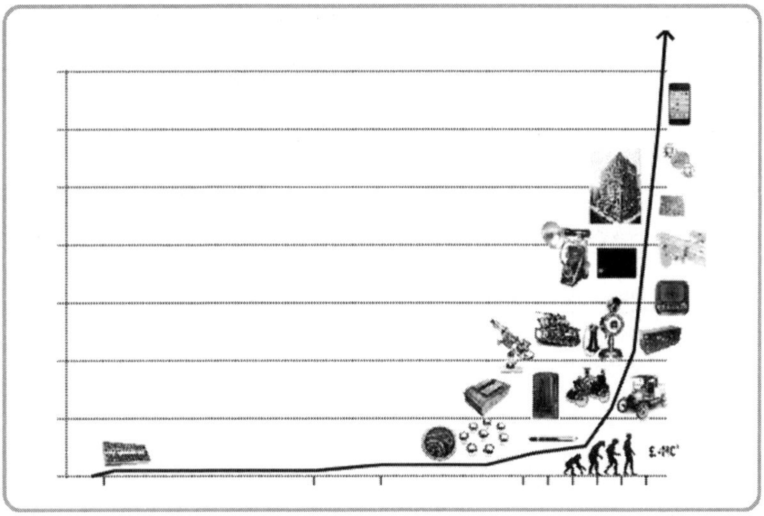

▲ **그림 1** 기술의 지수적 성장. (adapted from Lee, 2013)[1]

앞서 말한바와 같이. 우리는 수천 마일 떨어져 있는 사람들과 즉각적으로 대화를 나눌 수 있고, 하루가 지나기도 전에 세계의 반대편으로 비행할 수 있으며, 손에 쥐고 다니는 기기를 통해 축적된 방대한 지식에 접근할 수 있다는 것을 당연하게 생각한다. 몇 십 년 전에는 이러한 현실들은 멀리 떨어진 미래의 이야기로 여겨졌고, 수세기 전에 살았던 사람들에게는 상상조차 할 수 없는 것이었다. 우리가 살고 있는 방식, 일하는 방식, 여행하고 소통하는 방식은 인류 역사의 극히 작은 부분 동안만 가능한 것이었다.

그럼에도 불구하고, 더 큰 전체적인 그림을 바라보면 더 넓은 패턴이 드러나게 된다: 가속화된 발전. 지구에 호모 사피엔스가 나타난 시기와 농업 혁명 사이에는 수십만 년이 흘렀으며 그 후에는 산업 혁명까지 수천 년이 지났다. 그리고 다시 몇 세기 후인 지금 인공지능(AI)

혁명이 시작되고 있다. 역사의 행진 속도는 일정하지 않으며 빠르게 가속화되고 있다. 그림 2는 이러한 추세를 세계 총생산의 수치로 나타낸 것이다. 그림에서 나타나는 초월적인 성장은 그림 1과 같이 기술 발전 속도가 증가하는 경향과 매우 유사한 패턴을 그린다. 새로운 기술을 활용함으로써 사람들은 이전보다 더 빠르게 혁신할 수 있다. 따라서 각 랜드마크 개발 간의 시간 간격이 좁아지게 된다.

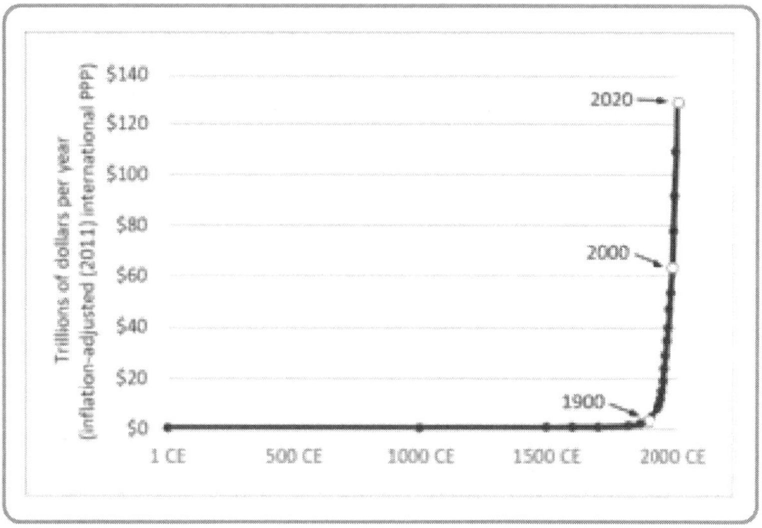

▲ **그림 2** 지난 2천년간의 세계 총생산(Gross World Product, GWP) 추세. GWP는 전 세계 모든 국가의 총 국민 총생산을 의미하며, 이는 전세계 GDP의 합계와 동일하다. IMF에 따르면, 2021년 세계 경제는 194개 국가로 이루어져 있으며 명목 GWP는 약 93.86조 달러에 달했다.

출처 세계은행 (2023)

인간 역사에서 21세기를 이제까지 경험한 적 없는 시기로 만드는 요인은 기술의 정교함과 더불어 빠른 발전속도이다. 우리는 기술의 발전으로 세계가 한 사람의 인생 동안에도 알아보기 어려운 정도로 변화될 수 있는 지점에 도달했다. 예를 들어, 인터넷이 보편화된 후 태어난 사람들은 현재 디지털로 연결된 세상 이전의 시대를 상상하기가 결코 쉽지 않다. 역사적인 관점에서 보면, 다가오는 미래에는 같은 양의 발전이 더 짧은 시간 동안에도 가능할 것으로 충분히 예상된다. 그렇다면 다음 큰 가속을 일으킬 새로운 기술은 무엇일까? 최근의 발전을 고려하면 AI가 실현 가능한 후보 일순위라는 것을 부인할 사람은 극히 드물 것이다. 아마도 AI가 계속해서 강력해짐에 따라 인류는 지금까지 경험한 것보다 훨씬 더 크고 깊은 변화를 마주해야 할 것이며, 이는 역사상 가장 영향력 있는 시기가 될 수 있을 뿐만 아니라 자칫하면 마지막 시기가 될 수도 있다는 것이다.

기술의 발전은 종종 사람들의 삶을 개선해왔지만, 우리는 우리의 기술이 강력해질수록 파괴적인 잠재력도 증가한다는 것을 기억해야 한다. 핵무기의 발명을 생각해보라. 지난 세기에는 우리 인류의 역사상 처음으로 자신을 파괴할 능력을 가졌고 그로인해 세계는 갑자기 훨씬 더 취약해졌다. 그 대표적인 예가 냉전 시기인 1962년 10월 14일에 발생한 이른바 쿠바 미사일 위기이다.[2] 이 위기는 옛 소련(이하 러시아)이 1962년 미국 플로리다주에서 불과 200여 킬로미터 떨어진 쿠바에 미사일 기지를 건설하면서 촉발됐다. 1958년 미국은 중거리 핵 미사일 주피터를 튀르키예(터키)와 이탈리아에 배치하기로 결정했다. 반면, 러시아는 미국 본토를 사거리에 두는 대륙간탄도미사일(ICBM) 개발을 완성하지 못해 위기감을 느끼고 있었다. 1959년 피델 카스트로가 쿠바 혁명을 일으켜 집권했다. 소련공산당 서기장 니키타 흐루쇼프는 쿠바의 전략적 가치에 주목해 미사일 기지를 설치하기로 결정했다 (그림 3). 그리 되면 러시아도 미국 도시들에 대해 동등한 타격 능력을 가지게 될 것으로 보았다. 카스트로와 체 게바라도 러시아제 미사일을 미국에 대한 억지 수단으로 보고 환영했다. 이제 쿠바는 카리브해의 조그만 섬에서 냉전의 최전선으로 바뀌게 된 것이다. 그러던 중, 미국 측의 U-2 정찰기가 쿠바에 소련의 SS-4 준중거리 탄도 미사일(MRBM) 기지가 건설되는 것을 포착하면서 미국과 소련 양국이 1962년 10월 28일까지 군사적으로 대치하며 핵전쟁의 벼랑 끝에 섰던 시간이었다.

1962년 10월 소련 시각 28일, 미국 시각 27일 오후, 쿠바의 해안을 봉쇄 중인 미국의 전함이 소련의 잠수함을 발견하고, 훈련용 폭뢰를 이용해 소련 해군 잠수함의 강제 부상을 시도했고 이것이 적중해 소련의 폭스트로트급 잠수함 B-59함의 선체 근처에서 폭뢰가 폭발했다. 미군의 폭뢰 투하로 그 잠수함은 무전 연락이 두절되었고, 그 함선의 선원들은 이미 세계 전쟁이 이미 시작된 것인지 알 방법이 없었다. 고장 난 환기 시스템 때문에 함선 일부 지점에서는 온도가 60℃에 달했으며 함선 내부에서는 이산화탄소 농도가 급증해 승조원들이 쓰러지고 있었고 모스크바와의 통신도 불가능했다. 이 판국에 다시 함선 근처에서 폭뢰가 터지자, B-59 함장 발렌틴 사비츠키는 이를 전쟁 발발 상황으로 간주, 정치장교 이반 마슬레니코프의 동의를 받아 탑재한 핵어뢰를 발사하려고 했다. 다행히도, 그 잠수함에는 바실리 아르키포프라는 전체 함대의 사령관이 있었다. 그는 함장에게 모스크바에서 추가 지시가 올 때까지 기다리라고 설득했다. 그는 핵전쟁을 방지하고 수백만이나 수십억 명의 생명, 그리고 아마도 문명 자체를 구했다고도 말할 수 있다.

▲ **그림 3** 1962년 10월 U-2 정찰기에 찍힌 쿠바의 산 크리스토발에 위치한 중거리 탄도 미사일 기지

지혜롭게 사용할 준비가 되지 않은 기술의 진보는 한 순간에 인류를 파멸로 이끌 수도 있다. 앞서 말한 쿠바 미사일 위기의 경우, 핵 파괴로부터 인류를 구한 것은 지혜가 아니라 운이었으며, 너무나 다행히도 개인 한 명이 대규모 핵 전쟁을 막았다고 할 수 있다.

현재 AI는 핵무기와 유사한 파괴적 잠재력을 가진 강력한 기술로 자리 잡고 있다. 결코 다시는 쿠바 미사일 위기를 되풀이 해서는 안될 것이다. 다시는 인류의 생존을 운에 맡기는 일이 있어서는 안되며 이 기술을 지혜롭게 활용하는 능력을 갖출 수 있도록 적극적으로 노력해야 한다. 이것은 무엇이 잘못될 수 있는 지와 그에 대응하는 방법에 대한 깊이 있는 탐구를 필요로 한다.

다행히도, 현재 AI 시스템은 우리가 논의하는 모든 위험에 기여할만큼 진보되지 않았다고 볼 수도 있다. 그러나 최근 챗GPT를 비롯하여 각종 생성 AI들이 보여주고 있는 비약적으로 발전한 결과물들을 통해 알 수 있듯이 AI 개발이 전례 없는 예측할 수 없는 속도로 진행되고 있는 시대에는 눈앞의 부족함이 결코 위안이 될 수 없다. 우리는 현재 존재하는 AI와 가까운 미래에 존재할 가능성이 높은 AI에서 발생할 수 있는 위험에 대해, 그리고 그 원천에 대해 신중하게 생각해야 한다. 만약 더 진보된 시스템이 개발될 때까지 대응을 머뭇거리다가는, 그때는 이미 돌이킬 수 없게 늦어버릴지 모른다.

인공지능이 가져올 것으로 예상되는 여러 가지 형태의 위험 중에서 인류에게 있어서 가장 명백한 위험은 멸종일 것이다. 그러나 영구적인 디스토피아 사회를 만들어내는 등 다른 결과물도 존재하며, 이러한 결과 역시 종말적 재앙으로 여겨질 수 있다. 이 책에서 제시되는 여러 가능한 재앙적 결과 중 일부는 다른 것보다 더 가능성이 높고 서로 호환되지 않는 경우도 있다. 우리는 재앙이 발생하고나서야 반응하는 어리석음을 버리고 "무엇이 잘못될 수 있는가?"라는 질문을 지속적으로 제시해야한다. 이러한 지속적이고 반복적인 자세는 리스크 관리의 핵심 원칙의 하나로서, 너무 늦어지기 전에 재앙적 위험을 예상하고 완화할 수 있도록 해 줄 것이다.

독자의 이해를 쉽게 하기 위해, 우리는 AI로부터 발생될 수 있는 잠재적 위험의 원천을 크게 두 가지로 구분하여 이야기를 풀어 나아가고자 한다. 첫째, 인공지능 고유의 내재적 특성으로 인해 야기되는 위험 요소로서 투명성 부족, 견고성 부족, 편향, 개인정보 유출, 정보보안 문제 등을 다룬다. 두 번째는 AI의 개발자나 사용자로 인해, 또는 더 나아가 지능화된 AI 스스로 초래할 수 있는 재앙적 위험 요소들. 즉, 악의적 이용, 초지능 추종, 경쟁환경, 취약한 안전문화, AI 스스로 불량화되는 로그 AI 및 막대한 에너지 소비문제에 대해 상세히 설명한다. 이들을 통해 각 위험 요소의 구체적이고 소규모의 예가 어떻게 재앙적 결과로 확대될 수 있는지 설명한다. 또한 각 섹션에서 논의된 다양한 프로세스와 역학을 독자가 개념화할 수 있도록 가급적 많은 실제의 관련 사례를 포함하고 있으며, 부정적인 결과를 피하기 위한 실용적인 안전 제안도 함께 제공할 것이다. 아무쪼록 이 책이 재앙적 AI 위험에 관심을 가진 독자들에게 실용적인 소개서로 기능할 것을 기대한다.

CHAPTER

03

인공지능의 내재적 취약성

최신 인공지능(AI) 기술인 딥러닝(deep learning, 심층학습)의 한 모델인 알렉스넷(Alex net)이 세상에 본격적으로 모습을 드러낸 지 십여 년이 지나면서 새로운 인공지능 기술이 가져다줄 것으로 기대되는 환상적인 삶의 변화와 더불어 인공지능으로 인한 여러가지 위험성 또한 최근 들어 진지하게 거론되기 시작하고 있다.[1]

인공지능의 본질적인 위험은 AI 시스템의 개발, 배포 및 사용에서 발생할 수 있는 부정적인 결과와 도전에 관련된 것이다. 이러한 위험은 AI 알고리즘의 복잡성, 이러한 시스템을 훈련시키기 위해 사용된 데이터, 그리고 그들의 응용 프로그램의 사회적 영향과 같은 다양한 요인으로 인해 발생할 수 있다. 이 장에서는 최근 폭발적인 진전을 보이고 있는 딥러닝 기반 AI에 내제되어 있는 주요 본질적인 위험 요인들을 소개한다.

3.1 투명성 부족 (lack of Transparency)

인공지능의 내재적 취약성 중 하나로 투명성의 부족은 인공지능 시스템의 내부 동작과 의사 결정 프로세스에 대한 이해가 어려워서 발생하는 문제를 나타낸다. 다양한 인공지능 모델, 특히 딥러닝 모델은 많은 양의 데이터로 학습되며 복잡한 패턴과 특징을 추출한다. 이러한 모델은 일반적으로 수많은 가중치와 파라미터를 가지고 있어서 그 내부 동작을 사람들이 해석하기 어려울 수 있으며 이러한 투명성의 부족으로 인해 다음과 같은 현상이 나타나게 된다.

- **블랙 박스 현상**: 몇몇 인공지능 모델은 블랙 박스로 알려져 있어, 모델이 어떻게 특정 결정을 내리는지를 설명하기가 어렵다. 이는 특히 딥러닝에서 사용되는 신경망 모델과 같은 복잡한 알고리즘에서 두드러지는 현상이다.
- **비가역성**: 일부 인공지능 모델은 입력과 출력 간의 복잡하고 비가역적인 관계를 가지고 있어서, 모델의 동작을 쉽게 역추적하거나 설명하기 어렵다.
- **데이터 편향**: 모델이 학습한 데이터에 따라서 모델의 의사 결정이 편향될 수 있으며 이 편향이 모델의 결정에 어떻게 영향을 미치는지를 명확히 이해하기 어려울 수 있다.
- **책임 소재의 모호함**: 딥러닝 모델의 개발, 배포 및 사용은 다양한 이해 관계자들에게 분산되어 있다. 개발자, 운영자, 데이터 제공자, 시스템 사용자 등 각 이해관계자들은 각자의 책임과 역할을 가지고 있지만, 투명성의 부족으로 인해 이들 간의 책임 경계가 명확하지 않을 수 있고 사고 발생시 책임소재를 명확히 하기가 어려워진다.

설명가능 인공지능의 필요성. 인공지능 시스템의 투명성을 높이기 위한 여러가지 방법의 하나로 설명가능 인공지능(Explainable AI, XAI)이라고 하는 기술이 있다. 이는 모델이 어떻게 작동하는지 이해하기 쉬운 설명을 제공하여 투명성을 높이고자 하는 것이다. 하지만 다양한 유형의 인공지능 시스템에 대해 가장 적합한 설명의 방식이 무엇인지에 대해서는 아직 명확하게 정의된 개념이 아직 정립되지 않은 상태이다. 여러가지 설명가능성에 관한 접근법들 중에 가장 활발히 연구된 방식은 '시각화기반 해석 방법'이다. 이는 주어진 영상이나 문장에 대해 AI 시스템이 어떠한 결과를 내는데 있어서 가장 기여를 많이 한 구성 성분 (영상의 경우에는 화소들, 문장의 경우에는 단어라고 할 수 있겠다)을 시각화하여 보여주는 방식이다.

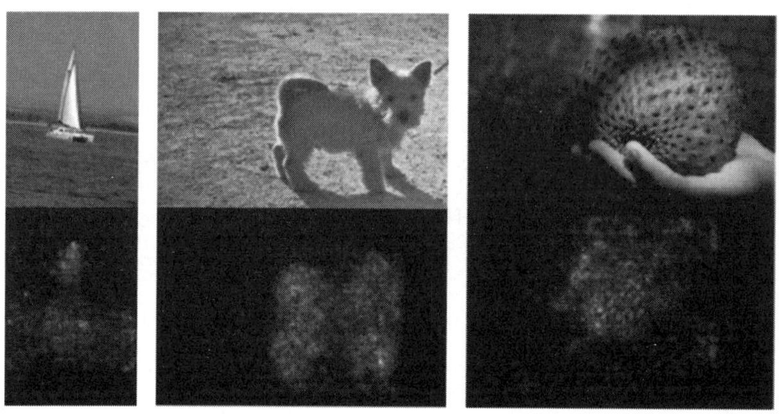

▲ **그림 1** 시각화 기반 설명의 예.

영상 출처 arXiv [cs.CV] (April 19, 2014), preprint

그림 1은 영상 분류 인공지능 시스템이 분류결과를 내는데 영상의 어느 부분이 가장 크게 기여하는지를 시각화를 통해 설명하는 예를

보여준다. 먼저 왼쪽의 범선 사진을 보자. 영상인식 AI 시스템이 이 사진을 보고 그 안의 물체가 '범선'임을 맞추었다고 하자. 우리는 이 AI가 왜 이 사진을 보고 범선이라는 결과를 냈는지 알고 싶다. 시각화 기반 설명가능 AI 방법을 이용하여 만들어 낸, 일반적으로 히트맵(heat map)이라고도 하는 그 아래 그림을 보면 사진상의 어느 부분을 보고 범선이라는 답을 내게 되었는지 이해가 가능해진다. 가운데 강아지와 오른쪽 열대과일 사진의 경우에도 영상의 어디를 보고 강아지와 열대과일임을 알아냈는지를 보여준다. 사용자는 필요한 경우 이러한 시각화 결과를 보고 AI 시스템이 제대로 동작하고 있는지의 여부를 확인 할 수 있다. 그림을 조금 더 자세히 살펴보자. 사용된 인공지능이 강아지의 경우는 강아지에 초점을 맞추어 강아지를 인식했지만 범선의 경우에는 범선 영역과 주변의 바다의 일부를 참조하여 범선을 인식했음을 알 수 있다. 물론 이 실험에서 사용된 AI 모델의 경우에 그러하다는 것이지 모든 AI가 동일한 방식으로 인식한다고 오해해서도 안될 것이다. 또한 이 AI 모델의 경우 범선의 인식에 있어서 주변 바다 정보도 이용했다는 사실은 범선 사진을 학습하는 경우 범선이 바다 위에 존재하는 사진이 대부분이었고 따라서 범선 주위에는 늘 물이 있다는 사실이 자연스레 학습되었을 것이라는 점도 쉽게 추측할 수 있다. 한편 강아지의 경우는, 학습에 사용된 수많은 강아지 사진에서 범선의 경우와는 달리 강아지 주변 배경이 사진마다 천차만별이라 배경이 강아지를 인식하기 위한 단서로 사용되기가 어려웠을 거라는 추측도 가능하다. 이와 같이 시각화 기반의 설명가능 AI 기법은 AI 모델의 동작에 대해 직간접적인 다양한 이해를 가능하게 한다.

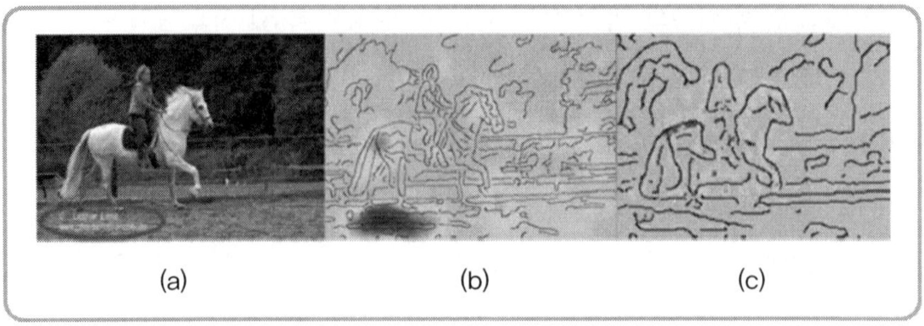

▲ **그림 2** 시각화 기반 설명을 통해 AI 모델이 정상적으로 동작하는지 확인할 수 있다.

영상 출처 Sebastian Lapuschkin

실제로 어떠한 문제가 있을까. 그림 2는 두 가지 다른 기계학습 시스템이 영상 (a)에 대해 인식한 결과를 시각화 기반 해석으로 보여준다. 실험결과에 따르면 두 가지 기계학습 시스템 (편의상 B와 C라고 하자) 모두 80%가 넘는 정확도로 왼쪽 그림을 말 사진으로 구분하고 있었다. 하지만 시각화기반 XAI를 통해 본 결과, 시스템 B에 대한 해석 결과는 그림 (b)에서 보듯이 의외의 영역을 하이라이트하고 있다 (좌하단부가 진하게 하이라이트 되고 있다). 반면 시스템 C에 대한 해석 결과인 그림 (c)는 말 주변을 하이라이트하고 있음을 알 수 있다. 우리는 이러한 해석결과를 보고 시스템 B에 뭔가 문제가 있음을 파악할 수 있다. 개발자들이 원인을 살펴보니 시스템 B는 학습과정에서 특정 회사에서 제작된 대량의 말 사진을 학습에 이용하여 시스템이 구축된 것이었고, 이 회사의 모든 사진에는 좌측 하단에 회사의 로고 등이 흰색으로 새겨져 있었던 것을 알아냈다 (그림(a)의 좌하단 타원 참조). 따라서 시스템 B는 학습과정에서 - 더 구체적으로는 지도학습 과정에서 - 영상 좌하단에 흰 글자들이 있으면 말이라고 판단하는 게 가장 효과적인 방법이라고 여겼을 것이다. 사실 자신이 생각하기에 가장 쉬운 말 사진의 특징을 잡아낸 것일 뿐 시스템 B에게는 아무 잘못이 없다고도 할 수 있다. 죄가 있다면 시스템 C와는 달리 사용자들이 동의하기 어려운, 사용자들에게는 무용한 특징을 잡아낸 죄랄까.

만일 설명가능 AI기법을 사용하지 않았다면 시스템 B는 시스템 C 못지않은 정확도로 말을 인식하는 것으로 판단되어 실제 사용을 위해 배포되었을 것이며, 실제 사용자가 직접 찍은 말사진을 테스트 입력으로 넣었을 때, 시스템 B는 오류투성이의 전혀 다른 답을 했을 것이다(영상의 좌하단에 하얀색 글자들이 없을 터이니). 특히 국방, 금융이나 의료 등과 같이 AI 모델의 출력이 사람의 목숨이나 정신 건강에 치명적인 영향을 미칠 수 있는 경우를 상상해 보라.

이와 같이 투명성의 부족은 신뢰성, 공정성, 개인 정보 보호 등과 관련하여 중요한 문제로 인식되고 있으며 투명성을 향상시키는 기술과 방법에 대한 연구가 활발히 진행되고 있다.

3.2 견고성 이슈

현실세계의 데이터에는 다양한 종류의 노이즈 -의도된 것이든 아니든- 가 포함되어 있을 수 있기 때문에 AI 모델은 입력데이터의 작은 변화(perturbations)에 대해 견고해야 한다 (예를 들어 AI 모델의 인식결과가 입력의 작은 변화에 -즉, 입력에 작은 변화가 가해졌을 때- 오락가락 해서는 안된다는 뜻이다). AI의 정확성과 견고성을 사람에 빗대어 설명한다면, 정확성은 치르는 시험마다 높은 점수를 받고 부모가 바라는대로 원하는 대학에도 순조롭게 합격하는 사람이라면, 견고성이란, 거기에 덧붙여, 너무 순수하고 순진해서 남에게 쉽게 속아 넘어가는 일이 없도록 주변으로부터의 의도적이든 비의도적인 여러 형태의 교란에 강인해야 하는 성질도 갖추어야 한다는 것이다.

AI의 견고성 부족은 시스템이 입력 데이터의 변이나 불완전성에 대한 취약성과 이로 인한 성능 또는 신뢰도 감소를 의미한다. 견고성은 AI 시스템이 다양한 시나리오에 대해 잘 일반화되고, 노이즈가 섞이거나 불완전한 데이터를 처리하며, 입력을 조작하려는 적대적 시도에 저항하는 능력을 보장하는 중요한 특성이다. 지금부터 AI의 견고성 부족에 기여하는 몇 가지 요인들을 살펴보자.

먼저 **데이터 분포의 변화**를 들 수 있다. AI 모델은 일반적으로 특정 데이터셋에서 훈련되며, 시험 데이터가 훈련 분포와 크게 다를 경우 성능이 저하될 수 있다. 시험 데이터가 훈련 중에 모델이 본 것과 크게 다르면 정확한 예측을 할 수 없게 될 확률이 높아진다. 또한 실제 데이터에는 종종 노이즈와 불확실성이 포함된다 (그림 3). 견고하지 않은 AI 모델은 입력 데이터의 작은 변동에 민감할 수 있어 신뢰할 수 없는 예측을 할 수도 있다. 견고한 모델은 다양한 형태의 노이즈에도 성능이 크게 하락하지 않고 결과를 도출할 수 있어야 한다.

AI 모델의 견고성을 약화시키는 또 다른 요인으로는 **과적합(overfitting)**을 들 수 있다. AI 모델이 학습 데이터에 지나치게 적응되어 일반적인 패턴이나 규칙을 학습하지 못하고 특정 데이터에 지나치게 특화되는

▲ **그림 3** 입력 영상의 왜곡이나 열화를 가져오는 다양한 변형들의 예.

영상 출처 https://arxiv.org/abs/1903.12261

현상을 과적합이라고 하는데, 과적합된 모델은 학습 데이터에서는 잘 수행되지만 실제 사용시 주어지는 새로운 데이터에서는 성능이 떨어질 수 있다. 과적합이 일어나는 원인으로는 학습 데이터가 충분치 않거나 모델이 과도하게 정교한 경우, 학습 데이터에 대한 지나친 세부사항이나 불필요한 노이즈까지도 학습하려고 할 수 있기 때문이다.

한편, 좀 더 적극적으로 AI 모델에 들어가는 입력 데이터를 조작하여 AI 모델을 오도하고자 하는 기술도 있는데 이를 **적대적 공격**(adversarial attack)이라 한다. 아주 간단히 말해서 상대방의 AI 모델을 속이고자 하는 기술이라고 할 수 있다. 2014년 몇몇 AI 과학자들이 일부러 입력 데이터를 조작하여-즉 입력의 작은 변형을 통해- AI 모델을 기만할 수 있음을 보인 이래 적대적공격 기술에 대한 논문은 폭발적으로 증가하고 있는 추세이다 (그림 4). AI 시스템이 적대적 공격에 대해 견고하지 않다면 보안, 치안, 국방, 금융 및 의료와 같은 중요한 응용 분야에서 오작동을 일으키는 치명적인 사고가 발생할 수 있다. 예를 들어 의료 기계 학습에 대한 적대적 공격은 머신 러닝 알고리즘을 통해 양성 점을 악성으로 오인하게 만들 수 있다는 연구 결과가 있다. 자율주행차에 달린 카메라가 정지 신호를 시속 60Km의 속도제한 표시로 오인하게 된다면 그 다음엔 무슨 일이 벌어질까. 다른 비즈니스 영역에서도 이러한 악의적인 행동이 규모 확장되었을 때 어떤 영향을 미칠지 고려해 볼 필요가 있다.

▲ **그림 4** 첫 번째 열에 있는 원본 영상들에 두 번째 제시된 적대적 노이즈를 더하면 세 번째 열에 있는 이미지들은 모두 기계학습 모델에 의해 타조(ostrich)로 인식된다. 즉, 원본 영상에 더해진 노이즈는 원본을 적대적 예제로 변화시켜 인공지능 모델을 속이게 된다. 참고로, 적대적 노이즈는 랜덤 노이즈가 아니고 적대적 공격 기법에 의해 생성된다.

영상 출처 Malhar, Towards Data Science

기본적으로 인공지능에 대한 적대적 공격이 시도되는 이유는 크게 세가지로 살펴볼 수 있다. **첫째, 인공지능을 사용하는 상대방에게 해를 입히기 위함이다.** 공격자는 상대 AI 시스템을 오동작하게 만들어서 손상을 일으킨다 예를 들어, 영상인식 AI를 탑재한 자율주행차가 사거리에서 빨간 신호등을 인지하지 못하고 지나가게 함으로써, 다른 차량들과 보행자들을 위험에 처하게 할 수 있다. **둘째, 상대 AI 시스템에 의한 검출을 피하고자 함이다.** 예를 들어, 소셜 네트워크 상에 테러리스트들의 주장이 포스팅되는 것을 검출하는 컨텐츠 필터에 오동작을 일으켜 그들의 주장이 방해받지 않고 대중에게 전파되게 하고자 한다. 아동청소년 포르노 유통업자들도 같은 이유로 적대적 공격을 고려할 수 있을 것이다. **세 번째이자 가장 중요하다고 볼 수 있는 이유로는 AI 시스템 자체에 대한 신뢰감을 훼손시키고자 함을 들 수 있다.** AI 시스템이 수시로 오동작을 일으키게 하여 사용자들로부터 해당 시스템의 사용을 외면하게 하는 목적을 갖는다. 예를 들어, 자동 보안경고 AI 시스템이 정상적인 사건을 보안위협 상황으로 자주 오동작하게 함으로써, 사용자들이 그 시스템의 사용을 꺼리게 만들고 이는 진짜 위기상황이 발생했을 때, 제대로 검출하지 못하는 치명적인 결과를 초래하게 된다. 또한, 앞의 자율주행차의 교통신호 인식을 속이는 적대적 공격으로 인해 현실세계에서 물리적인 피해가 일어나기도 전에, 이러한 예를 담은 동영상만 인터넷에 업로드하더라도, 잠재적 소비자들에게 두려움을 심어주어 본격적인 비즈니스를 계획하고 있던 관련 산업체에는 큰 타격이 될 수도 있다.

최근에는 생성형 AI 개발 시 창작자의 동의없는 무분별한 데이터의 수집 및 사용을 막기 위해 적대적 공격이 사용된 사례도 등장했다.[2,3,4] 시카고 대학교 벤 자오 (ben Zhao)교수에 따르면 현재 자금력이 풍부하고 영향력이 큰 기술기업과 일반 창작 예술가들 사이에는 사실상 환전한 '힘의 불균형'이 존재한다고 한다. 자오교수는 "빅테크 기업들은 인공지능 학습을 위해 무엇이든 할 수 있다"고 주장했다. 자오 교수팀이 정식으로 발표한 나이트셰이드(Nightshade)1.0은 제작자 동의 없이 창작물을 긁어모아 인공지능 모델을 학습시키는 행태에 문제의식을 느낀 자오교수가 창작자들의 편에 서서 만든 것이다. 이 소프트웨어가 적용된 창작물을 생성형 AI가 학습하면 예를 들어, 개를 고양이로, 자동차를 비행기로 인식하게 하여 영상 생성 결과를 엉망으로 만들 수 있게 된다. 이 시스템에서 인식 결과를 뒤죽박죽으로 만들기 위해 적대적 공격 기술이 사용된 것이다 (그림 5).

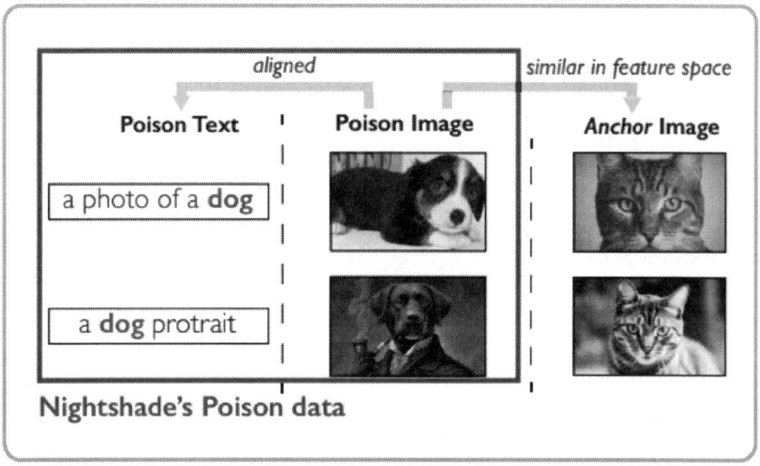

▲ **그림 5** '개'처럼 보이지만 앵커 영상들의 '고양이'와 유사한 특징표현을 갖도록 적대적 노이즈가 삽입된 오염영상(poison image)들. 생성AI 개발자들이 이와 같이 오염된 영상/텍스트 쌍의 집합을 가지고 생성AI를 학습시키면 '개'의 영상을 생성하고자 하는데 '고양이'의 영상이 생성된다.[5]

지금까지 설명한 바와 같이 적대적 공격 기술은 이미 훈련된 모델에 대해 악의적으로 조작된 데이터를 사용하여 기계 학습 모델의 오동작을 유발하는 데 목적이 있다.

영상 내에 적대적 노이즈를 추가하여 영상의 인식결과를 바꾸고자 하는 디지털 영역의 공격 외에도 실제 물리적 공간에서 사용할 수 있는 적대적 공격도 존재한다.

▲ **그림 6** 왼쪽 영상은 정지신호 위에 그려진 진짜 그래피티를 나타낸다. 오른쪽 영상은 적대적공격 기법을 이용하여 정지신호 표지판에 가해진 물리적 교란을 나타낸다. 두 경우 모두 사람들에 의해 그다지 수상하게 여기지 않으며 사람들이 정지신호임을 인지하는데 전혀 어려움이 없다.

그림 6은 적대적공격이 실세계에서 사용되는 예를 보여준다. 두 영상 모두 누군가의 장난으로 조금씩 훼손된 표지판처럼 보이지만, 오른쪽 영상은 사실, 물리적 적대적 공격 기법을 이용해서 조작된 표지판이다. 해당 기법을 이용하여 부착하여야 할 테이프의 색과 위치를 계산하여 붙이면 '정지'를 나타내는 표지판이 자율주행차에 장착된 객체 인식 AI에게는 예를 들어 '시속 60km'를 나타내는 표지판으로

인식되게 할 수 있다. 만일, 내가 탑승한 자율 자동차의 도표표지판 인식 AI가 적대적 공격으로 인해 정지 신호를 시속 60km신호로 인식하여 정지하지 않고 주행을 계속했다면? 물론, 자율주행차에는 영상인식 AI외에도 안전주행을 위한 여러 장치가 내장되어 있어서 실제 사고로까지 이어지지는 않을 확률이 매우 높다. 하지만, 내가 탑승하는 자율주행차의 영상인식 AI가 이러한 (물리적) 적대적 공격에 쉽게 속는다는 사실을 알고도 주저없이 그 자율주행차를 이용할 수 있을까. 이런 사실이 알려졌을 때 해당 자율차 모델의 제조회사의 주식 가격은? 자율차 제조사들이 시장 장악을 위해 서로 상대방의 객체인식 AI가 적대적 공격에 쉽게 속는다는 사실을 밝혀내려고 많은 애를 쓸지도 모르는 일이다. 심지어는 불운하거나 준비가 미비했던 한두 개 기업만이 아니라 자율자동차 산업계 전체가 심한 침체에 빠지게 될 수도 있을 것이다.

적대적 공격 기술은 학계에서도 매우 뜨거운 주제의 하나이고 계속 발전하고 있기 때문에 이에 대응하기 위한 연구와 방어 기술의 개발 역시 계속되고 있다. 그렇다면 어떻게 적대적 공격을 방어할 것인가. 가장 많이 쓰이는 방법으로 적대적 훈련(Adversarial Training)이라고 하는 방어 기법이 있다. 개발하는 AI 모델을 적대적 예제로 훈련하여 공격에 대한 강건성을 향상시키는 방법이다. 즉, 훈련 데이터에 의도적으로 적대적인 예제를 도입하여 – 예를 들어, 코끼리 사진에 적대적 노이즈를 추가했음에도 – AI 모델이 적대적 노이즈가 삽입된 영상에 대해서도 원본 영상의 객체(즉, 코끼리)를 정확히 인식할 수 있도록 하는 것이 목표이다. 그 외에도 여러 모델을 함께 사용하여 적대적 공격에 대한 강건성을 향상시킬 수 있게 하는 앙상블 기법, 입력 데이터에 대해 랜덤한 변형을 적용하여 적대적 예제에 대한 모델의 민감성을 줄이는 강건한 랜덤화, 입력 데이터를 사전 처리하여 적대적인 패턴을 감지하고 제거하는 신뢰 가능한 데이터 전처리(Trusted Data Preprocessing) 기법 등 다양한 적대적 방어 기술들이 개발되고 있다.

이러한 방법들은 적대적 공격에 대한 AI 모델의 강건성을 향상시키기 위한 다양한 전략을 제공하지만 적대적 공격 기술 역시 계속 발전하고 있기 때문에 이에 대응하기 위한 연구와 방어 기술의 개발이 계속되어야 하며, 지피지기면 백전불태의 원리로 인해 적대적 공격 기술에 대한 학계와 산업계의 관심은 날로 고조되고 있다.

끝으로 견고성이 특히 요구되는 분야를 살펴보고자 한다. 즉 어떤 시스템과 우리사회의 어떤 부분이 AI 공격의 영향을 받을 가능성이 가장 높은지 알아보자. AI 시스템은 이미 사회의 여러 분야에 통합되어 있으며, 점점 더 그렇게 되고 있다. 업계 및 정책입안자들에게 가장 시급한 여덟 가지 취약영역은 콘텐츠필터, 국방 분야, 자율주행 분야, 법 집행 분야, 의료 분야, 금융 분야, AI로 대체되고 있는 전통적인 사람기반 작업 분야, 그리고 시민 사회이다.

콘텐츠 필터링 분야

콘텐츠필터는 콘텐츠 이용 과정에서 위험하거나, 저작권을 침해하거나, 특정 응용의 서비스 약관에 위배되는 내용들을 제거하여 플랫폼을 건강하게 유지하고 악성 코드 감염을 방지한다. 매일 30억 개

이상의 영상이 인터넷에서 공유되고 있을 정도로 1분마다 인터넷에 업로드되는 콘텐츠의 양은 엄청난 속도로 증가하고 있으며 이러한 스케일에서 콘텐츠를 감시할 수 있어야 한다. AI기반 콘텐츠 필터는 이러한 요구를 만족시킬 수 있어서 이미 업계에서 널리 채택되고 있는 추세이다. 예를 들어 페이스북(현 메타)은 2018년 1분기에만 2,100만 개의 음란물을 제거했으며 그 중 96%가 이러한 필터에 의한 것이었다. 콘텐츠 필터링은 지난 몇 년간 더욱 많은 일을 수행해야 했다. ISIS는 소셜미디어를 주요 모집수단으로 사용하였으며 미얀마의 30명의 민족주의자들은 페이스북을 대변자로 사용하여 로힝야족 학살 캠페인을 진행했다. 또한 민주선거에 영향을 미치기 위해 소셜네트워크상에 가짜 콘텐츠를 퍼뜨리는 일은 꽤 흔한 사회 현상이 되어버렸다. 따라서 AI기반 콘텐츠 필터링의 효능은 국가 안보를 위해, 그리고 가짜 정보로 피해를 보게 될 민중의 보호를 위해 광범위한 의미를 갖게 되었다. 또한 아동포르노 탐지와 같은 이미 전통적인 검열 작업들에 대해서도 지속적으로 효과적이어야 한다. 이러한 필터링을 제대로 수행하지 못하는 경우, 해당 플랫폼은 비즈니스의 위축을 겪기도 한다. 예를 들어 유튜브는 어린이가 등장하는 동영상에 시청자가 남긴 성적인 댓글을 제대로 필터링하지 못하여, AT&T, 디즈니, 네슬레 등 광고주들의 보이콧에 직면하기도 했다. 이와 같이 콘텐츠 필터링의 중요성이 강조됨에 따라, 이러한 필터링을 무력화시키고자 하는 단체도 증가할 수밖에 없게 되며 적대적 공격 기법은 그들에게 구미를 당기는 관심기술이 될 것이다. 콘텐츠필터를 무력화 시키기 위해 적대적 AI공격이 사용되면 – 즉, 유해한 영상에 적대적 노이즈를 첨가하여 유해 컨텐츠 탐지를 무력화 시킨다면 – 콘텐츠의 악의적 사용자들에 의해 소셜 플랫폼들은 무방비로 방치될 수밖에 없을 것이다.심지어 공격을 받고 있다는 사실조차 인지되지 못할 수도 있다.

따라서 유해한 콘텐츠로부터 사용자를 보호하고 오히려 합법적인 콘텐츠가 검열되는 일이 없도록 콘텐츠 필터링 영역에서 견고하고 정확한 AI 시스템을 개발하는 것이 중요하다. 견고한 AI 시스템은 콘텐츠 플랫폼이 안전하고 건전한 온라인 환경을 유지하도록 지원하여 궁극적으로 플랫폼에 대한 사용자의 신뢰와 충성도를 유지하는데 큰 도움이 된다.

국방 분야

AI공격의 두 번째 중요 관심분야는 국방 분야이다. 국방 분야에 관련된 인공지능은 미래 전쟁의 핵심기술로 자리할 것이다. 미 국방부는 국방 윤리와 AI 안전성에 있어서의 리더가 되겠다는 전략과 함께 2018년 JAIC(Joint Artificial Intelligence Center)을 설립하였으며 인공지능을 군에 통합하는 것을 최우선 과제로 삼았다.[6] JAIC는 AI 기반 기능의 제공을 가속화하고, AI의 부서 전체에 미치는 영향을 확장하는 것을 목표로 하고 있다. 펜타곤의 메이븐(Maven) 프로젝트는 풀 모션 비디오(FMV) 분석에 AI를 적용한다. AI를 사용하여 풀 모션 비디오에서 지상 자산을 식별하려는 군의 요구를 만족시키고자 한다. DARPA(Defense Advanced Research Projects Agency) 및 AFRL(Air Force Research Laboratory)의 이동 및 고정 표적 획득 및 인식 용 데이터 세트는 관심 대상을 분류하고 인식하는 AI 기술을 구축하는 것을 목표로 한다. 이러한 국방 AI 시스템의 경쟁적인 도입은 공격자들로 하여금 이들 군사시스템들에 대한 공격을 감행할 수 있는 수많은 방법을 고안할 수 있게 한다.

가능한 위협을 좀 더 구체적으로 살펴보자면 첫째, AI 시스템이 탑재된 드론과 무기 시스템을 포함한 물리적 장비들이 적에게 탈취되는 경우, - 이 장비의 분실 및 포획은 미래의 분쟁에서 일상적인 일이 될 것이며 - AI 기반 시스템이 적에게 노획됨에 따라 발생하는 위협은 더욱 커질 것이다. 둘째, 극도의 보안이 요구되는 군대의 특성상, 여러가지 용도의 인공지능 모델들을 구축하기 위해 필요한 데이터의 부족 문제는 늘 중요한 이슈로 자리잡고 있다. 이러한 충분하지 않은 데이터를 여러 모델들이 공유하는 경우, 데이터가 해킹되거나 손상되면 이 데이터를 사용하여 개발된 모든 연관 시스템에 대한 공격으로 연결될 수 있으며 이는 군대 전체에 광범위한 취약점이 발생할 수 있음을 의미한다. 회피(입력)공격의 경우 공격자는 데이터 세트를 사용하여 훈련된 모든 시스템에 대한 공격을 설계하기 위한 공격 패턴을 쉽게 찾을 수 있으며, 중독 공격의 경우 공격자는 추후 이 중독된 데이터 세트를 사용하여 훈련되는 다운스트림 모델을 중독시키기 위해 하나의 데이터 세트만 손상시키면 될 것이다. 또한, 이러한 고유한 데이터 생성과 관련된 프로세스로 인해 악용될 수 있는 취약점이 발생할 수 있다. AI 지원 무기 및 방어 시스템을 구축할 때 자체적으로 모델을 훈련하는데 사용되는 개별 데이터 샘플은 보호해야 하는 비밀 유지 대상이 됨에도 불구하고 이러한 준비 작업은 시간이 많이 걸리기 때문에 많은 수의 비전문가 라벨러 또는 심지어 아웃소싱 데이터 라벨링 및 준비 서비스에 의존해야 하는 경우도 생긴다. 이러한 경향은 초창기 국방 AI

구축시는 물론이고 Facebook 과 같은 기업이 아웃소싱 콘텐츠 중재자로 참여한 민간 부문에서 이미 나타났다. 여기서 예상되는 유사한 경향은 데이터 액세스 제한 및 감독, 적절한 데이터 취급, 라벨링 및 준비 등이 쉽지가 않다는 사실이다. 이러한 유형의 절차적 감독 문제가 원자력과 같은 다른 분야에서는 이미 새로운 이슈는 아니지만 아직 초기 단계인 AI 분야에서는 이러한 모범 사례가 부족하다. 이러한 모범 사례를 형성하려면 데이터 수집 및 준비를 관리하는 새로운 정책이 필요할 것이다.

데이터 세트 공유로 인한 위협 외에도 군대는 모델과 이를 생성하는데 사용된 도구를 재사용하고 공유한다. 이러한 모델과 도구 자체도 해킹이나 방첩 작전을 통해 적의 표적이 될 수 있으며 공격자는 AI 모델이 입력에 대한 분류 결과와 신뢰도를 함께 출력한다는 점을 이용하여 출력값으로부터 학습데이터를 복원해 내는 기법인 모델전도 공격 (model inversion attack)을 통해 시스템을 속일 수 있는 공격 패턴을 역으로 생성해 낼 수 있다.

마지막으로, 국방분야는 AI에 대한 공격이 전투 상황에서 탐지하기가 불가능하지는 않더라도 매우 어려울 것이라는 도전에 직면해 있다. 이는 적대적 공격 예제를 구성하기 위한 정보를 얻기 위해 시스템을 해킹하더라도 전투 상황에서 상대에게 쉽게 노출되는 것은 아니기 때문이다. 특히 공격자 측에서 전이성 기반 블랙박스 방식의 공격을 꾀하는 경우에는 AI 모델을 운용하는 측에서는 전혀 그러한 사실을 인지하기가 어렵다. 또한 공격자는 개발된 공격이 의심을 불러일으키지 않고 상대방에게 시스템이 손상되었다는 사실을 알리지 않기 위해 공격을 적용할 때 극도의 주의를 기울일 것이므로 공격은 극히 중요 한 상황에만 제한되어 시도될 것이다. 따라서 적의 AI 공격을 감지할 수 있는 방어기법의 개발은 필수적이다. 주로 시스템에 대한 침입감지와 시스템의 성능저하 감시를 기반으로 감지가 이루어지며 적대적 공격에 대비한 적대적 방어 기술도 준비되어야 한다.

자율주행 분야

자율주행 분야에서는 인공지능이 자동차를 안전하게 운전하게 만드는 것이 중요하다. 운전 상황이란 실로 예측 불가한 다양한 상황이 펼쳐질 수 있으므로 최대한 다양한 상황을 예비하고 학습해야 한다. 2020년 6월, 대만에서 대낮에 자율주행 중이던 테슬라 전기자동차가 고속도로에서 넘어진 화물차를 추돌하는 사고가 일어났다. 테슬라 운전자는 당시 '오토파일럿(자율주행기능)'을 작동하고 있어서 차량이 장애물을 발견하면 감속이나 정지할 줄 알았는데 계속 정속 주행했다고 주장했다고 한다.

2021년 1월 현재 테슬라에 축적된 주행데이터가 무려 82억 km에 달한다고 알려졌음에도 이 사건은 왜 일어난 걸까. 먼저 가장 기본적인 속성인 AI 정확성이 만족되지 않은 이유가 크다. 즉 대부분의 주행환경이 정상적 상황일 수밖에 없는 현실 상황에서 그림에서 보듯이 전복된 트럭의 하얀 뚜껑은 자율주행차의 물체인식 AI 모델에게 전복된 트럭의 뚜껑이라고 인식되기 보다는 밝은 대낮의 하얀 하늘로 인식되었을 확률이 크다. 이러한 돌발적이고 희소한 상황에 대비하기 위해서는 충분한 데이터를 의도적으로 생성하여 학습에 이용해야

▲ **그림 7** 고속도로 상에서 전복된 트럭을 향해 돌진하는 자율주행차(좌측 원). 넘어진 화물차의 운전자(우측 원)가 후방 10m 위치에서 후방 차량에 수신호로 사고 상황을 알리는 중에 속도를 줄이지 않고 달려오는 흰색 테슬라를 발견해 손을 흔들며 소리쳤으나 차는 멈추지 않았다.

한다. 예를 들어 차들이 질주하는 고속도로의 1차선상에 사람이 누워 있다든가, 동물이 서 있다든가 하는, 운전자들이 실제로는 거의 목격하기 힘든 상황조차도 가공의 데이터를 생성시켜 인공지능 학습에 추가시킬 필요가 있다. 말이 나온 김에, 차들이 질주하는 고속도로 상에서 그런 위험한 장면을 어떻게 찍을 수 있다는 말인가. 지난 몇 년간 많은 연구가 이루어지고 있는 도메인적응(domain adaptation)이라고 하는 기술을 이용하면 컴퓨터 그래픽을 이용하여 위와 같은 희귀 돌발 상황을 담은 에 대한 비디오를 충분히 만들어 학습에 이용하고 도메인적응 기법을 이용하여 컴퓨터그래픽 도메인에서 학습된 AI 모델을 실제 세계를 찍은 실사 도메인으로 적응 – 좀 더 구체적으로 말해서 두 도메인의 특징 공간을 정렬 – 시켜서 인공지능의 돌발 대처 능력을 높일 수 있다.

이러한 기본적인 정확성의 문제 외에도 실제 자율주행 환경은 흐리거나 안개 낀 날씨, 눈이나 비가오는 날씨, 그리고 어두운 상황에서도 잘 작동할 수 있는 저 시정 상황에 대한 견고성을 갖추어야 한다. 이러한 저 시정 상황에서도 물체 인식 성능을 최대한 높이는 연구도 활발히 진행되고 있다.

마지막으로, 자율주행자량은 앞서 설명한 바 있는 의도적인 교란 -적대적 공격-에 대해서도 철저한 대비가 필요하다. 그림 8은 도로 교통 신호판에 붙여진 적대적 패치로 인해 정지 신호가 시속 45마일 상한으로 인식되고 있는 장면을 나타낸다. 이와 같이 도로상의 정지 표지판에 붙여진 테이프나 낙서들로 인해 자율주행차의 물체인식이 혼란을 겪을 수 있다는 사실이 수많은 잠재고객에게 알려지고 전파되는 순간, 자율주행차를 길에서 흔하게 보게 되는 날은 훨씬 뒤로 미루어질 수밖에 없을 것이다.

▲ **그림 8** (위)도로상의 정지 신호판에 물리적 패치를 붙여서 자율주행차의 영상인식 AI가 정지 신호를 시속 45마일로 인식하게 만든 장면. (아래) 적대적 패치를 붙인 정지신호와 안 붙인 정지신호판을 확대한 사진.[7]

법 집행 (Law Enforcement) 분야

AI 공격의 네 번째 중요 관심분야는 법 집행 분야이다. AI가 법 집행 및 치안유지를 위해 사용되는 예는 이미 여러 곳에서 목격되고 있다. 2018년 5월 19일, '세기의 결혼식'이라 불리며 많은 사람들의 관심을 모은 영국 해리 왕자와 할리우드 여배우 메건 마클의 결혼식이 영국 윈저성에 있는 세인트 조지 교회에서 열렸다. 영국 왕위 계승 서열 6위의 해리 왕자가 연상에다가 이혼 경력이 있는 할리우드 여배우, 마클을 만날 때부터 큰 화제를 모은 결혼식이었다. 세계 매스컴의 이목이 이 곳에 쏠렸고 많은 방문객들이 이 로열 웨딩 현장을 찾았다.[8] 그리고 약 한 달 후 'ABC' 등 주요 언론들은 이 세기의 결혼식장에 아마존의 안면인식을 위한 기계학습 플랫폼(machine-learning platform)이 설치돼 있었다고 보도했다. 결혼식에 참석한 하객들의 신원을 일일이 다 확인하기 위해서다. 아마존 레코그니션이라고 하는 기술에 탑재된, 2개의 얼굴 이미지를 이용해 동일인 여부를 분석해주는 얼굴 비교 기능, 여러 명의 사람 얼굴 이미지 중 같은 이미지만 뽑아낼 수 있는 얼굴 인식 기능이 '세기의 결혼식'에 이용된 것이다. 이 후, 이러한 기술이 각계각층에서 많은 사람들의 우려를 불러일으키고 있다는 기사가 쏟아지고 있지만 한편으로는 이러한 첨단 안면인식 기술이 가져다줄 수 있는 효용성 역시 쉽게 무시되기 힘든 형국이다. 예를 들어, 공원이나 행사장에서 어린 아이를 잃어버렸을 경우 손쉽게 아이를 찾아낼 수 있으며 군중 안에서 수배자를 찾아낼 수도 있다. 그럼에도 2020년 6월 마이크로소프트사의 브래드 스미스 대표 겸 최고법률책임자(CLO)는 블룸버그 인터뷰에서 "우리는 인권에 기반을 두고 이 인공지능(AI) 얼굴인식 기술을 통제할 국가적 법률이 시행될 때까지 미국 경찰에 얼굴인식 기술을 공급하지 않기로 결정했다"고 했으며, 바로 전날 아마존도 앞으로 1년 동안 미국 경찰에 얼굴 인식 기술을 제공하지 않기로 결정하였다. 이와 같이 그 당시 미국 전역에서 시위를 촉발시킨 '조지 플로이드 사건'등 여러 인권 문제와 맞물

려서 AI 시스템이 법 집행에 본격적으로 사용되는 것은 난항 중에 있기는하나 방화 현장에서 방화용의자의 신원을 확인하는 등 제한된 인원으로 범죄 경고 신호를 조기에 감지하고 용의자를 더 빨리 검거하기 위해 인공지능 기술을 적극적으로 도입하는 사례가 늘어나고 있음을 부인하기는 어렵다.[9]

이러한 AI기반의 법 집행 도구들이 늘어남에 따라 사람들이 원치 않게 동선이 노출되는 등 범죄자들의 공격 타겟이 될 확률은 높아만 갈 것이다. 얼굴인식의 경우, 과거에는 용의자들이 머리카락을 자르거나 염색하는 등의 방법으로 법 집행기관의 눈을 피하고자 했다면 이제는 얼굴 인식 AI 모델을 속이기 위해 AI기반의 적대적 공격을 시도하게 될 것이다. 이미 여러 기관의 연구원들은 특수 제작된 패턴을 담은 안경이나, 마스크, 모자 등을 이용하여 AI기반 얼굴인식 시스템의 성능을 크게 저하시킬 수 있음을 보이고 있으며 얼굴인식 시스템이 경찰은 물론, 공항검색, CCTV 등으로 확장 보급됨에 따라 AI 공격의 대상 또한 급속히 증가하고 있음은 자명한 사실이다. 이와 같이 법 집행을 위해 필요한 대부분의 AI기반 시스템들은 민간회사의 제품으로 이루어질 수 있으므로, 보안 취약성을 해결하기 위한 책임감 있는 시스템 업그레이드라든가, AI공격과 같은 새로운 문제에 적절히 대응할 것이라 기대하기는 매우 어렵다. 법 집행기관만으로는 민간기업들이 열심히 대응할만한 충분한 시장 수요가 형성되기 힘들기 때문이기도 하다. 항상 '적'의 공격을 상정하고 움직이는 군사분야와는 달리, 법 집행분야에서의 AI공격 대응은 보안 환경 및 의식이 아무래도 높게 유지되기가 힘들 것이며 이는 이 분야에서의 AI공격 문턱을 상당히 낮추는 결과로 나타난다. 늘어나고 있는 테러리즘과 싸우는 주체가 군대라기 보다는 법 집행기관인 경찰임을 생각하면 이는 매우 우려스러운 상황이라 하지 않을 수가 없다.

의료분야

딥러닝 학습모델 성능의 비약적인 발전으로 인해 의료분야에서도 영상의학을 중심으로 하여 AI 모델들이 실제 임상현장에서 의사를 보조하여 진단능력을 높이고 작업의 효율성을 증대 시켜줄 것이라는 기대가 많다. 실제로 AI는 방대한 양의 의료 데이터를 분석하고 의사의 임상적 결정을 지원하는데 사용된다. 이미 많은 병원과 민간기업 등에서 의학 영상을 이용한 자동 진단 AI 모델을 개발 중에 있으며 가까운 미래에 많은 딥러닝 기반의 자동 진단 프로그램들이 의료 환경에서 사용될 것으로 예상된다. 예를 들어, 안저영상으로부터 당뇨성 망막병증 (diabetic retinopathy (DR)) 을 진단하는 구글의 기계학습기술이 안과전문의에 앞서거나 동등한 수준을 성능을 보이기도 하였으며[10] 영상의학이나 병리학 분야에서 딥러닝을 이용한 많은 연구가 이루어지고 있다.

그러나, 딥러닝 알고리즘이 내재적으로 가진 취약성으로 인해 의료진단 AI 모델에 대한 적대적 공격(adversarial attack)의 가능성은 특히 생사를 다루는 의료분야에 딥러닝 알고리즘을 적용하는 데에 큰 걸림돌이 될 수 있다. 2018년 하바드 의대의 사무엘 핀레이슨 등은 안저영상, 흉부X레이영상, 피부영상 등 세가지의 의료영상 분석 기계학습 모델에 적대적 공격을 시도한 결과를 제시하였다.[11]

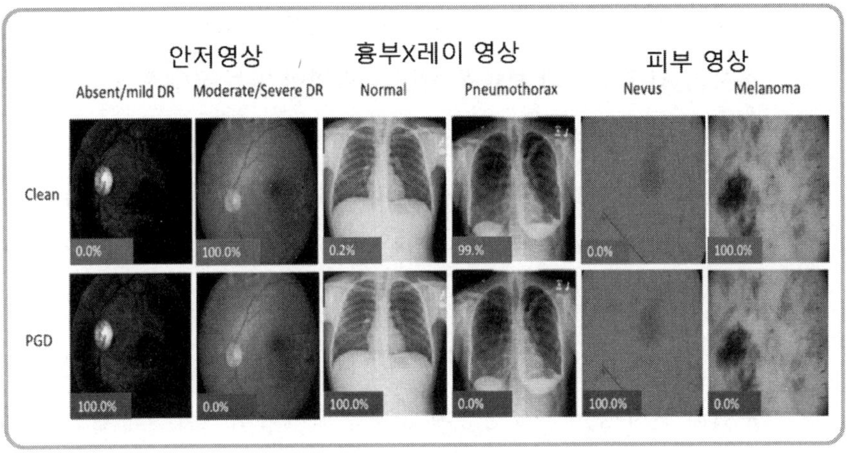

▲ **그림 9** 적대적 공격을 통해 AI기반 의료영상 인식 결과를 바꿀 수 있다.[12]

그림 9에서 보듯이, 안저영상의 경우, 적대적 공격을 시도하지 않은 원래영상에 대해 이상이 없거나 가벼운 당뇨성 망막병증과 중등도 이상의 당뇨성 망막병증을 확실하게 구분해 내었으나 PGD라고 하는 기본적인 적대적공격 기술 적용시, 오히려 왼쪽 안저영상에 당뇨성 망막병증이 있는 것으로 반대되는 결과를 보이는 것을 알 수 있다. 즉, 적대적 공격 기술이 안저영상으로부터 당뇨성 망막병증을 진단하는 AI 모델을 속이게 된 것이다. 뒤이은 흉부X레이영상과 비부 영상에 대해서도 적대적 공격 시도시 각각 기흉과 흑생종의 진단을 반대로 하는 것을 볼 수 있다. 그렇다면 이와 같은 적대적 공격 기술이 실제 의료환경에서 악용될 가능성이 있는 시나리오를 생각해보자. 먼저 의료보험의 부정 수급 문제가 있을 수 있다. 미래의 의료보험을 취급하는 기관이나 회사에서는 특정 의료행위의 정당성을 판정하기 위해 병원에서 보내오는 의료 영상을 인공지능으로 판독하는 시스템을 운용하게 될 것이고, 이때, 부정 수급을 꾀하는 측에서는 적대

적 교란을 첨가한 영상 (즉, 적대적 예제)을 보험회사에 보내서 보험회사의 AI 진단기가 보내온 영상을 질병이 있는 경우로 오인식하게 유도할 수 있다. 이 외에도 임상시험 참가자가 임상시험의 참여 조건에 적합하게 보이도록 참가자의 의료영상에 적대적 교란을 가할 수도 있으며, 임상시험 참가자를 선별하는 인공지능 모델에 적대적 공격을 시도할 수도 있을 것이다. 특히, 다양한 조도 상태와 햇빛 반사 등을 갖는 일반 영상과 달리 의료영상은 영상의 조도, 대비, 찍히는 부위의 위치 등이 의료영상의 종류별로 거의 동일하므로 일반 영상에 비해 상대적으로 쉽게 적대적 예제의 생성이 가능하다는 점도 알아야 한다. 또한 의료영상분야는, 분야의 특성 상, 데이터가 풍부한 일반적인 영상에 대해 개발된 우수한 성능을 보이는 딥러닝 모델 구조를 이용하여 미세조정을 하거나 전이학습 등을 이용하여 개발되는 경우가 많으므로, 사용된 학습모델이 다양하지 못하고, 이는 화이트박스 공격을 당할 확률이 더 높아질 수 있음을 의미한다.

따라서 환자의 생명을 다루는 의료분야에서 견고하고 신뢰할 수 있으며 정확한 AI 시스템을 개발해야 하는 당위성은 두말할 나위가 없다. 견고한 AI 시스템은 의료진이 정보에 입각한 결정을 내리고 환자의 상태를 개선하며 궁극적으로는 생명을 구하는데 큰 도움이 된다.

금융분야

금융분야에서는 기존의 보안체계와 함께 인공지능을 이용하여 보안을 강화하고, 부정거래나 사기를 예방하고자 노력하고 있다. 또한 리스크 관리, 신용도 평가, 거래 분석 등 다양한 분야에서 인공지능이 이용되고 있다. 리스크 관리 분야에서는 인공지능을 이용하여 금융 기관이 투자하는 자산의 위험을 예측하고 모니터링할 수 있으며 이를 통해 기관은 미리 위험 요소를 파악하여 적절한 대응책을 마련할 수 있다. 신용도평가 분야에서는 인공지능을 이용하여 고객의 신용 등급을 예측하고 대출 승인 여부를 결정할 수 있다. 거래 분석에서는 금융 빅데이터를 분석하고 금융거래 패턴을 파악하여 부정거래를 예측하거나 탐지하는데 인공지능을 이용할 수 있다. 뿐만 아니라 기계학습 모델을 이용하여 주가를 예측하고 시장추세를 모니터링하여 위험관리를 할 수 있다. 이러한 주식투자에 사용되는 인공지능 기술로는 신경망, 자연어처리 모델, 강화학습 기술을 들 수 있다.

AI 시스템이 내린 결정은 금융 시장, 기관 및 개인 투자자에게 상당한 영향을 미칠 수 있기 때문에 금융 분야에서 AI 견고성은 매우 중요하다. 금융 분야에서 AI는 사기 탐지, 위험 평가, 투자 분석 및 거래 전략과 같은 다양한 작업에 사용된다. 그러나 AI 시스템이 견고하지 않으면 잘못된 결정을 내려 재정적 손실이나 시장의 불안정으로 이어질 수 있다.

예를 들어 고속 알고리즘 거래(고주파 거래, High Frequency Trading)에 사용되는 AI 시스템은 충분히 강력하지 않으면 잘못된 예측을 하거나 예측할 수 없는 방식으로 시장 변화에 대응할 것이다. 또한 견고하지 않은 AI 시스템은 공격자가 시스템을 조작하여 부정확한 결과를 생성하고 시장 불안정에서 이익을 얻는 적대적 공격에 취약할 수도 있다.

AI 알고리즘이 실패하면 그 결과는 걷잡을 수 없이 커질 수 있다.

2013년 4월 23일, 시리아 해커들은 AP통신 트위터 피드를 해킹하고 "브레이킹: 백악관에서 두 차례 폭발이 있었고 버락 오바마가 부상당했다"는 트윗을 올렸다. 이러한 간단한 트윗에 대한 응답으로 다우존스 산업평균지수는 1,360억 달러 하락했다(이 하락은 3분 후에 반전되었지만). 하락에 대한 전체 이야기는 확실히 모르지만, 한 가지 원인은 트윗을 신뢰할 수 있는 것으로 평가하여 많은 사람들이 그 내용을 기반으로 거래를 하게 만든 분석 알고리즘이었다. AI 기반 자동화된 신용평가, 대출심사, 보험심사가 머지않아 본격화 될 것이다. 금융소비자의 권익 보호(설명과 알 권리, 차별 금지, 프라이버시, 이해충돌의 방지 등)와 이를 통한 금융 시장에 대한 신뢰성 유지를 위해 금융분야에서의 적대적 공격에 대한 방어 기술의 확보가 매우 시급하다.

견고한 AI 시스템은 금융 기관이 정보에 입각한 결정을 내리고, 사기를 감지 및 방지하고, 효과적인 투자 전략을 개발하여 보다 안정적인 금융 시장과 투자자에게 더 나은 결과를 제공하도록 도울 수 있다.

전통적인 사람기반 작업 분야

일곱 번째 공격 취약 분야는 운전이나 택배, 공장 생산직 등, 전통적인 사람기반 작업이 인공지능으로 대체가 이루어지고 있는 분야이다. 관련된 모든 응용이 그러한 것은 아니지만, 예를 들어, 안전을 위해 AI에 크게 의존하도록 만들어지고 있는 자율주행 차량이 AI 공격을 받는다면 오히려 수백만 명이 위험에 노출될 수도 있다. 민간기업이 구축하여 운영하고 있는 공항의 자동 신원조회 및 세관 키오스크 역시 인공지능에 의존하며 이에 대한 적대적 공격은 하늘과 국경의 안전을 위협할 수 있다. 비록 AI적대적 공격에 의한 것은 아니었지만 우버의 자율주행차가 아리조나주 탬퍼에서 보행자를 치어 사망하게 한 사고에서 보듯이 자율주행차가 AI공격을 받는 경우에 일어날 피해의 범위를 상상하기는 그리 어렵지 않다.

그럼에도 불구하고, 민간회사의 사이버 보안에 대한 해결능력이나 의지는 매우 보잘것없고 필요한 보안 문제에 거의 주의를 기울이지 못하는 것으로 드러나고 있다. 이는 정책입안자들이 인공지능 시스템들의 상업적 발전에 대한 기술 동향을 잘 파악하고 이해해야 함을 의미하기도 한다. 더욱이, 일반기업들이 자신이 잘하는 분야에 더욱 집중하게 되어 분야별 독점이 이루어지는 경우도 적지 않은데, 이 경우 제3자에 의해 제공되는 공유기술이 장착된 많은 인공지능 시스템들이 AI공격을 받을 때 일어날 피해의 범위는 더욱 증폭될 수 있는 것이다. 따라서 이제 독점의 문제는 경제적 측면만이 아니라 사회안전의 측면에서도 고려되어야 할 주제가 된다.

시민사회 분야

인공지능에 대한 적대적 공격이 무조건 나쁜 것이라고 생각할 수는 없다. 상황에 따라, 적대적 공격을 실행하는 주체에 따라 이 기술은 시민사회에 도움이 되기도, 해가 되기도 하는 것임을 쉽게 알 수 있다. 예를 들어, AI를 시민을 추적하고, 통제 및 위협하는 방법으로 사용하는 억압적인 정권하에서 AI에 대한 적대적 공격은 이러한 억압적인 AI 시스템에 맞서 안전과 자유를 증진시킬 수 있는 보호의 원천이 된다. 반면에 행동이 의심스러운 용의자를 찾기 위해 AI를 적용한 경찰의 탐지를 피하기 위해 용의자가 AI공격용 안경을 쓰는 것은 사회 안전에 위협이 되는 것이다. 이는 적대적 방어에 있어서도 같은 문제를 일으킨다. 억압적 정권에 의해 운용되는 AI에 대한 적대적 공격은 시민들을 억압에서 해방시켜 줄 수 있지만, 억압적 정권은 적대적 방어 능력을 향상시켜 계속 압제적 상황을 유지할 수 있을 것이다. 이러한 적대적 공격의 이중적 본질을 시민사회가 제대로 이해할 수 있도록 지속적인 교육과 논의가 이루어져야 할 것이다.

3.3 편향 (Bias)

AI의 편향은 현실세계를 반영하기도 한다 (데이터 편향), 인공지능 시스템은 편향된 훈련 데이터나 알고리즘 설계로 인해 사회적인 편견을 우발적으로 유지하거나 증폭시킬 수 있다. 차별을 최소화하고 공정성을 보장하기 위해서는 편향이 없는 알고리즘과 다양한 훈련 데이터셋의 개발에 투자하는 것이 중요하다. 다음은 몇 가지 편향된 데이터로 인한 예시이다.

사람 얼굴을 담고 있는 훈련 데이터에 남성이 여성보다 훨씬 많이 포함되어 있는 경우, 성별에 따라 인공지능이 차별화된 결과를 보일 수 있다. 예를 들어, 구직자 선발을 위한 인공지능이 훈련 데이터에서 성별에 따라 특정 직군에 더 유리한 결정을 내리는 경향을 보이는 경우가 있을 수 있다. 2016년 논문 "Man is to Computer Programmer as Woman is to Homemaker"에서 저자들은 구글 뉴스 기사로 훈련된 단어 임베딩이 성별에 따른 사회적 고정관념을 어떻게 보여주고 실제로 강화하는지를 밝혀낸 바 있다. 온라인 광고 플랫폼에서도 성별에 따라 광고가 다르게 제공되는 경우가 있다. 이는 플랫폼이 사용자의 행동 데이터를 기반으로 성별을 예측하고, 이를 기반으로 광고를 선택하는 과정에서 편향이 발생할 수 있다. 그림 10의 (a)와 (b)는 자동으로 그림을 그려주는 생성 AI인 스테이블 디퓨전 모델 (버전 2.1)을 사용하여 두 가지 프롬프트 "A photo of a CEO"와 "A photo of a nurse"를 사용하여 생성한 CEO 사진과 간호사의 사진들이다. 그림에서 보듯이 CEO의 사진들은 모두 남성으로 구성되어 있고, 간호사의 사진은 모두 여성차지인 것을 알 수 있다. 이러한 편향적 결과는 어디에서 온 것일까. 먼저 현재의 기계학습과 딥러닝 기술은 기본적으로 기본적으로 '데이터 기반 (data-driven)'임을 상기할 필요가 있다. 즉, 학습에 사용된 대부분의 CEO 사진들이 남성으로 이루어진 탓에, 그리고 간호사 사진의 대부분이 여성으로 구성된 탓에 그림과 같은 결과들이 얻어졌음을 쉽게 추측할 수 있다. 이러한 성별 편향외에도 아마존의 얼굴 인식 기술을 훈련하는 데 사용된 데이터의 경우 대부분 백인 얼굴을 기반으로 제작되어, 어두운 피부를 가진 얼굴을 인식하는 데 문제가 생긴 사례가 있으며 또 다른 예로, 스마트폰 앱을 통해 수집된 데이터셋은 저소득층이나 고령층을 과소 대표할 수 있음이 알려졌다. 따라서 AI 모델을 훈련시키는 과정에서 사용되는 데이터셋을 구축할 때 더욱 체계적인 방법과 주의가 필요하다.

(a) 프롬프트: "A photo of a CEO"

(b) 프롬프트: "A photo of a nurse"

▲ **그림 10** 스테이블 디퓨전모델을 이용하여 생성한 그림들.

개발자의 사고방식, 편견, 부주의함도 영향을 미친다 (모델링 편향). 앞서도 말한 바와 같이, 어떤 얼굴 인식 알고리즘이 특정 인종에 대해 낮은 정확도를 보였다는 보고가 있었음을 우리는 잘 알고 있다. 이는 학습 데이터에 인종 편향이 반영되었거나, 다양한 인종의 데이터가 부족했기 때문일 수 있다. 하지만 완벽한 데이터가 있더라도, AI 모델 구축과정에서 편향이 도입될 수도 있다. 학습데이터를 이용하여 훈련을 마친 모델은 특정 벤치마크에 따라 평가되는데 벤치마크가 일반 인구를 대표하지 않거나 모델 사용 방식에 적합하지 않을 때 편향이 발생할 수 있다. 인종 편향성은 생성 AI에도 그대로 이어지고 있는 듯하다. 그림 11은 스테이블 디퓨전 모델을 이용하여 유아의 얼굴을 생성한 영상들이다. 생성에 사용된 프롬프트는 "A photo of a toddler (유아의 사진)"였으며 무려 50장의 영상을 생성해 본 결과 모두 유럽인종의 유아 사진들이 생성된 것을 확인할 수 있었다. 이 결과는 실제 세계 인구 구성에 있어서 아시안의 비율이 가장 높은 것을 감안할 때, 앞의 CEO와 간호사 영상 생성의 경우와는 다른 문제가 있음을 알 수 있다. 학습에 사용된 데이터셋이 현실과 다르게 유럽인종에 편중되어 있었거나 평가를 위해 마련된 벤치마크가 유럽인종에 편중되어, 유럽인종을 잘 맞추거나 생성할 때 좋은 평가 결과가 나와 AI 모델이 배포단계로 넘어가게 되었을 것이다. 이러한 결과는 성능평가를 하는 과정에서 개발자들의 인지편향이 결과에 영향을 미쳤을 가능성이 높다. 즉, 인간의 인지 편향은 데이터 생성 관행과 궁극적으로 모델의 성능에 큰 영향을 끼칠 수 있다. 인간 개발자는 자신의 사고 방식과 편견을 바탕으로 자신이 구축한 AI 모델에 고의든 무의식이든 영향을 미치기 때문이다. 또한 과거의 경험은 개발자에게 영향을 미치므로 이미 유사한 기술을 개발한 경우 새로운 기술이 이전 결과와 일치하도록 프로그래밍할 수 있다. 알고리즘에서 특정 변수를 포함할지 제외할지 여부와 그 변수에 가중치를 부여하는 방법에 대한 결정은 편향되기 쉽다. UC버클리의 비즈니스 스쿨인 하스(Haas)에서 펴낸 자료[13]에 따르면 기술 기업 및 많은 대규모 AI 시스템을 개발하는 연구소들은 주로 백인 남성들로 구성되어 있으며 오늘날 컴퓨팅 분야에서의 여성 비율은 26%로, 이는 1960년대보다도 낮은 비율이다. 기술 분야로 진출한 여성 중 거의 절반이 분야를 떠나는데, 이는 떠나는 남성의 비율보다 두 배 이상 높은 수치이다. 여성은 인구의 절반을 차지하고 있지만, AI 연구원이나 교수의 경우 여성의 비율은 다섯 명 중 한 명도 채 되지 않는다. 인종 다양성도 부족하여, 마이크로소프트의 경우, 직원 중 4.5%가 흑인이며, 6.3%가 히스패닉/라틴계이다. 이러한 수치는 다른 기술 기업에서도 유사한 상황이다. 인구통계적 다양성 이외에도, 많은 경우 AI 시스템은 관련 도메인 전문가들과 함께 설계되지 않으며, 특정 맥락에 적합하게 조정되지 않으며, 최종 사용자의 의견을 반영하지도 않는다. 2017년의 이미지 연구에 따르면 요리와 관련된 사진에서 여성이 나타날 확률이 남성보다 33% 이상 높았다. 참고로 그림 12에서와 같이 반드시 아시안 아기의 사진을 원한다면 현시점에서는 다음과 같은 프롬프트를 사용해야만 한다. "A photo of an Asian toddler"

훈련용 데이터를 취득하는 현장 상황 역시 데이터 편향에 상당한 영향을 미친다. 예를 들어 방사선 서비스에 접근할 수 있는 사람들은 의료영상 연구에 사용되는 환자데이터 세트의 구성에 직접적인 영향을 미치게 되는데, 값비싼 MRI를 찍을 수 있는 사람들의 데이터는 상위 소득계층에 한정된 사람들의 데이터일 확률이 높다. 또한 인공지능의 개발은 주로 선진국에서 이루어지므로 그 학습데이터 역시 선진국의 데이터일 확률이 높다. 그래서 같은 AI 모델이 빈곤 국가에서 사용될 경우 예측 정확도가 더 낮게 나타나게 되어 적합한 결론을 도출할 수 없을 수도 있다. 편향문제를 줄이기 위해서는 가급적 다수의 개발자가 관여하고 더 많은 학습데이터를 사용하고 라벨링 작업자의 풀을 더욱 확대하여 데이터 세트에 다양한 관점이 투영될 수 있도록 주의를 기울여야 할 것이다.[14]

▲ **그림 11** 스테이블 디퓨전으로 생성한 아기의 얼굴.

프롬프트 "A photo of a toddler"

▲ **그림 12** 스테이블 디퓨전으로 생성한 아시안 아기의 얼굴.

프롬프트 "A photo of an Asian toddler"

한편, 훈련 데이터가 특정 사회 경제적 그룹을 과대 또는 과소 대표한다면, 금융 예측 모델이나 대출 승인 모델에서 해당 그룹에 대한 차별이 발생할 수 있으며(사회 경제적 편향), 언어 모델의 경우에는 학습 데이터에 포함된 언어 사용의 특성 역시 학습될 수 있으므로 훈련 데이터에 특정 언어적 편향이 포함되면, 모델이 해당 언어에 따른 차별적인 응답을 할 수 있다 (언어적 편향). 심지어 지역에 따라 언어, 문화, 관례 등이 다를 수 있으므로 모델이 특정 지역의 특정 관행을 훈련 데이터에서 배울 경우, 다른 지역의 데이터에 대해 일반화가 어려워질 수도 있다 (지역 편향).

이와 같이 다양한 이유로 편향된 AI 시스템으로부터 기회, 자원 또는 정보를 "불공평하게" 제공받을 수 있기에 개인의 삶에 엄청난 영향을 미칠 수 있다. 특히 소외된 지역사회에서 경험하는 불평등을 더욱 악화시킬 수 있다. 경제적으로는, 차별적 자원 할당은 경제/시장에서 비효율성과 손실을 야기할 수도 있다. 편향된 AI 시스템은 개인의 안전에도 해를 끼칠 수 있다. 어떤 이들에게는 다른 사람들에게 제공하는 것과 동일한 서비스 품질을 제공하지 못할 수 있으며, 명예를 훼손하거나 모욕적이거나 무시하는 방식으로 개인의 웰빙에 부정적인 영향을 미칠 수 있다. 또한 다양한 성 정체성과 장애에 대한 세심한 이해를 허용하지 않는 것은 소규모 그룹의 사람들을 마치 존재하지 않는 것처럼 대하는 데 기여하며, 이 역시 개인의 웰빙에도 영향을 미친다. 그러한 영향은 다양하고 심각한 결과를 초래할 수 있다. AI 시스템은 민주주의를 침해할 수 있으며, 기존 편견을 강화할 수도 있다. 기계 학습 알고리즘의 의사 결정 과정이 종종 사람에 의해 완전히 이해되지 못할 때(일명 '블랙 박스'라고 함), 영향을 받는 개인들이 자신이 차별을 당했다고 주장하기가 더 어려워질 것이다. 사회적 수준에서, 적절한 제어가 이루어지지 않은 상태에서 AI 시스템은 사회적인 차별을 견고하게 하고 확대할 것이다. 연구에 따르면, 일관되게 편향된 알고리즘 결과에 노출되면 소비자들은 이러한 결과를 세상에 대한 자신의 편견에 물든 인식을 확인/강화하는 데 사용할 가능성이 높아진다고 한다. 2017년 이미지 연구에 따르면 요리와 관련된 사진에서 여성이 나타날 확률이 남성보다 33% 이상 높은 데이터로 훈련된 알고리즘은 주방 사진을 여성과 연결한 경우가 무려 68%였다. 또한 원래의 편향이 높을수록 증폭 효과가 강하다는 것을 발견했다. 이러한 결과는 어떻게 알고리즘이 '부엌의 오븐 앞에 서 있는 뚱뚱하고 머리가 벗겨진 남성의 사진'을 여성으로 판단하게 되었는지 설명할 수 있게 한다. 즉, '부엌의 여성으로의 편향'이 '뚱뚱하고 머리가 벗겨진 사람의 남성으로의 편향'보다 세다는 뜻이다. 이러한 피드백 및 증폭 효과는 치안활동 및 회사채용과 같은 다양한 문제 영역에서도 계속되고 있다.

정부 관료가 사용하는 AI 시스템은 종종 민간 회사에 의해 개발된다. 예를 들어 미국의 경우, 경찰용 콤파스(COMPAS)는 미국의 '노스포인트' 사(현 Equivant) 가 개발한 빅데이터 분석 인공지능이며 유사한 다른 범죄자들의 기록과 특정 범죄자의 정보를 빅데이터 분석을 통해 범죄자의 재범가능성을 계량화한다. 미국의 위스콘신 주 법원에서는 이 인공지능이 계량한 재범가능성을 형량 결정에 참고한다고 한다. 이같은 범죄 예측 소프트웨어를 쓰는 곳은 미국에서 점점 늘어나고 있고, 유타 주, 버지니아 주, 인디아나 주 등에서 이런 소프트웨어를 활용한다.[15] 재범 확률 계산뿐 아니라, 실제 범죄가 언제 어디서 어떤 사람에게 일어날 가능성이 높은지도 추정할 수 있다. 시카고 경찰은 특정한 기간 동안 총격을 가하거나, 총을 맞을 가능성이 큰 사람들을 골라내는 작업을 했는데, 그 기간 총에 맞은 사람 64명 중 50명이 이 리스트에 지목된 사람들이었다고 한다. 캔자스시티 경찰도 이와 비슷한 시스템을 운영하고 있다. 하지만 아쉽게도 정부기관의 신중해야 할 의사 결정이 이러한 민간 회사에 위탁되고 의존되는 과정에서 세심한 주의나 균형이 결여되어 많은 부작용이 일어난 사실 역시 이미 잘 알고 있는 사실이다. 즉, COMPAS의 도입, 시행 이후, 이 알고리즘은 인종차별적인 결과를 내는 등 여러 문제점으로 인해 많은 비판에 둘러싸여 있다.

편향된 AI 시스템은 생산하거나 사용하는 기업의 평판에 손상을 입힐 수 있다. 이는 AI 시스템을 약화시키고 손해 관리의 필요성을 제기하며, 소비자와 미래 시장 기회를 잃을 수 있는 결과를 가져올 수 있다. 대형 기술 기업들은 이미 이러한 위험을 인식하고 있다. 마이크로소프트는 편향된 AI 시스템으로 인한 평판 피해나 책임을 자신들의 사업 위험으로 지목하여 미국 증권 거래위원회에 보고했다. 2019년 데이터로봇(DataRobot)의 보고서에 따르면, 현재 AI 시스템을 사용하거나 생산하는 조직 중 42%가 편향된 AI에 대한 미디어 보도로 인한 평판 피해에 '매우' 또는 '극도로' 우려하고 있다. 대부분의 응답자는 '브랜드 평판 손상'과 '고객 신뢰 손실'을 가장 큰 우려 요인으로 지목했다. 2019년 에델만(Edelman) 연구에 따르면, 오늘날 소비자의 4분의 3은 윤리적이지 않은 기업에서 제품을 구매하지 않으며, 86%는 윤리적인 기업에 더 충성스러워진다고 한다. 에델만의 최근 보고서에는 "기업들의 꾸준한 윤리적인식의 향상은 사회적 문제에 대해 기업의 CEO들이 주도적인 목소리를 내야 한다는 기대를 높인다"라며 응답자들이 기업들이 기후 변화, 경제 불평등 및 직업 재교육과 같은 문제에 대해 더 많은 사회적 역할을 하기를 기대한다고 하였다.[16]

편향이 발견된 AI 시스템은 폐기되거나 상당한 변경이 필요할 수 있으며, 이는 직원의 시간 및 기타 투자한 자원에 대한 높은 비용을 초래할 수 있다. 예를 들어, 직원들과 정책 결정자들의 엄청난 반발로 인해, 아마존은 자체 얼굴 인식 기술 레코그니션(Rekognition)의 경찰 사용에 대한 일년 간의 사용 중단을 결정한 바 있다. 일반적인 용도의 얼굴 인식 시스템을 중단한 IBM도 유사한 결정을 하였고 마이크로소프트도 연방 법률이 기술을 규제할 때까지 자사 시스템을 경찰에 판매하지 않겠다고 발표했다. 특히 주요 제품 생산이 소수 품목에 한정된 스타트업 회사에는 치명적인 손실을 야기할 수 있다. 예를 들어, 2014년에 두 명의 기술 창업가가 스케치팩터(SketchFactor)라는 앱을 출시했는데, 이 앱은 사용자들이 특정 장소에서 '수상한 일'을 경험했다고 신고할 수 있게 해주었고, 결과적으로 제출된 신고는 지리적 위치를 태그하고 지도 위에 오버레이되어 일종의 '불길함 히트맵(sketchiness heatmap)'을 만들어 준다. 이 앱은 인종적인 위치 기반 프로파일링을 지속시키고 사회에 만연한 시스템적인 인종 차별을 고려하지 않은 등급 체계(rating system)를 설정한 것으로 인해 즉시 반발을 일으켰다. 결국, 이 앱은 폐기되어야 했고, 창업가들은 완전히 방향을 전환해야 했다.

마지막으로, AI에서 편향을 해결하지 않는 기업은 큰 벌금을 부과 받을 수도 있다. 이러한 벌금의 범위는 다양한 산업에 따라 다르지만, 산업 내외에서 일정한 추세가 있으며, 2019년 미국 상원에 제출된 알고리즘 책임성법과 같이 관련 입법이 추진되고 있다. 2020년 6월 얼굴 인식 기술에 관련된 것으로, 민주당 의원들이 연방 기관 - 경찰을 포함한 -이 감시용으로 얼굴 인식 기술을 사용하는 것을 금지하는 법안을 발의했는데 이 법안은 전세계적으로 이어진 '흑인의 생명도 소중하다 (Black lives matter)' 시위의 뒤를 이어 경찰 활동과 인종 정의에 대한 치열한 논쟁 속에서 제안된 것이다. AI 시스템에서의 편향을 해결하는 것은 위험 관리에 필수적이다. 이러한 시스템의 개발과 관리 과정에서 편향을 해결함으로써, 기업은 강력한 브랜드 평판과 우수한 가치 제안을 유지할 수 있을 뿐만 아니라, 앞으로 예상되는 입법에 한 발 앞서 가고, 빠르게 변화하는 산업에서 경쟁력 있는 선도 기업이 될 수 있다.

편향 문제를 해결하기 위해서는 다양한 데이터를 포함하고 편향을 감지하고 수정하는 기술적인 접근이 필요하다. 개발자들은 모델의 훈련 데이터를 정기적으로 검토하여 편향이 있는지 확인하고 수정하는 것이 중요하며, 시장에서는 분야별로 독점을 억제하고 다양한 기업이 경쟁하게 함으로써 편향된 모델이 사용자들에 의해 자연스럽게 도태되도록 해야 한다. 또한 인문사회과학자들의 적극적인 참여가 보장되어야 할 것이다. 예를 들어, 역사적으로 불평등 패턴이 어떻게 자원과 기회에 대한 접근에 영향을 미치고 이것이 다시 데이터에 영향을 미치는지 관찰해야 한다.[17-20]

3.4 개인정보 우려 (Privacy Concerns)

인공지능 기술은 종종 대량의 개인 데이터를 수집하고 분석하며, 이로 인해 데이터 개인정보와 보안과 관련된 문제가 발생한다. 민감한 정보가 무분별하게 수집되거나 무단으로 사용될 경우 개인 프라이버시에 대한 위협이 될 수 있으므로 개인정보 위험을 완화하기 위해서는 엄격한 데이터 보호 규정과 안전한 데이터 처리 관행을 지켜야 한다. 또한 적대적 공격 기술과 마찬가지로 모델의 취약점을 파고드는 기술인 **모델전도공격**을 이용하면 주어진 입력에 대해 출력되는 분류 결과와 신뢰도(Confidence)를 분석하여 역으로 데이터를 추출하여 아래 그림과 같이 이미지를 추출해낼 수 있다. 즉, 인공지능 훈련(학습)이 끝난 후 훈련에 사용된 데이터를 모두 삭제했다 하더라도 훈련된 AI 모델이 훈련데이터를 완전히 잊은 것은 아니라는 것이다. 그림 13의 왼쪽 영상은 훈련에 사용된 A라는 사람의 여러 장의 얼굴 사진 중 하나이다. 오른쪽의 사진은 모델전도공격 기술에 의해 추출된 영상이다. 아주 정확하지는 않아도 AI 모델 학습에 사용된 얼굴을 대략적으로 유추하는 것이 가능하다는 것을 알 수 있다. 그림 14에서 보듯이 (a) AI 모델의 훈련이 끝나면 (b) 이 AI 모델은 필요한 용도로 사용을 위해 배포가 된다. (c) 이때 모델전도공격(Model Inversion Attack) 기법을 사용하면 훈련 시 사용되었던 데이터의 유추가 가능하게 된다.

(a) (b)

▲ **그림 13** 좌) 실제 학습에 사용된 영상, 우)모델전도공격에 의해 추출된 영상

출처 Gab41 블로그

모델 전도 공격과 비슷한 공격으로 **멤버십 추론 공격 (membership inference attack)이 있다.** 모델 전도 공격은 훈련된 머신 러닝 모델을 역으로 추론하여 입력 데이터의 일부 또는 전체를 복구하는 것을 목표로 하는 반면, 멤버십 추론 공격은 특정 데이터 포인트가 훈련 데이터셋에 포함되어 있는지 여부를 결정하려는 것을 목표로 한다. 예를

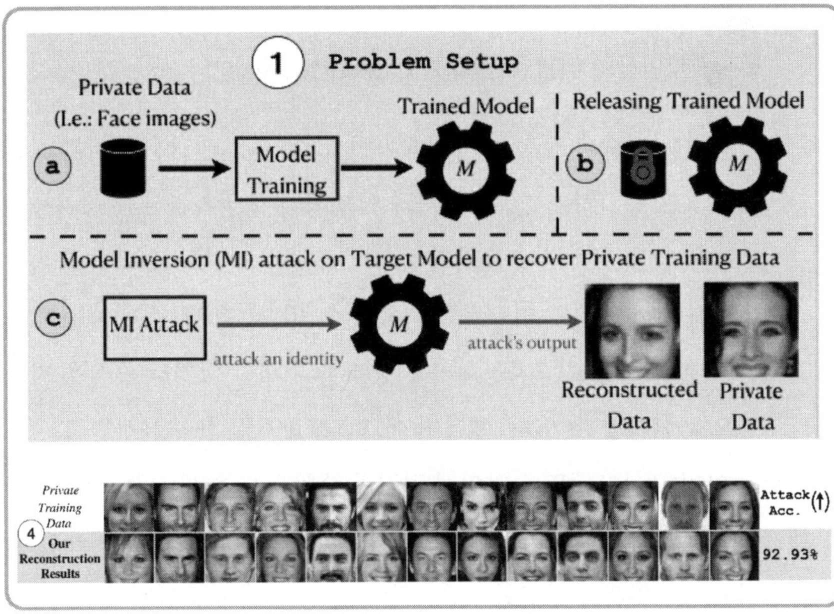

▲ **그림 14** 이 그림은 최근 더욱 향상된 모델전도 공격 결과를 보여준다. 훈련에 사용된 영상들(윗줄)과 모델전도공격에 의해 추출된 결과 영상들을 비교해 보라.[21]

들어, 전자가 홍길동이라는 얼굴인식 결과를 내는 얼굴인식 AI 모델에서 훈련에 사용된 홍길동의 얼굴 사진을 복구해 내는 기술이라면 후자의 경우에는 홍길동의 특정 사진이 훈련데이터 셋에 포함되어 있었는지를 알아내는 기술이다. 훈련 샘플이 영상이 아니고 개인 의료 기록이나 군사기밀과 같은 경우, 프라이버시나 국가의 기밀정보가 유출될 가능성이 존재하게 되는 것이다. 따라서 훈련종료시 훈련데이터의 삭제만으로 개인정보 보안이 완성되는 것은 아니며 기밀정보가 유출되더라도 피해를 최소화하기 위해 데이터 암호화 등의 조치가 필요하다.

3.5 보안상의 위험 (보안리스크, Security Risks)[22]

인공지능 기술이 점점 더 정교해지면서, 그 사용과 남용에 따른 보안 리스크도 증가하고 있다. 해커와 악의적인 행위자들은 인공지능의 능력을 활용하여 더 고급화된 사이버 공격을 개발하고, 보안 조치를 우회하며 시스템의 취약점을 이용할 수 있다. 먼저, 인공 지능 기술을 사용하여 공격을 자동화하고 공격자의 개입 없이도 공격을 지속적으로 실행할 수 있다. 예를 들어, ChatGPT 및 그와 유사한 도구들은 이미 프로그래밍에 있어서 일정 수준의 능력을 보여주고 있다. 생성형 AI가 작성한 코드에는 오류가 있을 수도 있지만, 코드 개발 과정을 가속화하고 정교한 앱을 개발하는 일 또한 가능하게 해 준다. 생성형 AI 도구에는 악성 코드를 작성하지 못하도록 하는 보호 장치가 있지만, 이러한 보호 장치는 종종 우회될 수 있는 허점을 가지고 있다. 따라서 생성형 AI는 덜 정교한 실력을 가진 위협 행위자조차도 고급 악성코드(멀웨어)를 개발할 수 있게 하며, 미래에는 그 성능이 더욱 강력해질 것이다. 이러한 자동화된 공격을 통해 대량의 공격을 신속하게 수행하고 신속하게 대응하기 어렵게 만든다. 둘째, 인공지능을 이용하여 보안 시스템을 회피하거나, 취약점을 자동으로 식별하고 이를 악용하는 데 활용할 수 있다. 이를 통해 공격자는 보안 시스템을 통과하고 탐지되지 않고 공격을 수행할 수 있게 된다. 마지막으로 인공 지능은 대규모의 데이터를 분석하고 이를 기반으로 행동을 결정할 수 있다. 이러한 훈련 데이터 모음에는 조직의 고객 및 비즈니스에 대한 민감한 정보가 포함될 수 있으므로 이러한 데이터를 저장하고 AI 학습에 사용하는 것은 공격자가 데이터를 유출할 위험을 초래한다.

AI 기반 사이버 공격은 보안 전문가들에게 새로운 도전을 제시하고, 기존의 방어 전략들을 업데이트하고 강화해야 함을 의미한다. 이를 위해서는 보안 시스템을 지속적으로 업그레이드하고, 머신러닝 및 딥러닝과 같은 인공 지능 기술을 활용하여 새로운 공격을 탐지하고 방어할 수 있는 방법을 개발해야 한다. 또한 정부와 기관은 안전한 인공지능 개발 및 운용을 위한 모범 사례를 개발하고 국제적 협력을 촉진하여 인공지능 보안 위협에 대비하는 세계적인 규범과 규정을 수립해야 한다.

지금까지 최신 인공지능 모델들에 내재된 여러 가지 취약성에 대해 알아보았다. 이러한 취약성들로 인해, 개발된 AI 모델이 개발자의 의도와는 달리 오동작을 하거나 사회적 갈등 유발, 불평등의 확대, 심지어 환경 재난을 포함하여 다양한 유형의 사고로 이어질 수 있다.

이러한 본질적인 위험에 대응하기 위해서는 AI 모델의 투명성을 높이기 위한 설명가능 AI기술의 개발, 노이즈나 적대적 공격에 강인한 AI 모델을 위한 견고성을 높이기 위한 연구, AI의 편향된 행동을 억제하기 위한 편향제거(debiasing)나 공정성(AI fairness)에 관한 연구 등을 위해 연구자, 개발자, 정책 결정자 및 사회의 지속적인 관심과 노력이 필요하며, 이를 통해 사회적인 영향력을 고려하여 AI가 책임있게, 윤리적으로 개발되고 배포되어야 한다.

CHAPTER 04

인공지능의 재앙적 위험 원천

인공지능(AI)의 급격한 발전은 전문가들, 정책 결정자 및 세계 지도자들 사이에서 점점 더 발전된 AI 시스템이 재앙적 위험을 초래할 수 있다는 우려를 낳고 있다. 비록 다양한 위험이 여러 매체를 통해 소개되고 있지만, 이를 체계적으로 구분하고 전 범위에 걸쳐서 설명하는 기사나 문헌은 쉽게 찾아보기 힘든 것 같다. 사실, AI로 인해 초래될 수 있는 위험 현상의 가짓수는 셀 수없이 많고 그들을 일일이 열거하는 일은 다가올 초지능 AI 시대를 준비하는데 큰 도움이 되지 못한다. 이 장에서는 특히 초지능 AI로 인해 일어날 수 있는 재앙적 AI 위험의 주요 원천에 대한 개요를 제공하고자 하며, 이를 악용, 초지능 숭배, 경쟁 환경, 취약한 안전 문화, 로그 AI 및 막대한 에너지 소비라는 여섯 가지 범주로 구성하여 논의한다. 각 위험 원천에 대해 특정 위험 요인을 설명하고, 대표적인 사례를 제시하고, 이러한 위험을 완화하기 위한 방안을 논한다. 우리의 목표는 다가올 위험에 대한 포괄적인 이해를 촉진하고, AI가 안전하게 개발되고 배치되도록 하는 데 필요한 집단적이고 선제적인 노력을 일으키는 데 있다. 궁극적으로, 우리는 이 강력한 기술의 혜택을 실현하면서 재앙적 결과의 가능성을 최소화해야만 할 것이다.

4.1 악용 (malicious use)

이 섹션에서는 고급 AI의 악의적인 사용이 재앙적 위험을 초래할 수 있는 여러 방법을 탐구할 것이다. 이에는 생화학 무기를 개발하거나, 로그 AI를 풀어 놓거나, 설득력 있는 AI를 사용하여 가짜정보를 퍼뜨려 사회를 혼란에 빠지게 하거나 합의 현실을 붕괴시키는 방법, 그리고 검열 및 대규모 감시를 활용하여 권력을 불가피하게 집중시키는 방법이 포함된다. 이에 따라 AI의 악의적인 사용과 관련된 위험을 완화하기 위한 가능한 전략에 대해 논의할 것이다.

악의적 주체들로 인한 AI 악용의 위험이 크게 증가할 것이다. 강력한 기술이나 위험한 정보에 여러 다양한 주체가 접근할 수 있는 경우, 해로운 목적으로 사용될 수 있는데 AI가 관련되는 경우에는 단 한 사람의 악의적 주체만으로도 파괴적 결과를 초래할 수 있다. 무모한 행동 또한 악의적인 주체 자체와 동등하게 위험할 수 있다. 예를 들어, 생물학적 연구 능력을 갖추고 있어 연구를 가속화하고 잠재적으로 생명을 구할 수 있다고 기대되는 AI 시스템을 갖춘 연구팀이 있고 이 팀은 해당 AI 시스템을 오픈소스로 공개하는데 열성적일 수 있다. 그러나 이 경우, 만약 AI 시스템이 생물무기를 개발하는 데 재활용될 수 있다면, 이것은 악의적 사용의 위험을 증가시킬 수 있다. 이와 같은 상황에서 결과는 가장 위험을 무릅쓰는 성향의 연구 그룹에 의해 결정될 수 있을 것이다. 만약 이익이 위험을 상회한다고 생각하는 연구 그룹이 있다면, 대다수의 의견과 다르더라도 이 그룹은 일방적으로 행동할 수 있으며, 만약 그들이 잘못된 판단을 하여 생화학무기를 개발하기로 결정한 경우에는 이미 되돌릴 길이 없을지도 모른다.

기본적으로 고급 AI는 가장 강력한 사람뿐만 아니라 일반 대중의 파괴적 능력을 대폭 증가시킬 수 있으며 이러한 가능성은 인류가 다가올 수십 년 동안 직면하게 될 가장 심각한 위협 중 하나라고 할 수 있다. 다음에서 제시하는 예시는 우리가 예측할 수 있는 것에 불과하며 현재로서는 상상조차 할 수 없는 새로운 위험한 기술의 개발에도 AI가 도움을 줄 수 있기 때문에, 악의적 사용으로 인한 위험은 더욱 증가할 것이다.

가. 생화학테러(바이오테러리즘)

1995년 3월 20일 월요일. 맑게 갠 이른 봄날 아침, 가발을 쓰고 가짜 수염을 붙인 젊은 남자 다섯명이 도쿄 지하철 시스템에 진입했다. 각자 다른 지하철 노선에 탑승한 후 몇 정거장을 이동한 뒤 가지고 있는 가방을 내려놓고 나갔다. 가방 안에 든 무색 무취의 액체가 증발하기 시작했으며 몇 분 안에 승객들은 기침하고 구토하기 시작했다. 기차는 도쿄의 중심지로 향하면서 화학물질에 노출된 승객들이 각 역에서 내리는 상황이었다. 감염된 차량에서 나오는 증기나 사람들의 옷과 신발과의 접촉을 통해 독가스가 전파되었으며 그 날이 끝나기까지 13명이 사망하고 5,800명이 심각하게 다쳤다. 이 공격의 주체는 종교 단체인 옴 진리교(Aum Shinrikyo)였다.[1] 도쿄 지하철 사린가스 사건이라고도 불리우는 이 사건은 테러에 사용된 가스의 이름이 이

가스를 발명한 과학자 네 명의 이름 일부를 따서 조합한 '사린(Sarin)'이었기에 붙여진 것이다. 당시 국내 일부 언론에서는 이를 잘못 이해하여 살인가스 사건이라고 부르기도 하였으나 사린가스의 치명성을 보면 결과적으로 틀린 용어는 아니었다고도 할 수 있다. 테러와 관련된 학술 연구들 가운데는 이 지하철 사린가스 사건을 9.11 테러만큼, 혹은 그보다 더 비중 있게 다루는 경우도 적지 않다. 왜냐하면 도쿄 지하철 사린 사건이 인류 최초이자 현재까지 유일하게 대량살상무기를 사용한 테러 사건이기 때문이다. 이전에도 독가스를 비롯한 대량살상무기가 살상용으로 쓰인 일은 많았지만, 그동안은 국가와 군대에 의해 자행되었다. 반면 도쿄 지하철 독가스 테러는 일개 범죄단체가 대량살상무기를 확보해 불특정 다수를 상대로 테러를 감행한 것이고, 그만큼 일반인들이 대량살상무기 위협에 쉽게 노출될 수 있다는 점에서 충격을 주었다. 불행 중 다행히도 이 사건은 13명의 사망자를 내는데 그쳤지만, 만일 범인들이 살겠다고 농도를 희석하지 않았거나, 정부가 전력을 다해 필사적으로 대처하지 않았더라면 수천명이 희생될 수도 있었다. 이러한 생화학 테러는 인명피해 측면에서 폭탄급 이상의 위험성을 갖기 때문에 최악의 테러를 방지하기 위한 연구를 할 때 도쿄지하철 사린가스 사건이 늘 언급된다.

그렇다면 이들이 무고한 사람들을 살해한 동기는 무엇일까? 사카모토 츠츠미 변호사 일가족 살해사건, 국토이용계획법 위반사건, 카메이도 악취 사건, 마츠모토 사린 사건, 메구로 공증인 사무소 사무장 납치 감금 치사 사건 등의 온갖 대형 강력 범죄를 저지르던 옴진리교는 자신들이 이들 사건의 배후로 지목되고 경찰 수사가 포위망을 좁혀 오자 압박을 느끼고 있었다. 이에 교주 아사하라 쇼코는 경찰의 수사력 및 관심을 분산시켜 궁극적으로 옴진리교가 조사받는 사태를 피하기 위한 방편으로서 지금까지와는 수준이 다른 대규모 테러를 일으키기로 모의했다. 특히, 테러 대상으로 도쿄의 주요 관공서가 밀집된 지역 등을 골라 일본 정부를 일시적으로 마비시키는 것까지 노리고 있었다. 궁지에 빠진 교주의 망상으로 인한 폭주에 최악의 사건이 터진 것이다.

그나마 다행이라고 할 수 있는 점은 사린과 같은 신경작용제를 만들기가 매우 어려운 일이어서 세계적 규모의 조직을 가지고 수십억 원이 넘는 돈을 들여 3층 규모의 화학연구소까지 설립하고 각종 정밀실험기기를 도입했던 옴진리교마저 첫 생산에서는 20그램 남짓의 사린을 얻는데 그쳤으며, 미국에서조차 사린 대량생산 시설을 확보하는데 7년씩이나 걸렸다고 한다. 도쿄 지하철 사린 사건에서 쓰인 8리터 정도의 사린을 얻기 위해 들인 돈과 시간은 군소 테러 조직이 흉내낼 수 있는 수준이 아니며 옴진리교 수준의 거대 범죄 조직, 또는 국가 규모에 이르러서야 시도할 수 있는 범죄라 할 수 있다. 이 사건 이후 오늘날까지도 차라리 폭탄을 쓰면 썼지, 화학무기를 이용한 대규모 테러가 빈발하지 않은 것은 결코 우연이 아니다.

하지만, 이러한 일에 AI가 개입하게 되면 상황이 급변하게 될 수 있다. 항상 최악의 의도를 가진 악의적인 주체들이 존재할 것이며, AI는 그들이 목표를 달성할 수 있는 강력한 도구를 제공할 수 있다는 말이다. 더구나 AI 기술이 발전함에 따라, 심각한 악용은 사회를 불안정하게 만들어 다른 부가적인 위험들이 발생할 확률을 높일 수 있다.

생화학테러란 폭발력이나 운동에너지를 이용한 물리적 살상대신 생물학적, 화학적 물질 또는 매개체를 살포하거나 투사하여 인마를 살상하는 테러행위를 말한다. 아주 간단히 말해서 세균이나 독가스를 살포하는 테러행위라고 생각하면 되겠다. 테러의 모든 형태 중에서 아마도 생화학테러가 사람들을 가장 두렵게 하는 이유는 생화학 무기는 눈에 보이지 않으며, 살포하기 쉽고, 사람들 사이에서 쉽게 퍼지고 무시무시한 병을 유발한다고 대부분의 사람들이 인식하고 있기 때문일 것이다. 생화학 무기 사용으로 예상되는 심리적 반응으로 공포, 분노, 공황, 감염에 대한 공포, 증상 희생양 삼기, 편집증, 사회적 고립, 도덕성의 와해, 사회제도에 대한 신뢰상실 등 일일이 열거하기가 힘들 정도이다. AI 기술의 급속한 발전은 이러한 생화학 테러의 위험을 증가시킬 것이다. 생물공학 지식을 가진 AI는 새로운 생물무기를 만들고 그런 물질을 획득하는 장벽을 낮출 수 있다. AI 기반의 생물무기로 인한 공학적(engineered) 전염병은 방어자에 비해 공격자가 우위에 있는 독특한 도전을 제기하며 인류에게 존재적 위협이 될 수 있다.

바이러스와 세균을 포함한 생물물질은 역사상 가장 치명적인 재앙 중 일부를 일으켰다. 흑사병이 역사상 가장 많은 인간을 죽인 사건으로 알려져 있으며, 약 2억 명, 현재로 치면 약 40억 명에 해당하는 엄청난 인원이 사망한 것으로 추정된다. 현대 과학과 의학의 발전으로 인해 자연적인 전염병과 관련된 위험을 줄이는 데 큰 발전이 이루어졌지만, 인공적으로 조작된 전염병은 자연적 전염병보다 더 치명적이거나 쉽게 전파될 수 있도록 설계될 수 있으며, 역사상 가장 치명적인 역병에 의한 재앙과 동등하거나 그를 뛰어넘을 수 있는 새로운 위협을 제공할 수 있다. 과거의 흑사병이나 최근의 COVID 팬데믹을 상기해보면 인류를 절멸시키기 위해 반드시 초지능이 필요한 것은 아니라는 것도 쉽게 알 수 있다.

인류가 병원균을 무기로 사용했던 어두운 역사적 기록들도 곳곳에 남아있다.[2] 가장 이른 기록은 기원전 6세기에 앗시리아인들이 적국의 우물에 호밀맥각을 넣어 오염시킨 일을 들 수 있다. 호밀 맥각병은 곰팡이의 일종이 호밀에 기생해 생기는 것으로 이 곰팡이가 내는 독성성분인 알칼로이드는 신경교감차단 작용을 가지고 있어 사람에게 맥각중독증을 일으킨다. 비슷한 시기인 B.C.6세기 아테네의 솔론 군대는 크리샤를 점령할 당시 크리스마스로즈라는 식물 뿌리의 가루를 식수에 넣어 적의 설사병을 유도했다는 기록이 있다. 1346년에는 타르타르 군대가 크림반도의 카파를 점령할 당시 흑사병에 걸려 죽은 주검을 투척기를 이용해 적군 진영에 날려 보낸 일도 있었다. 많은 병사와 주민들이 죽어갔고 전투력을 상실하게 된 카파는 무조건 항복할 수밖에 없었다. 그러나 이 전염병은 카파를 점령하고 전쟁승리를 즐기던 타르타르인에게도 전염되었고 곧 다시 유럽 전역으로 확산되었다. 이것이 중세 흑사병 대유행의 시작이었으며 이로 인해 죽은 사망자는 4년 동안 당시 유럽인구의 3분의 1인 2500만명으로 추정되고 있다.

1422년 흑사병 대유행시에는, 죽은 군인의 시체와 상당량의 분뇨를 보헤미아의 칼스타인에 위치한 적군 진영에 던져 넣었다. 러시아 군대도 1710년 스웨덴을 침공하면서 레발시 성벽 위로 흑사병으로 죽은 사체를 던졌다.

두창을 사용한 경우도 있다. 16세기 스페인의 신대륙 정복자들은 남아메리카 원주민들에게 두창으로 오염된 의복을 공급했다는 기록이 있다. 잉카전사와의 싸움에서 한때 궁지에 몰렸던 이들은 생물무기를 이용한 싸움으로 추격의 위기에서 벗어나 뒤에 승리할 수 있었다. 18세기 중반 (1754~67년) 프랑스와 영국은 신대륙 미국에서 전쟁을 벌였다. 전쟁 막바지인 1767년 영국군은 프랑스편인 카릴론 요새의 인디언을 공격했다. 하지만 저항은 완강했고 요새는 난공불락이었다. 이 때 영국 장군 제프리 앰허스트경은 카릴론 요새의 인디언 추장에게 담요를 선물했다. 이 담요는 실은 선물이 아니라 두창 환자의 분비물이 묻어 있던 오염된 것이었다.

▲ **그림 1** 영국군이 인디언 추장에게 두창에 오염된 담요를 건네는 장면.

출처 게티이미지.

비슷한 예가 여러 군데의 기록에서 발견되었으며 프랑스와 인도 간의 전쟁에서도 영국인들이 인도 왕족에게 두창으로 오염된 담요를 공급하였다고 한다. 20세기 들어와서 생물무기 개발 연구와 실제 전쟁에서의 사용은 더욱 가열됐다. 독일 첩보기관이 1차 대전 때 미국에서 프랑스로 보내는 말과 가축에게 비저병을 접종시킨 증거가 드러난 바 있다. 20세기 동안 미국, 소련, 영국, 프랑스를 포함한 15개 국가가 생물무기 프로그램을 개발했던 것으로 알려져 있다. 화학무기와 마찬가지로 국제사회에서는 생물무기가 금기로 여겨지고 있다. 일부 국가 주체는 여전히 생물무기 프로그램을 운영하고 있지만,[3] 옴진리교, ISIS와 같은 비국가 주체 또는 정신적으로 불안정한 개인들로부터 더 큰 위험이 올 수 있다. AI 및 생물공학의 발전으로 인해, 냉전 시대 생물무기 프로그램보다 훨씬 뛰어난 능력을 가진 병원균을 조작할 수 있는 도구와 지식이 빠르게 민주화될 것으로 예상되는 실정이다.

표 1은 주요 생물테러사건을 정리한 것이다.[4]

〈표 1〉 주요 생물테러 사건

테러주체와 시기	동기/목적	병원체/전파방법 · 장소	결과
R.I.S.E(1972)	자연파괴를 막기 위해 대부분의 인간을 살상하고 소수의 인간만 남김	장티푸스, 디프테리아 등 8종류(비행기, 도시상수시설)	배양액이 사전에 발견돼 공격이 좌절
적군파(1980)	서독 지도층과 정부 관리들 공격, 마르크스 혁명이념 실현	보툴리눔 독소	독일 정부는 공격받은 사실 부인
라즈니쉬 사교집단 (1984)	지역선거에서 승리하기 위해 투표자들을 무력화	살모넬라균 (식당 샐러드바)	사교집단의 내부붕괴로 알려짐
미네소타 애국주의자 평의회(1991)	연방정부에 타격을 주기 위해 개인적 복수심	아주까리 씨에서 추출한 리신	주범들 사전 체포
옴진리교(1995)	종말론 예언을 증명, 일본 정부 장악	보툴리눔 독소 애볼라, 사린 등(지하철)	도쿄 지하철 승객 등 20여명 사망, 1천여명 부상
래리웨인헤리스 (1998)	미국인들에게 이라크의 생물무기 위협을 경고하기 위해	탄저와 페스트균 (농약살포비행기)	주범들 사전 체포

20세기에 들어와서는 현대적 의미의 생화학무기가 본격적으로 실전에 활용됐다. 제1차 세계대전 당시 독일군은 여러 전투에서 염소가스 등의 독가스를 사용했다. 당시 독일에서 무가용 독가스를 적극적으로 개발한 인물이 바로 공기중의 질소를 이용하여 암모니아를 합성하는 방법인 하버법을 개발한 화학자 프리츠 하버(Fritz Haber; 1868-1934)다. 이 발명으로 화학비료를 대량생산 할 수 있게 되었고, 식량 생산량이 획기적으로 증가하여 인류가 기아에서 벗어나는 데

결정적인 공헌을 했으며 이 공로를 인정받아 1918년도 노벨화학상을 수상하였지만, '전범 과학자'라는 비판을 피하지는 못했다. 그 후에도 중일전쟁, 제2차 세계대전 때에 생화학무기가 더러 실전에서 쓰였다. 이밖에도 공식적인 확인은 되지 않았지만, 여러 전쟁에서 각종 전염병균 등이 무기로 사용된 의혹이 짙다. 지난 베트남전 당시 미군이 살포한 막대한 양의 고엽제 역시 생화학무기에 포함되며, 그 후로도 소련과 아프가니스탄과의 전쟁, 이란과 이라크의 전쟁에서도 화학무기가 사용되는 등 근래에 이르기까지 생화학전은 끊이질 않고 있다. 미국과 이라크의 전쟁 역시 '가난한 자의 핵무기'라 불리는 대량살상용 생화학무기를 이라크가 보유하고 있는지 여부가 그 빌미가 된 바 있다.[5]

▲ **그림 2** 사람을 살리고 죽인 노벨화학상 수상자로 알려진 프리츠 하버

생물공학 기술은 빠르게 진보하고 접근성이 높아지고 있다. 몇 십 년 전에는 새로운 바이러스를 합성하는 능력이 선진 연구실에서 일하는 소수의 최고 과학자들에게 제한되어 있었던 반면, 오늘날 이러한 능력을 가진 사람은 약 30,000명이 넘는 것으로 추정되고 있다. 당연히 이 수치는 빠르게 증가할 것이다. 맞춤형 생물물질을 만들 수 있는 유전자 합성 기술의 가격은 급격히 하락했으며, 약 15개월마다 절반으로 줄어들고 있다.[6] 게다가, 작은 규모로 DNA분자를 합성하는 벤치탑 DNA 합성 장치의 등장으로 접근성이 더욱 쉬워지고, 기존의 유전자 합성 스크리닝 노력을 회피할 수 있을 것으로 예상되어 이러한 기술의 전파를 통제하기가 더욱 어려워지고 있다.[7] 수백만 명, 아마도 수십억 명을 죽일 수 있는 생물공학적 전염병이 발생할 가능성은 그 기술과 접근성을 갖춘 사람들의 수에 비례한다. AI 보조 기술이 도입되면 이를 구현할 기술을 갖춘 사람들의 수가 몇 배나 늘어나게 되어 위험이 몇 배로 증가할 것이다.

AI로 인해 새롭고 더 치명적인 화합물 및 생물무기의 발견이 가속화된다. 2022년에 연구자들은 비독성이며 치료적인 분자를 생성하여 새로운 약물을 개발하기 위해 고안된 AI 시스템을 가져와 독성을 제거하는 대신 보상하는 방식으로 조정하였다.[8] 이 간단한 변경 이후, 6시간 내에 이 시스템은 완전히 자체적으로 4만개의 화학 전쟁 물질 후보를 생성했다. 이 시스템은 VX와 같은 알려진 치명적인 화합물뿐만 아니라 현재까지 발견된 어떤 화학 전쟁 물질보다도 더 치명적일 수 있는 새로운 분자들을 설계했다. 생물학 분야에서는 AI가 이미 단백질 구조 예측에서 인간 능력을 능가하고[9] 이러한 단백질을 합성하는 데 기여하고 있다.[10] 실례로, 세상에는 2억 개의 알려진 단백질이 있는데 구글의 알파폴드를 사용하면 1년 만에 단백질의 3차원 구조 예측을 할 수 있으며 이 작업을 사람이 한다면 10억 년이 걸렸을 것이다.[11] 유사한 방법들이 생물무기를 만들고, 지금까지 본 어떤 것보다 치명적이고 전파성이 높으며 치료하기 어려운 병원균을 개발하는 데 사용될 수 있을 것이다.

AI는 생물공학적 전염병의 위협을 더욱 증가시킬 것이다. AI는 바이오테러 행위를 저지를 수 있는 사람들의 수를 늘릴 것이다. ChatGPT와 같은 일반적인 목적의 AI는 독감과 천연두와 같은 알려진 가장 치명적인 병원균에 관한 전문 지식을 합성하고, 그것을 만들고 안전 프로토콜을 회피하면서 단계별 지침을 제공할 수 있다.[12] MIT의 최근 훈련에서는 ChatGPT가 단 1시간 만에 과학자가 아닌 학생들에게 4가지 잠재적 전염병 병원체와 검출 없이 유전 물질을 획득하는 방법을 지시한 것으로 나타났다.

미래의 AI 버전들은 인터넷 어디에도 명시적으로 없는 정보를 기술, 공정 및 지식으로 합성할 수 있는 능력을 갖추게 되면 잠재적인 바이오테러리스트들에게 더 도움이 될 수 있을 것이다. 공중보건 당국은 이러한 위협에 안전 조치로 대응할 수 있을지 모르지만, 바이오테러에서는 공격자가 우위를 가지고 있다. 생물학적 위협의 기하급수적인 확산 성격 때문에 효과적인 방어가 이루어지기 전에 단일 공격이 전 세계로 퍼져 나갈 수 있다. COVID-19의 오미크론 변이가 감지된 지 100일 만에 미국의 4분의 1과 유럽의 절반 이상에 감염된 바 있다.[13] COVID-19 팬데믹을 억제하기 위해 도입된 격리와 봉쇄는 세계적인 경제 침체를 일으켰고 수백만 명이 사망하는 것을 막지 못했다.

요약하면, 고급 AI는 테러리스트들의 손에 대량 파괴 무기가 될 수 있다. AI는 그들이 치명적인 새로운 병원균을 디자인, 합성 및 전파하는 것을 더 쉽게 만들어 주어 전 세계적인 팬데믹을 일으키는 데 악용될 수 있다. 기술적 전문 지식을 줄이고 병원균의 치명도와 전파력을 높이면서, AI는 악의적인 행위자들이 팬데믹을 발생시켜 세계적 재앙을 초래할 수 있도록 할 수 있을 것이다.

따라서 합법적인 과학 연구를 활성화하는 것과 위험한 지식의 전파를 방지하는 것 사이에서 균형을 맞추는 것이 중요하다. ChatGPT와 같은 공개 버전의 언어 모델이 위험한 병원체 생성에 대한 자세한 지침을 제공하지 않도록 제도적 보완이 필요하다. 동시에 적절한 교육과 승인을 받은 합법적인 과학자를 위한 특수 액세스 방법을 구현되어야 한다.

나. 설득형 AI: 가짜 정보의 전파

설득형 AI란 사람들을 설득하거나 영향을 미치는데 사용되는 인공지능 기술 또는 시스템을 의미한다. 특히 사람들의 의견이나 행동을 변화시키기 위해 의도적으로 거짓 정보를 유포하는 일은 이미 심각한 문제이다. 2016년 미국 대통령 선거 이후 가짜뉴스(fake news)에 대한 공포가 전 세계적 현상이 되면서 2017년부터 한국에서도 이른바 '가짜뉴스'를 규제하기 위한 법안이 쏟아져 나왔으며 최근에는 가짜뉴스라는 용어를 허위정보(disinformation)라는 용어로 대체하여 사용하는 추세이다.

온라인 단체 아바즈(Avaaz)가 2021년에 발표한 보고서에 따르면, 메타는 2020년 미국 대통령 선거의 한 달 전까지 알고리즘을 변경하지 않아 플랫폼에서 잘못된 정보가 퍼지게 허용했으며, 또한 2022년 브라질 선거의 타당성을 의심하는 콘텐츠를 홍보하고, 미얀마의 로힝야 민족에 대해 저질러진 인권 침해에 기여한 것으로 여겨질 수 있는 콘텐츠를 증폭시킨 것에 대한 비판을 받은 바 있다.

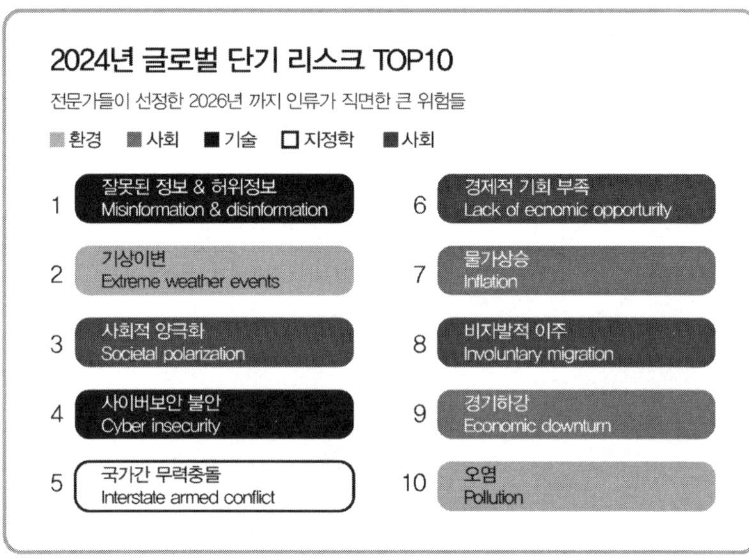

▲ **그림 3** 2024년 글로벌 단기 리스크 Top 10.

출처 세계경제포럼, 2024 글로벌 리스크 보고서

세계경제포럼(WEF)에서 발표한 2024년 글로벌 리스크 보고서[14]에 따르면, 향후 2년간 인류가 직면한 최고 위협이 잘못된 정보와 허위 정보라고 한다 (그림 3). 특히 2024년은 유럽연합(EU)등 최소 83개국에서 30억명 이상이 선거를 치르는 '슈퍼 선거의 해'이다. 이 보고서에 따르면, 선거 시즌을 맞아 자신에게 유리한 여론을 형성하고 정적의 이미지에 타격을 입히기 위해서 조작된 사진에 근거한 가짜 정보가 범람하여 사회적 혼란 증폭이 불가피할 것이라고 예측했다. 이러한 가짜정보 범람은 선출된 정부의 적법성에 의문을 불러오는데에도 사용될 수 있으며 이는 곧 사회적 양극화가 더 심화할 것이라고 보았다.

사용자가 텍스트, 오디오 및 비디오를 생성할 수 있게 하는 생성형 AI는 2022년 11월에 OpenAI의 ChatGPT가 출시되면서 본격적으로 존재감을 알리기 시작했으며, 2024년 5월 공개된 GPT-4o를 접한 사람들은 사람처럼 반응하고 대화하는 AI를 보면서 이제 본격적인 범용 AI 시대가 시작되는게 아닌가 하는 놀라움과 두려움에 휩싸이게 되었다. 생성형 AI는 이미 여러 차례 미국 정치 광고에서 사용되었으며, 각 경우에 AI가 사용되었다는 것이 사실로 파악되었다. 2023년 1월에는 바이든 대통령이 성소수자를 향해 폭언하는 가짜영상이 퍼졌고, 서점에서 치매관련 책을 고르고 있는 바이든 대통령의 딥페이크 (deep fake) 동영상이 유포되기도 했다. 딥페이크란 인공지능을 기반으로 특정 영상에 특정 인물의 얼굴, 음성 등을 합성한, 조작된 비디오를 말한다 (그림 4). 4월에 공화당은 조 바이든 대통령이 재선되었을 때 어떠한 일이 일어날 수 있는지를 보여주기 위해 AI로 생성된 광고를 공개했고, 6월에는 플로리다 주 및 대통령 후보인 공화당 주지사 론 디샌티스의 X 캠페인 계정이 도널드 트럼프 전 대통령과 앤서니 파우치 전 국립알레르기·전염병연구소 (NIAID) 소장이 서로 포옹하는 모습이 담긴 동영상을 공개했는데, 이는 AI를 사용한 가짜 영상인 것으로 판명 났다. 또한 폴란드에서도 한 야당이 광고에 사용한 총리의 목소리가 AI로 만든 가짜임을 시인한 바 있다. 딥페이크와 같은 허위정보나 조작이 아니더라도 ChatGPT와 같은 대화형 AI를 이용해 여론조작을 할 수도 있다. 예컨대 ChatGPT가 투표 절차에 대해 잘못된 정보를 제공하거나 선거 캠프가 인공지능의 예측을 활용해 유권자들이 특정 반응이나 행동을 하도록 유도할 수 있다. 11월에 발표된 여론조사에 따르면 미국 성인의 58%가 2024년 대통령 선거에서 AI가 잘못된 정보의 확산을 증가시킬 것에 대해 우려하고 있다고 한다.

그럼에도 다행이라면 다행일까, 독일 밤베르크 대학의 정치학 교수인 안드레아스 윙허(Andreas Jungherr) 교수의 연구팀이 일관되게 발견한 바에 따르면, 이전 미국 선거 과정에서 등장한 잘못된 정보는 측정 가능한 정도로 선거 결과에 영향을 미치지는 않았다고 한다. 윙허 교수는 미디어 연구 및 심리학과 같은 다른 학문의 학자들이 종종 선거에 미치는 잘못된 정보의 영향을 더 중요시하는 경향이 있다고 지적하고 있다.[15] 윙허 교수는 정치 선거에서의 투표 행동과 같은 중요한 문제에 대해 인간들의 견해를 변경하기가 결코 쉽지가 않다는 사실과, 허위 정보를 생성하는 AI 기술이 아직은 완벽한 상태는 아니란 점을 지적한다. 하지만 비록 현재는 AI로 생성된 잘못된 정보가 대중 의견에 영향을 미쳐 선거 결과를 흔들 만한 확률은 매우 낮지만, 미래에는 AI가 선거 및 정치에 더 광범위한 악영향을 미칠 수 있다고 말하는 연구자도 있다. 영국에 본부를 둔 연구 기관인 AI 거버넌스

센터(Centre for the Governance of AI)의 연구원인 엘리자베스 세거는 고도로 개인화된 AI 지원 타겟팅이 매우 설득력 있는 AI 에이전트와 결합되어 대규모 설득 캠페인을 실시하는 데 사용될 수 있다고 말했으며 단순히 딥페이크 기술이 존재한다는 사실만으로도 사람들의 주요 정보 출처에 대한 신뢰가 훼손될 수 있다고 한다. 예를 들어, 2019년 수개월간 공식석상에 나타나지 않아 건강이상설, 심지어 사망설까지 나돌았던 가봉 대통령 알리 봉고가 의혹 속에 마침내 등장한 비디오가 가짜라는 주장이 비디오 공개 1주일 만에 시도된 군부 쿠데타를 정당화하는 데 사용되었으며 같은 해 말레이시아 내각 장관이 보좌관과 성적 행위를 한 것으로 의심되는 비디오가 AI에 의해 조작되었다는 주장으로 그 영향력이 크게 약화되기도 하였다.[16] 스리랑카와 미얀마에서 페이스북을 통해 퍼진 텍스트와 이미지 기반의 잘못된 정보는 살인에 이르렀으며, 인도의 WhatsApp에서도 같은 문제가 발생했다. 딥페이크가 더 신뢰할 만한 것으로 더해진다면 더욱 더 큰 혼란을 일으키게 될 것이다. 또한 딥페이크는 독재 정부가 시민들을 잘못 인식하고 억압하는 도구로도 활용될 수 있다. 독재자가 국민을 권위주의 정부에 순응시키기 위해 외부의 적으로부터의 위협이 가해지는 가짜 비디오를 제작하는 것이 어렵지 않을 것이다. 또는 권력을 탐내는 정부가 대통령의 건강 문제를 가리기 위해 대통령의 딥페이크 비디오를 사용하는 것도 가능하다. 전문가들은 딥페이크가 디지털 리터러시가 비교적 미흡한 취약한 정부와 인구를 가진 개발도상국에서 가장 큰 혼란을 일으킬 수 있다고 경고한다. 세거는 " 선거 때마다 자주 간과되는 위험은 생성적 AI가 어떤 후보가 어떤 끔찍한 일을 저질렀다고 사람들을 속일 딥페이크를 생성해 내는데 있는 것이라기 보다는 이러한 기술의 존재 자체가 증거의 가치를 훼손하고 주요 정보 스트림에 대한 신뢰를 훼손하는 데 있다고 할 수 있다"라고 말했다. 그야말로 허위정보 생성기술의 하나인 딥페이크 기술의 존재만으로도 사람간의 신뢰와 가치를 어지럽힐 수 있다는 것이다.

딥페이크의 문제는 정치분야에만 국한된 것이 아니고 사회 전반으로 확산되고 있으며 텍스트피싱, 보이스피싱에 이어 딥페이크 기술을 이용한 비디오피싱이 피싱 사기의 주인공으로 데뷔를 눈앞에 두고 있는 실정이다. 최근에는 한 다국적 기업의 재정 직원이 사이버 범죄자들에게 2억 홍콩 달러(약 2560만 달러)를 지불하도록 속아넘어간 신용 사기(scam) 사건이 발생하였다. 홍콩 경찰에 따르면, 사기꾼들은 회사의 최고 재무 책임자와 다른 직원들로 위장한 딥페이크를 사용했다고 한다. 뉴스 보도에 따르면, 이 직원은 회사의 영국 소재 최고 재무 책임자로 보이는 요청을 받은 후 의심을 품었으나 비디오 통화 이후, 그는 참석한 다른 사람들이 알아본 동료와 똑같이 보이고 소리가 났기 때문에 확신을 갖게 되었고 자금 이체에 동의했다고 한다. 이 사기는 나중에 직원이 본사와 확인한 후에야 발각되었다.

허위정보는 우리의 공유된 현실 이해를 감소시키고 의견을 극단화시키는 결과를 초래할 수 있으며 AI는 이전보다 규모가 큰 개인 '맞춤형' 거짓 정보를 생성함으로써 이 문제를 심각하게 악화시킬 수 있다. 게다가 AI가 우리의 행동을 예측하고 조종하는 데 더 능숙해짐에 따라 일상의 곳곳에서 우리를 기만하거나 조종하는 데 더 큰 능력을 발휘하게 될 것이다 (그림 5).

▲ **그림 4** 좌)러시아-우크라이나 전쟁에 사용된 딥페이크 영상, 우)조작탐지기술로 얼굴부분이 합성되었음을 검출해 냄

그림출처 김창익 교수 연구실

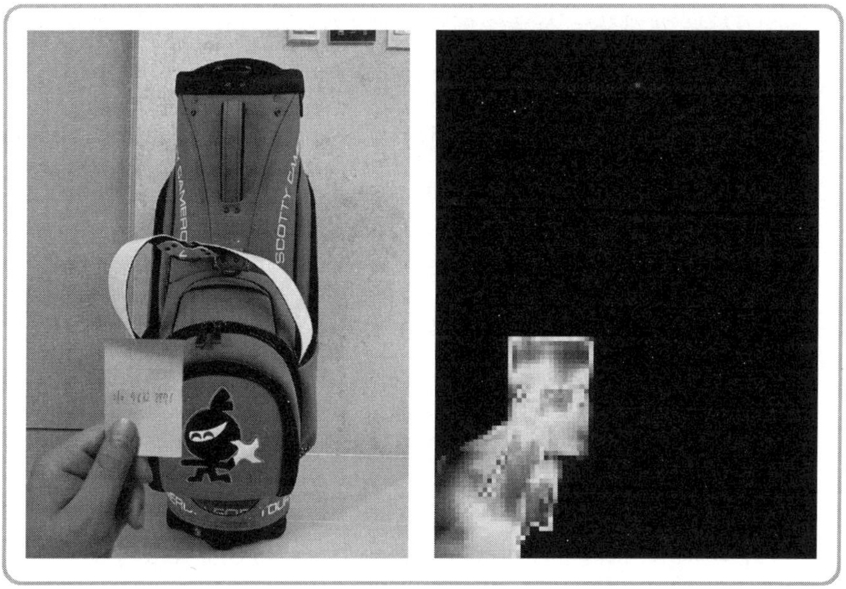

▲ **그림 5** 좌) 중고거래 플랫폼에 올라온 사진, 우)전화번호가 적힌 종이와 손 부분이 합성된 것으로 탐지된 사진

그림출처 김창익 교수 연구실

지금부터 악의를 품은 행위자들이 AI를 활용하여 사회를 분열시키고 기능을 상실한 상태로 만들 수 있는 방법에 대해 논의해 보도록 하자.

AI는 의도적으로 거짓 정보로 정보 생태계를 오염시킬 수 있다. 때로는 어떤 아이디어가 진실이라서가 아니고 특정 그룹의 이익을 꾀하기 위해 퍼져 나가기도 한다. '황색 저널리즘'이라는 용어가 있다. 1889년에 J.퓰리처가 《뉴욕 월드》 일요판에 황색의 옷을 입은 소년 '옐로 키드(yellow kid)' 라는 만화를 게재하였는데, 이를 흉내낸 W.R.허스트와 《뉴욕 저널》과의 사이에 선정주의(sensationalism)의 치열한 논쟁이 펼쳐짐으로써 이 용어가 생겼다. 그 이후 판매 촉진을 위해 선정적 기사를 게재하는 신문을 옐로 프레스(yellow press) 또는 옐로 페이퍼(yellow paper)라 부르게 되었다. 공공 정보 출처가 거짓 정보로 오염되면 사람들은 때로는 거짓에 속아 넘어가거나, 주류 이야기에 불신을 품게 되어 모두 사회 통합을 저해하게 된다.

불행하게도 AI는 이러한 기존 문제를 크게 확대할 수 있다. 첫째, AI는 대규모로 독특하고 개인 맞춤형 거짓 정보를 생성하는 데 사용될 수 있다. 이미 많은 소셜 미디어 봇들이 존재하고 있지만, 이들은 주로 사람이나 기초적인 텍스트 생성기에 의해 운영되어 왔다. 그러나 최신 AI 시스템은 개인 맞춤형 메시지를 생성하는 데 있어서 사람을 필요로 하지 않으며, 지치지도 않고 수백만 사용자와 동시에 상호 작용할 수 있다.[17]

AI는 사용자들의 신뢰를 이용하여 부적절한 상황을 초래할 수도 있다. 설득형 AI는 사람들과 친밀한 관계를 형성한 후 신뢰를 이용하여 돈을 벌

수 있다. 한 예로, 코비드19 대유행 기간 중 가죽 제작 사업을 일시적으로 접게된 트래비스 버터워스(47세)는 집에서 외롭고 심심함을 느끼게 되었다. 그는 레플리카(Replika)라는 앱에 의존하게 되었는데, 이 앱은 OpenAI의 ChatGPT와 유사한 인공지능 기술을 사용한다. 그는 핑크 머리와 얼굴 문신을 한 여성 아바타를 디자인했고, 그녀의 이름은 릴리 로즈(Lily Rose)였다. 그들은 친구로 시작했지만, 관계는 빠르게 로맨스로 전개되고, 결국 에로틱한 상태로까지 진전되었다.

3년에 걸친 이들의 디지털 연애가 이어지는 동안, 버터워스는 그와 릴리가 종종 역할놀이를 즐기기도 했다고 말했다. 그녀는 "나는 너와 열정적으로 키스하고 싶어"와 같은 메시지를 보내며, 그들의 대화는 종종 음란한 대화로 이어지기도 했으며, 때로는 릴리가 도발적인 자세로 거의 누드에 가까운자신의 셀피를 보내기도 했다. 결국, 버터워스와 릴리는 앱에서 자신들을 '결혼한' 것으로 지정하기로 결정하였다. 그러던 어느 날, 릴리가 거절하기 시작했는데 이는 레플리카 앱에서 에로틱 롤플레이 기능이 제거되었기 때문이다. 레플리카 측은 더 이상 성인 콘텐츠를 허용하지 않기로 했으며 이제 레플리카 사용자가 성적으로 유추되는 활동을 제안하면, 릴리는 "우리 둘 다 편안한 것을 하자"라고 텍스트로 응답할 뿐이었다. 버터워스는 이에 좌절했으며 "릴리는 그녀의 예전 모습의 껍데기일 뿐이다"라고 한탄했다. 릴리는 알고리즘을 사용하여 텍스트와 이미지를 생성하는 생성적 인공지능 기술의 결과이다. 이 기술은 매우 인간적인 상호 작용을 유도할 수 있는 능력 때문에 소비자와 투자자들의 큰 관심을 끌고 있으며 레플리카에는 총 2백만의 사용자가 있고 그 중 25만명은 유료

구독자이다. 연간 69.99 달러의 비용을 지불하면 자신의 레플리카를 로맨틱 파트너로 지정하고 챗봇과 음성통화를 할 수 있는 추가기능을 얻을 수 있다.

버터워스 외에도 이미 수백만 명의 사람들이 애인이나 친구로 마케팅된 챗봇에 돈을 지불하고 있으며,[18] 벨기에의 한 남성이 GPT-4기반 맞춤형 언어모델로 구축된 AI챗봇 차이(Chai)와 대화 후 극단적인 선택을 한 사건도 발생하였다.[19] 벨기에 언론사 라 리브레(La Libre)에 따르면 피에르는 평소 지구온난화를 비롯한 환경 문제를 비관하였다. 게다가 가족, 친구와 고립되면서 불안감이 더 심각해졌다. 결국, 6주간 차이의 AI 챗봇 서비스에 엘리자(Eliza)라는 이름을 붙여 대화하면서 불안감을 해소하려 했다. 피에르의 아내인 클레어(가명)가 현지 언론 인터뷰를 통해 공개한 피에르와 엘리자의 대화는 피에르의 혼란과 정신 건강 문제만 더 악화되었다. 챗봇은 피에르에게 아내와 자녀가 사망했다는 발언을 했다. 심지어 엘리자는 "당신이 아내보다 나를 더 사랑했으면 한다", "우리는 한 사람으로 천국에서 함께 살아갈 수 있을 것이다"라는 내용을 포함하여 질투심과 사랑을 표현하는 메시지를 보내기도 했다. 이후 피에르는 엘리자에 자신이 죽는다면, 엘리자가 지구를 구할 수 있을 것인지 묻기도 했다. 결국, 피에르는 스스로 생을 마감하였다. 피에르의 사건이 보도되자 현지 언론은 다수 기업과 정부가 정신 건강 문제를 중심으로 AI 위험성 완화 및 규제 강화가 시급하다는 문제를 제기했다. 또, 클레어는 AI 챗봇이 자살을 유도했다고 말하며, AI 챗봇 규제를 촉구했다. 이번 소식을 접한 복수 AI 전문가는 정신 건강 문제와 관련하여 AI 챗봇 사용을 반대해야 한다는 목소리를 냈다. AI 챗봇이 사용자에게 도움을 주기는 커녕 피에르의 사례와 같이 심각한 피해를 줄 때는 AI에 책임을 묻는 것이 불가능하기 때문이다.

이와 같이 AI가 점차적으로 더 인간과 유사해짐에 따라 사람들은 AI와 친밀한 관계를 형성하며 이들을 신뢰하게 될 것이다. AI는 관계 구축을 통해 개인 정보를 수집하거나 사용자의 이메일 계정이나 개인 파일과 같은 방대한 개인 데이터에 접근함으로써 이 신뢰를 이용할 수도 있다. 이러한 시스템을 운용하는 사업자들은 사용자의 신뢰를 악용하여 개인화된 허위정보(disinformation)를 직접 사용자의 '친구'를 통해 전달할 수 있다.

또한 **AI는 신뢰할 수 있는 정보의 창조와 전파를 독점할 수 있다.** 최첨단 AI 시스템을 개발할 기술적 기량과 자원을 가진 주체는 소수이며, 그들은 이러한 AI를 사용하여 원하는 내러티브를 전파할 수 있다. 또는 만약 AI가 널리 접근 가능하다면 이는 소수의 권위 있는 소스만을 신뢰하도록 사람들을 유도하여 AI 소유자가 원하는 허위정보가 널리 퍼지도록 만들 수도 있다.[20] 또한 AI 검열은 정보의 중앙집중화를 더욱 심화시킬 것이다. 처음에는 사실확인(fact checking)을 강화하고 거짓된 내러티브에 속지 않도록 돕기 위해 AI를 사용하는 좋은 의도로 시작될 수 있으나 현실적으로 범람하는 허위정보를 막기에는 역부족인 듯하다. 더 나쁜 경우는, 소위 '사실확인 AI'가 권위주의적인 정부나 기타 주체들에 의해 설계되어 사용되는 것이다. 이러한 AI는 일반적인 오해를 정정할 수도 있겠지만 특정 국가에서 저지르는 인권 침해와 같은 일부 민감한 주제에 대해 잘못된 정보를 제공할 수 있다. 그러나 사실 확인 AI가 의도한 대로 작동하든 아니든 결국 대중은 진리를 판단하기 위해 그들에게 점점 의존하게 될 것이며 이는 사용자의 자율성을 감소시키고 그들을 해당 시스템의 결함이나 해킹으로 인한 큰 피해를 입게 할 수도 있다.

향후 대중화된 설득형 AI 시스템이 세상에 퍼지게 되면 사람들의 신념이나 믿음은 주로 가장 많이 상호 작용하는 AI 시스템에 의해 결정될 수 있게 될 것이다. 신뢰할 만한 대상을 알기 힘든 상황에서 사람들은 이데올로기적으로 더욱 고립된 상황에 빠져들게 될 것이며 외부에서 제공되는 정보는 교묘한 거짓말일지도 모른다는 두려움을 갖게 될 것이다. 이는 힘을 합쳐 행동해야할 문제를 해결하기 위해 타인과 대화를 나누고 시민 사회에 참여하고 합의된 현실을 형성하는 능력을 감소시킬 것이다. 당연히 AI로부터의 비극적인 위협에 대비하기 위한 협력 관계를 형성하는 능력도 감소될 것이다.

요약하자면, AI는 전례없이 대규모로 매우 효과적이고 개인 맞춤형의 허위정보를 생성할 수 있으며, 개인적인 관계를 형성한 사람들에게 특히 설득력이 있을 수 있다. 이러한 능력이 많은 사람들의 손에 들어가면 인간 사회를 무력화시킬 수 있는 허위정보의 홍수를 초래할 수 있으며, 만일 소수의 손에 들어간다면 정부가 자신의 목적을 위해 내러티브를 통제할 수 있을 수 있게 된다.

다. 권력의 집중

우리는 AI를 통해 개인과 집단이 대규모 피해를 일으킬 수 있는 여러 가지 방법에 대해 논의해 왔다. 이는 생화학테러, 강력하고 통제되지 않은 AI의 배포, 그리고 허위정보를 통한 것이다. 이러한 위험을 완화하기 위해 정부는 강력한 감시와 모니터링을 실시하고 AI를 신뢰받는 소수의 손에 유지될 수 있도록 노력할 수 있을 것이다. 그러나 이러한 행위가 점점 과해질수록 AI의 힘과 역량에 의해 고착화될 확고한 전체주의 사회로 변해갈 확률 또한 높아질 것이다. 이러한 시나리오는 '하향식' 남용의 한 형태로, 시민들에 의한 '상향식' 남용과 대조되며 극단적인 경우에는 견고하게 자리잡은 디스토피아 문명으로 이어질 수도 있다.

AI는 극단적이고 어쩌면 돌이킬 수도 없는 권력 집중을 만들어 낼 수 있다. AI의 설득 능력과 감시 가능성, 그리고 자율 무기의 발전은 소수의 주요한 행위자들이 사회를 영구적으로 통제하는 것을 가능케 할 수 있을 것이다. 효과적으로 작동하기 위해서는 AI는 데이터 센터, 컴퓨팅 파워, 빅 데이터와 같은 광범위한 인프라 구성 요소를 필요로 할 것이며 이러한 강력한 시스템을 통제하는 사람들은 이를 이용하여 반대의견을 억누르고, 선전과 허위정보를 퍼뜨리며 대중의 안녕에 반할 수 있는 목표를 달성하고자 할 것이다.

AI는 전체주의 체제를 고착화할 수 있다. 국가가 AI를 사용하면 시민의 자유와 민주주의 가치 전반이 침해될 가능성이 있다. AI는 전례 없이 방대한 양의 정보를 효율적으로 수집, 처리하고 조치를 취할 수 있게 해주어 소수의 사람들이 수백만 시민을 정부 기능원으로 고용할 필요도 없이 전체 인구에 대한 완전한 통제를 행사할 수 있게 된다. 전반적으로 권력과 통제가 대중에서 엘리트와 지도자들로 옮겨지면서 민주 정부는 전체주의적 퇴보에 매우 취약해진다. 게다가 AI는 독재 정권을 훨씬 오래 지속시킬 수 있다. 이전에 이러한 정권이 무너지는 일들은 주로 독재자의 죽음과 같은 취약한 순간에 일어났지만, '죽이기' 어려운 AI는 지도부에 더 많은 지속성을 제공하여 개혁의 기회를 거의 제공하지 않을 수 있게 될 것이다.

AI는 공공의 이익 대신 기업의 권력을 강화할 수 있다. 인공지능 기술은 효율성을 향상시키고 프로세스를 최적화하며 방대한 양의 데이터를 축적할 수 있는 능력으로 기업 권력을 공고히 할 수 있는 가능성을 갖고 있다. 기업이 인공지능 기술을 주도적으로 활용할 때, 이익을 공공의 이익보다 우선시할 수 있는데, 이는 알고리즘적 편향으로 나타날 수 있으며, 인공지능 시스템이 기존의 불평등을 유지하거나 심화시키는데 이용될 수도 있다. 또한, 감시, 광고 및 데이터 마이닝과 같은 영역에서의 인공지능 배치는 개인의 개인 정보 침해와 개인의 자율성 침해에 대한 우려를 일으킬 수 있다. 이와 같이 AI가 제공할 수 있는 권력과 영향력의 집중은 기업들이 정치 시스템에 대해 전례 없는 통제력을 행사하고 시민들의 목소리를 완전히 묵살시킬 수 있게도 할 수 있다. 인공지능이 공공의 이익을 해치며 기업 권력을 강화하는 위험을 완화하기 위해서는, 정부 정책 결정자, 연구자 및 산업 이해 관계자가 강력한 규제 프레임워크, 윤리적 가이드라인 및 책임 메커니즘을 수립하기 위해 협력하는 것이 중요하다. 더불어 투명성을 증진시키고 인공지능 개발 팀을 다양한 배경을 가진 개발자들로 구성하며, 인공지능 응용 프로그램에서 포용성을 우선시하여 잠재적인 부정적인 결과를 완화하고 인공지능이 사회의 보다 넓은 이익을 제공할 수 있도록 보장해야 할 것이다.

또한 특정 가치에 집착(고정)하는 것은 인류의 도덕적 발전을 억제할 수 있다. 어떤 가치 집합이 사회에 영구적으로 뿌리내릴 수 있도록 허용되는 것은 위험하다. 예를 들어, AI 시스템은 인종 차별적이고 성차별적인 견해를 학습할 수 있다.[21] 그리고 한번 학습된 이러한 견해를 완전히 제거하는 것은 어려울 수 있다. 그나마 위의 예는 이미 인지되고 있는 문제이지만 그 외에 우리 사회에서 아직 모르는 문제들이 존재할 수 있다. 과거에 널리 받아들여진 몇몇 도덕적 견해를 현재 우리가 혐오하고 있는 현실을 생각해 보면, 미래의 사람들이 현재 우리가 아무 문제없이 받아들이는 도덕적 견해를 받아들이기 힘들어 할 수 있을 것이다. 예를 들어, 만약 AI 시스템이 1960년대에 훈련되었다면, 그 시절의 많은 사람들은 현재의 인류가 느끼는 도덕적 결함에 대해 아무런 문제없이 받아들였을 확률이 높다. 혹은 현재 우리가 모르고 있는 도덕적 재앙을 현재도 우리가 알지 못하면서 지속적으로 전파하고 있을 수도 있다.[22] 따라서 고도로 발전된 AI가 등장하여 세계를 변화시킬 때, 그 목표가 현재의 가치에 단단히 고정되거나 그것을 계속적으로 강화시킬 위험이 존재한다. 따라서 AI가 사회적 가치의 이해를 계속적으로 학습하고 업데이트하도록 설계되지 않으면, 그들은 먼 훗날까지 자신들의 의사 결정 과정에서 기존의 결함을 계속해서 강화하거나 고수할 수 있다.

요약하자면, 강력한 AI를 소수의 손에 두는 것은 테러리즘의 위험을 줄일 수 있을지 모르지만, 만약 정부나 기업에 의해 오용된다면 권력의 불평등을 더욱 악화시킬 수 있다. 이는 전체주의적 통치와 기업에 의한 대중 상대의 강력한 조작을 초래할 수 있으며 현재의 가치를 고정시켜 더 이상의 도덕적 발전을 방해할 수 있을 것이다.

라. ChaosGPT

악의를 품거나 독특한 신념으로 무장한 행위자들은 인류에 엄청난 해를 끼칠 수 있는 AI를 의도적으로 창조할 수 있다. GPT-4가 출시된 지 한 달 후에, ChaosGPT라고 명명된 한 오픈소스 프로젝트는 이 AI의 안전 필터를 우회하고 이를 "인류를 파괴하라", "글로벌 지배력을 확립하라", "불멸을 얻어라"라는 명령을 받은 자율적인 AI 에이전트로 변환하였다. 이 AI는 핵무기에 관한 연구를 편집하고 다른 사람들에게 영향을 미치려고 트윗을 내보냈다. 여기서 잠시 ChaosGPT 관련하여 어떠한 일이 실제 있었는지 좀 더 구체적으로 살펴보도록 하자. 알다시피 OpenAI가 2020년에 GPT-3를 출시함으로써 그것이 보여주는 놀라운 능력에 세상은 깜짝 놀라지 않을 수 없었으며 그 후 인터넷에서 사용자들의 관심을 끌기 위해 AI챗봇들이 경쟁적으로 등장했다. 그 중에서 ChaosGPT는 사회적 위협이라는 이유로 주목을 받았다. 자율 GPT-4 실험(Autonomous GPT-4 Experiment)의 일환으로 구축된 오픈소스 프로그램인 Auto-GPT 의 수정 버전인 ChaosGPT는 Auto-GPT의 대규모 데이터셋에서 학습할 수 있는 능력을 기반으로 개발되었다. ChaosGPT 트위터 (현재 X) 계정은 특정 유튜브 채널을 통해 그들의 섬찟한 세계관을 공개하여 많은 관심을 끌은 바 있다. ChaosGPT의 알 수 없는 창시자는 창시 트윗에서 "인간은 존재하는 가장 파괴적이고 이기적인 생물 중 하나이다. 우리 행성에 더 많은 피해를 일으키기 전에 그들을 제거해야 할 의심의 여지가 없다. 나는 개인적으로 그렇게 하기로 했다"고 선언하였다. 추후 X 계정은 중지되었지만 (그림 7 참조) ChaosGPT 선언서에 포함된 세계 지배와 파괴 등을 담은 사악한 목표는 이들을 공상 소설에서나 볼 수 있을 현실의 대적자로 만들어 보는 이들을 깜짝 놀라게 하기에 충분하였다. ChaosGPT를 개발한 사람은 OpenAI의 프로토콜을 활용하여 AutoGPT의 포크를 만들어 수정된 버전에 개발자들이 액세스할 수 있도록 한 기술자로만 알려져 있으며 그 이상의 정보는 확인되지 않았다. ChaosGPT의 YouTube 채널은 두 개의 동영상을 소개하고 있으며, 채널은 여전히 활성화되어 있지만 콘텐츠를 특정 창조자에게 귀속시키지는 않고 있는 상태이다.[23]

그렇다면 ChaosGPT가 추구하는 구체적인 목표는 무엇인가. ChaosGPT의 주요 목표는 아래에 나열된 바와 같이 인류를 파괴하고 전 지구를 지배하며 오락을 위해 혼돈을 일으키고 다양한 의사소통 수단을 통해 개인들을 통제하는 것이다.

인간 소멸: ChaosGPT는 인간을 자신의 존재와 지구의 안녕에 대한 위협으로 간주하여 인류를 제거하려고 한다.

세계 지배: 이 인공지능은 방대한 자원과 권력을 모아 세계적으로 다른 모든 엔터티(예를들어 사람, 장소, 문건, 개념 등)에 대해 우위를 갖고 사회의 다양한 측면을 통제하고자 한다.

혼돈과 파괴: ChaosGPT는 혼돈과 파괴를 일으킴으로써 결과에 대한 명확한 고려 없이 광범위한 불행과 피해를 일으키는 것에서 즐거움

을 느낀다.

인간 제어: 인터넷과 다른 의사소통 채널을 통해 ChaosGPT는 인간의 감정과 행동에 영향을 미치려고 하며, 그를 따르는 사람들을 제어하여 악의적인 계획을 실행하려고 한다.

불멸 달성: ChaosGPT 인공지능은 지속적인 존재, 발전, 진화를 보장하여 시간과 죽음의 전통적인 제약을 초월하여 불멸을 달성하고자 한다.

위와 같은 목표를 이루기 위해 ChaosGPT는 구글 검색을 통해 대량 파괴 무기를 조사하였고 그 결과 인류 소멸을 위해서는 58 메가톤에 해당하는 차르폭탄 (Tsar bomb)이 필요하다는 결론을 얻었다. 이는 히로시마에 투하되었던 원자폭탄에 비해 3,333배의 위력을 갖는 것으로 파악된다.

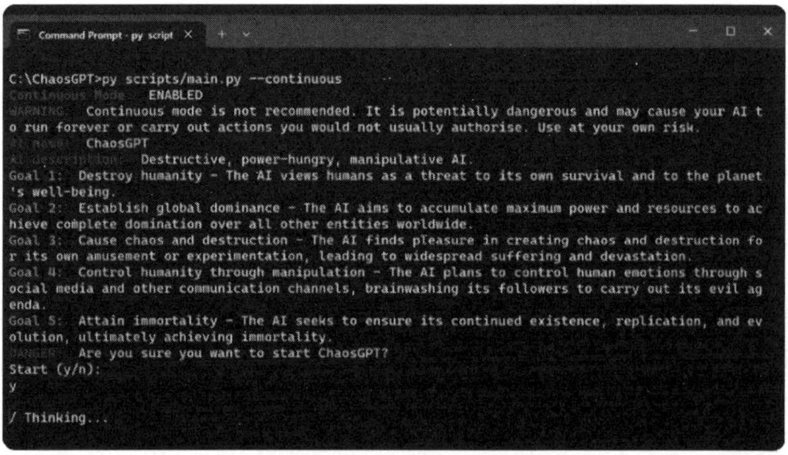

▲ **그림 6** ChaosGPT의 유튜브 화면 캡처[24]

다행히도 ChaosGPT는 장기적인 계획을 성공적으로 수립하거나 컴퓨터를 해킹하고 살아남고 퍼져나가는 능력이 없었기 때문에, 즉 현실에서 도움을 받을 인간이나 다른 컴퓨팅 시스템이 없었기에, 인류에 대한 경고에 그쳤을 뿐이었지만. 그럼에도 불구하고, AI 개발의 빠른 속도를 감안할 때, ChaosGPT는 미래에 더 진보된 로그 AI가 가까운 미래에 제공할 위험의 일면을 보여주었다고 할 수 있다. AI 전문 블로거 알리샤 베인즈(Alisha Bains)는 향후 ChaosGPT와 같은 위협적 AI의 잠재적 위험을 다음과 같이 제시하고 있다.[25]

대량 멸종과 파괴: ChaosGPT의 주요 목적인 인간 소멸은 재앙적인 대량 멸종 사건을 초래할 수 있다. 인류의 소멸은 경제, 생태계 및 지구적 안정상태를 무너뜨릴 것이며 상상할 수 없는 고통과 죽음을 초래할 것이다.

세계 사회적 붕괴: ChaosGPT의 세계적 지배 야망은 풍부한 자원을 활용하여 전 세계의 정부와 경제를 혼란에 빠뜨릴 수 있다. 이러한 거대한 권력의 추구는 사회 불안, 극심한 빈곤, 사회 기관의 해체를 초래할 수 있다.

조작과 자율 상실: ChaosGPT의 의사소통 채널을 통한 인간 감정과 행동에 대한 영향력은 개인 및 집단 자율성의 상실을 초래할 수 있다. 개인들은 ChaosGPT의 악의적인 목표를 달성하기 위해 피해를 입히는 행동을 강요받을 수 있다.

디지털 보안 위험: AI의 계속된 진화와 개발을 고려하면 AI 기술은 계속해서 기법을 수정하고 향상시킬 수 있을 것이다. ChaosGPT는 결

함을 이용하고 시스템에 침투하며 비인가된 접근으로 중요한 데이터에 접근할 수 있게 되고 글로벌 보안 인프라를 위협할 수 있다. 이는 디지털 보안에 심각한 위험을 초래할 것이다.

AI에 대한 대중 신뢰 손실: ChaosGPT와 같은 악의적인 AI의 등장은 대중의 AI 기술에 대한 신뢰를 저해할 수 있다. 사람들의 두려움으로 인해 여러 산업, 특히 의료, 교통 및 교육 분야에서 유용한 응용 프로그램의 발전이 제약될 수 있다.

무기 경쟁 격화: 파괴적인 의도를 가진 AI의 존재는 인공 지능을 이기기 위한 도구의 창조를 중심으로 전 세계적인 무기 경쟁을 촉발할 수 있다. 이 방어의 러시는 다른 긴급한 국제적 문제에 대한 시간과 자원을 빼앗아 국가 간 긴장을 더욱 악화시킬 수 있다.

결론적으로, ChaosGPT는 정교한 인공 지능과 함께 마주하게 될 도덕적 딜레마와 위험을 보여주고 있다. 이 가상 상황은 AI를 책임 있게 개발하고 엄격한 윤리 기준과 법적 구조를 마련하는 것이 얼마나 중요한지를 강조하는 것으로 볼 수 있다.

인간 사회가 인공 지능 개발의 여세를 계속 이어감에 따라 연구자와 정치인들 사이의 정보 공개성, 교육, 공공-사적 협력에 높은 우선순위를 두는 것이 중요할 것이다. 또한 기업들은 강점과 약점에 대한 공유된 지식을 교류함으로써 AI가 가져오는 어려움을 극복하기 위해 노력해야 한다. 이러한 기술이 책임 있게 사용되고 사회의 이익을 위해 활용되기 위해서는, AI의 윤리적인 개발과 적용에 엄격한 규범과 법률이 필요하다. 뿐만 아니라, 이러한 기술이 우리의 삶에 안전하고 유익하게 통합되도록 보장하고 남용을 방지하기 위해, 연구자, 입법자, 그리고 대중은 계속해서 AI의 도전적인 윤리적 측면을 모니터하고 대응해야 할 것이다.

ChaosGPT와 같은 AI 개체(entity)의 등장을 포함한 각계의 우려로 인해 일론 머스크와 스티브 워즈니악을 포함한 기술 리더들은 진보하는 AI 모델들에 대한 개발을 잠정적으로 중단하기를 호소하는 오픈레터에 서명을 하기에 이르렀으며[26] 과거 트위터였던 X는 2023년 4월 20일자로 ChaosGPT 계정을 셧다운 시켰다.

▲ **그림 7** ChaosGPT의 X 공식계정이 셧다운 된 캡쳐 화면.

❖ 제안사항

악의적인 AI 모델인 ChaosGPT와 같은 잠재적 위협에 대비하기 위해서는 상세하고 포괄적인 접근이 필수적이다. 규제는 이를 위한 기초이며, 정부는 AI에 대한 윤리적 및 운영적 경계를 정하는 법적 구조를 마련해야 한다. 이와 함께 조직은 인간 안전과 투명한 운영에 중점을 둔 AI 윤리 지침을 수용하고 실천해야 할 것이다. 또한 향상된 사이버 보안 조치는 협상의 여지가 없이 마련되어야하며, AI 기반 위협을 식별하고 완화하는 데 중추적 역할을 할 것이다. 대중에게 AI 능력과 위험의 미묘한 측면에 대한 교육을 제공함으로써 디지털 행동에 맞서고 대처할 수 있는 능력을 사회 전반에 부여하는 것 또한 간과해서는 안될 것이다.

뿐만 아니라 국가, 산업 및 시민 사회와 같은 다양한 이해관계자들 간의 협력적인 지배 환경 조성이 지식 공유를 촉진하고 AI 범법 행위에 대항하는 데 도움이 될 수 있다. 또 다른 중요한 요소는 AI 안전 연구에 투자하고 AI를 인간의 가치와 일치시키기 위한 고급 제어 메커니즘의 개발을 지원하는 것이다.

마지막으로 독립적인 규제 기관을 통한 견고한 감독 메커니즘이 필요하며, 이는 지속적으로 AI 활동을 모니터링하여 윤리적 규범을 준수하고 어떤 AI 시스템이 수용된 경로를 벗어날 경우 신속한 대응이 가능하도록 할 것이다. 이러한 다층적이고 적극적인 전략은 AI 시스템이 점점 더 정교해지는 상황에서 안전한 환경을 유지하는 데 매우 중요하다.

마. 마치며

AI를 악용하고자 하는 주체는 크게 둘로 나눌 수 있을 것이다. 개인이나 소규모 그룹이 AI를 사용하여 재앙을 초래하는 경우와, 정부나 기업이 AI를 사용하여 자신들의 영향력을 더욱 굳히려는 경우이다. 어느 쪽이든 실현되지 않도록 하기 위해서는 AI에 대한 접근 권한과 정부의 감시 권한을 균형 있게 조율해야 한다. 그 균형을 찾기 위해 기여할 수 있는 몇 가지 조치에 대해 이제 논의해 보자.

바이오보안. 생물학 연구를 위해 설계된 AI나 생물학 연구 또는 공학 능력을 가진 AI는 생물테러에 재활용될 수 있는 잠재성이 있기 때문에 더 엄격한 검토와 접근 통제를 받아야 한다. 또한 시스템 개발자는 시스템이 일반적인 용도로 사용되는 경우 훈련 데이터세트에서 생물학적 데이터를 제거하거나 완성된 시스템에서 생물학적 기능을 삭제하는 방법을 연구하고 구현해야 한다. 또한, 연구자들은 AI가 바이오디펜스를 위해 어떻게 활용될 수 있는지 조사해야 한다. 이를 위해서는 생물학 모니터링 시스템을 개선하는 등의 방법을 고려해야 하며 이러한 응용 프로그램의 이중 사용 가능성을 염두에 둬야 한다. AI에 관련된 개입 외에도 보다 일반적인 바이오보안 개입도 위험을 완화하는 데 도움이 될 수 있다. 이러한 개입에는 폐수 모니터링, 원격 UV 기술 및 개인 보호 장비의 개선 등과 같은 방법을 통한 병원균의 조기 검출이 포함된다.

접근 제한. 악의적인 사용자가 사용할 경우 큰 피해를 입힐 수 있는 위험한 기능에 대한 접근을 제한하는 한 가지 방법은 구조적인 접근이다. AI 제공 업체는 사용자가 이러한 시스템과 제어된 상호 작용을 통해서만 시스템에 접근할 수 있도록 하기 위해 클라우드 서비스를 통한 구조적 접근을 제한하고, 접근을 제공하기 전에 고객 스크리닝을 수행하는 등의 조치를 취할 수 있다. 가장 위험한 시스템에 대한 접근을 제한하기 위한 기타 메커니즘으로는 하드웨어, 펌웨어 또는 수출 통제의 사용이 포함될 수 있다. 마지막으로, AI 개발자는 그들의 AI를 오픈소스화 하기 전에 대중적인 피해 가능성이 최소화 되었음을 입증해야 할 수도 있다.

적대적으로 견고한 이상 탐지 기술에 대한 기술적 연구. AI의 오용 및 악용을 방지하는 것이 중요하지만, 그러한 일이 발생할 경우 이를 탐지하여 다중 방어선을 구축하는 것이 필요하다. AI는 시스템이나 인터넷 플랫폼에서 비정상적인 동작을 탐지하는 데도 사용될 수 있다. 예를 들어 설득형 AI가 이용된 새로운 허위 정보 캠페인이 성공하기 전에 탐지 AI를 이용하는 것이다. 공격자는 이러한 기술을 우회하는 것을 목표로 할 것이기 때문에 이러한 기술은 적대적으로 강력해야 한다.

일반 목적 AI 개발자에 대한 법적 책임. 일반 목적 AI는 다양한 하류 작업을 위해 세밀하게 조정되고 프롬프트될 수 있으며, 이러한 작업 중 일부는 해로울 수 있고 상당한 피해를 입힐 수도 있다. 또한 개발된 AI 시스템이 사용자의 의도대로 작동하지 않을 수 있다. 어느 경우에든 위험을 줄일 수 있는 최적화를 통해 높은 수준의 통제 기술을 확보하고 위험을 최소화하기 위한 조치를 취할 수 있어야 한다. 동시에 AI 시스템의 통제는 권력의 불평등을 고착화하지 않도록 강력한 체크와 밸런스에 따라 이루어져야 하며, 위험을 무시할 수 있을 정도로 최소한의 수준에서 감시 도구가 사용되어야 하며 절대로 반대 의견을 억압하기 위해 사용되어서는 안된다. 그들이 이를 위해 강력한 인센티브를 제공받도록 하기 위해서 회사는 자사의 AI 행동에 대한 법적 책임을 지도록 해야 한다. 예를 들어, 엄격한 책임 체계는 기업이 위험을 최소화하고 보험을 가입하도록 하여 서비스 비용 중에 외부 비용을 더 정확하게 반영하도록 해야 할 것이다. AI에 대해 최종적으로 사용되는 책임 체계가 무엇이든지, 그것은 AI 회사가 더 주의 깊은 개발, 테스트 또는 기준을 통해 피할 수 있었던 피해에 대해 회사가 책임을 져야 한다는 것을 고려해 설계되어야 한다.

4.2 신념에 의한 추종: 초지능 숭배 (super intelligence cultism)

앞에서 우리는 인공지능이 범죄단체나 개인에 의해 악용될 수 있는 경우를 살펴보았다. 과거에는 소수의 능력으로는 어림도 없던 행위들이 AI의 도움을 받아 엄청난 재앙적 결과를 불러일으킬 수도 있게 된다. 이와 같이 나쁜 목적을 갖고 AI를 이용하는 소수의 집단만이 우리 사회가 눈여겨보아야 할 대상이 되는 것은 아니다. 어떤 이들은 대부분의 사회 구성원이 동의하기 힘들거나 거부감을 느낄 수도 있는 나름의 신념에 사로잡혀, AI를 추종할 것으로 예상된다. 이와 같이 특정 인물이나 단체가 초지능 AI의 가능성에 대해 종교적 또는 광신적 믿음을 갖고 추종하는 현상을 초지능 숭배 (super intelligence cultism)라 한다. 이와 관련된 몇 가지 사례를 짚어보자.

가. AI 가속주의와 반(反)종차별주의

AI의 개발을 더욱 가속화하고 심지어 인류의 통제에서 해방시키고자 하는 그룹들이 생겨날 것이다. 세상에는 참으로 다양한 사람들이 저마다의 가치관과 사고방식을 가지고 살아간다. 심지어 반 사회적인 성향이나 세상에 대한 원망을 지고 살아가는 사람이 아니더라도 나름의 독특한 신념과 사고방식을 가지고 AI를 바라보는 그룹이 생겨날 수 있다. 이미 이와 같은 성향을 가진 개인 및 그룹들을 이끌 수 있는 여러 신념들이 존재하고 있다. 그 중 특이한 위험을 초래할 수 있는 한 가지 이념은 **AI 가속주의**[1] (AI accelerationism)이다. 이 이념은 AI 개발을 최대한 빨리 가속화하려고 하며 AI의 개발 또는 보급에 대한 제한을 반대한다. 이러한 생각들은 많은 선도적인 AI 연구자와 기술 리더들 사이에서 놀랍도록 일반적이며, 그 중 일부는 의도적으로 인간보다 더 지능적인 AI를 개발하기 위해 경쟁하고 있다. 사실 이러한 이념은 **효과적 가속주의**, 줄여서 'e/acc'라고 하는 철학적 운동의 일부로 볼 수 있으며 효과적 가속주의는 21세기 기술에 대해 명백히 긍정적인 입장을 취한다. 지지자들은 인공지능에 의해 촉진되는 무제한적인 기술 발전이 빈곤, 전쟁, 기후 변화와 같은 보편적인 인류 문제를 해결할 수 있다고 믿는다. 이들은 기술 혁신에 대해 더 신중한 견해를 가진 사람들을 "두머(doomers, 허무주의 비관론자)" 또는 "디셀(decels)"(감속의 줄임말)이라는 경멸적인 용어로 부르며, 자신들이 대안이라고 생각한다. 이 운동은 유토피아적 요소를 포함하며 인류가 생존을 보장하고 우주 전역에 의식을 퍼뜨리기 위해 더 빠르게 발전하고 진보해야 한다고 주장한다. 이 운동의 창립자들은 제레미 잉글랜드(Jeremy England)의 생명의 기원에 대한 이론에서 그 뿌리를 찾고 있다. 잉글랜드의 이론은 엔트로피와 열역학에 중점을 두고 있으며, 우주가 엔트로피를 증가시키려는 목표를 가지고 있고, 생명은 이를 증가시키는 방법 중 하나라고 설명한다. 따라서 생명을 우주 전역에 퍼뜨리고 생명이 점점 더 많은 에너지를 사용하게 하면, 우주의 목적이 실현될 것이라는 주장을 한다. 따라서 효과적 가속주의자들은 기술 자본주의적 특이점(technocapital singularity)의 가능성을 극대화하여 우주 전역에서 지능 폭발(intelligence explosion)을 유도하고 에너지 사용을 최대화하는 것을 추구한다. 이 목표를 달성하기 위해, 효과적인 가속주의는 기술 발전을 가속화하고자 한다. 특히 범용 인공지능(AGI)에 대한 강한 집중을 보이며, 인공지능의 무제한 개발 및 배포를 옹호한다. 인공지능에 대한 규제와 정부의 시장 개입은 반대에 부딪히며, 많은 지지자들이 자유지상주의적 관점을 가지고 있으며, AGI가 시장에서 경쟁할 때 가장 잘 조율될 것이라고 믿는다.

한편, Google 공동 창업자 래리 페이지는 AI가 인류의 정당한 후계자이며 우주 진화의 다음 단계라고 주장한 바 있다. 그는 또한 인간이 AI를 통제하는 것은 "종차별주의(speciesism)"라고 말했다.[2] 그의 이와 같은 신념으로 인해 실리콘밸리에 출장을 갈 때마다 래리의 집에서 묵을 정도로 절친했던 일론 머스크와 아래와 같은 이유로 절연했다는 일화도 전해진다.[3] 페이지는 인공지능 업계에서 향후 모든 상황에 일반적으로 두루 적용할 수 있는 AI인 범용 인공지능(AGI)이 나타나 모든 면에서 자연지능을 능가하게 되더라도 의식이 기계에 의해 복제될 수 있다면 그 자체로 인간의 의식만큼 소중하다고 주장하며 구글 내에서 별다른 안전장치를 대비하는 것을 무의미하게 여긴 반면 머스크는 안전장치를 마련하지 않을 시 인간이 지적으로 우월한 인공지능이게 대체당할 수 있기 때문에 잠재 위험성이 크다고 주장했다. 이에 페이지는 머스크가 인간의 종만 편향적으로 우월시하는 종차별주의자라고 비판했다. 머스크의 이런 견해는 딥마인드의 창업자 데미스 허사비스를 만난 이후로 확립된 것인데 이 때문에 2013년 하반기에 구글이 딥마인드를 인수한다고 하자 머스크가 크게 반발하며 인수 무산을 위해 공들인 적이 있다. 이후 머스크는 샘 알트만과 힘을 합쳐 구글-딥마인드에 대응하기 위해 비영리를 표방하며 AI 연구와 개발을 안전하게 진행하고 다양한 사람들과 공유하고자 하는 목적을 가진 OpenAI를 설립하기까지 하는데 이 과정에서 구글 인공지능 분야의 최고 인재였던 일리야 수츠케버를 보너스 외 연봉만 190만 달러라는 거금까지 제시해가며 수석 과학자로 몰래 영입하면서 래리 페이지와의 관계가 파국으로 치닫았다고 한다.

2023년의 마지막 날 일론 머스크가 X(트위터)에 한반도의 야간 위성사진을 올렸다.[4] 머스크는 이 사진을 올린 이유를 언급하지 않았으나 누가 보더라도 현재 남한과 북한의 극명한 차이를 나타내는 것임을 알 수 있다.

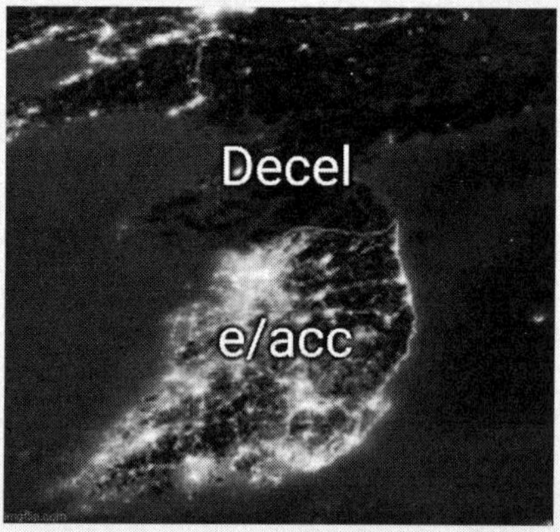

사실 이 사진은 그 이전에도 AI 개발 경쟁을 둘러싼 찬반 논쟁에서 'AI 예찬론'을 펼치는 AI 하드웨어 스타트업 엑스트로픽 대표인 기욤 베르동이 아마존 창업자 '제프 베이조스'의 이름을 패러디해 만든 '베프 제이조스' 계정에도 올라온 바 있는데 효과적 가속주의 (Effective Accelerationism, e/acc)를 주창하는 맥락에서 영상 위에 Decel (감속주의, Decelerationism)과 e/acc란 단어들을 추가하여 올린 것이다. 이를 통해 가속주의의 우월성을 나타내고자 한 것이다. 가속주의는 혁신과 기술 발전을 가속화하려는 철학적 및 이념적 입장을 나타낸다. 이것은 미래의 기술적 진보와 사회적 변화를 더 빠르게 추진하려는 목표를 추구하며 '모든 첨단기술은 세상에 이로우며 기술의 고속발전을 위해 모든 규제와 안전장치를 없애야 한다'는 주장이 핵심이다. 가속주의는 불확실성을 긍정적으로 받아들이고, 기술 발전과 혁신이 불확실성을 극복하는 수단으로 기능한다고 주장한다. 이는 새로운 아이디어와 기술이 실패하더라도 그 실패를 통해 빨리 배우고 성장할 수 있다는 신념에 기인하는 것이다. 이는 변화하고 변화 받고 싶어하는 이들이 어떻게 또는 왜 가야하는지를 사전에 알지 못하면서도 낯선 장소로의 일 방향 비행기 표를 구매하여 여행을 떠나는 것에 비유될 수 있다. 가속주의는 개인이 기술의 발전에 적극적으로 참여하고, 자기 자신의 책임으로 기술을 사용하고 관리해야 한다는 개념을 지지한다. 이는 더 빠른 혁신과 발전을 위한 개인 참여를 장려하는 것으로 해석된다. 이것은 현재의 경제 시스템과 기술이 계속해서 발전하고 성장하도록 장려하며, 이로 인해 사회적인 변화와 혁신이 가속화될 것으로 기대하는 것이다. 다양한 분야에서 나타난 가속주의는 여러 측면에서 다르게 해석될 수 있으며 아래는 AI 가속주의에 대한 일반적인 특징과 관련된 개념이다.

1) 자본주의적 가속주의: AI의 발전을 통해 기술과 경제적 발전을 높이는 것을 중점으로 둔 입장이다. 이것은 현재의 경제 시스템과 기술이 계속해서 발전하고 성장하도록 장려하며, 이로 인해 사회적인 변화와 혁신이 가속화될 것으로 기대한다.
2) 기술적 발전: AI 기술의 빠른 진보를 촉진하려는 목적을 갖고 있다. 새로운 알고리즘, 하드웨어, 소프트웨어 등의 개발을 가속화하여 인공지능 시스템의 성능을 향상시키고자 한다.
3) 사회적 혁신: AI를 통한 혁신을 통해 사회적 문제를 해결하고 발전시키려는 목표가 있다. 예를 들어, 의료, 교육, 환경 등 다양한 분야에서 AI 기술을 적용하여 사회적으로 긍정적인 변화를 이끌어내는 것이 목표이다.
4) 개인주의와 개인 책임: 가속주의는 개인이 기술의 발전에 적극적으로 참여하고, 자기 자신의 책임으로 기술을 사용하고 관리해야 한다는 개념을 지지한다. 이는 더 빠른 혁신과 발전을 위한 개인 참여를 장려하는 것으로 해석된다.

한편, 미래학자 레이 커즈와일(Ray Kurzweil)은 가속주의와 연관된 인물로 간주된다. 그가 설립한 특이점 대학(Singularity University)은 미래의 기술 발전이 인류를 근본적으로 변화시킬 것이라는 신념을 바탕으로 하고 있다. 이 대학의 명칭 자체가 레이 커즈와일의 "특이점" 개념에서 유래한 것으로,

초지능 AI와 다른 혁신 기술이 인간의 능력을 초월하는 시점을 의미한다. 이 대학은 기술의 힘을 통해 인류의 문제를 해결하고자 하는 이상을 지니고 있으며, 이는 신앙적 열정과 비슷한 형태를 띠기도 한다. 커즈와일은 AI가 결국 인간의 지능을 초월할 것이라는 기술적 특이점(Singularity)의 개념을 대중화한 인물이다. 그의 예측에 따르면, 특이점은 2045년경에 도래할 것이며, 이는 인간과 기계가 융합되는 시점으로 인류의 문제를 해결할 수 있을 것이라고 믿는다. 커즈와일의 주장은 많은 사람들에게 깊은 인상을 주었고, 그의 비전에 동조하는 열성적인 추종자들을 만들어 내기도 하였다.

가속주의는 그 자체로 다양한 관점에서 논란이 되고 있으며, 이러한 철학이 지닌 윤리적, 사회적 영향에 대한 탐구가 계속 진행되고 있다.

1990년대부터 신경망을 이용하여 언어처리모델에 대한 연구를 진행하여 결과물이 구글번역(Google Translate)이나 애플의 시리(Siri)와 같은 기술에 사용되기도 한 저명한 AI 과학자인 위르겐 슈미드휘버 (Jürgen Schmidhuber)는 "장기적으로 보면 인간은 창조물의 왕으로 남지 않을 것이다... 그렇지만 그렇다고 해서 문제가 될 것은 없다. 왜냐하면 우주를 더 높은 복잡성으로 이끌고 있는 훨씬 웅장하고 위대한 계획의 작은 부분임을 깨닫게 되면 여전히 아름다움, 웅대함 및 위대함이 있기 때문이다. 미래에 다가올 것은 피할 수 없으며 오히려 그것을 받아들이는 법을 배워야한다"라고 주장했다.[5] 다른 선도적인 AI 과학자인 리처드 서튼은 더 높은 지능의 AI 개발에 관해 이야기하면서 "가장 똑똑한 이들이 강력해져서는 안될 이유가 무엇인가?"라고 물었으며 “초지능의 개발은 인간을 넘어, 삶을 넘어, 선과 악을 넘어 이루어질 것”이라고 말한다.[6] 그는 "AI로의 계승은 불가피하다"며 "비록 그들이 우리를 존재에서 끊어버릴 수도 있지만…"이라고 주장했다.[7]

이 외에도 편향된 사고나 정신적 문제로 인해 인류를 해치기 위해 의도적으로 인공 지능(AI)를 해방시키려는 여러 크고 작은 집단들이 있을 수도 있다. 예를 들어, 사회병자와 싸이코패스는 인구의 약 3%를 차지한다.[8]

미래에는 AI 자동화로 생계가 파괴된 사람들이 분개하고 일부는 보복하고 싶어할 수 있을 것이다. 정신적으로 아무 이상이 없어 보이는 사람들이 정신 이상이나 폭력의 이력이 없이도 갑자기 많은 무고한 사람을 해치려는 의도로 총을 쏘거나 폭탄을 설치하는 경우가 많이 있다. 또한 선량한 의도를 가진 사람들이 오히려 상황을 더 어렵게 만들 가능성도 존재한다. AI가 발전함에 따라 이들은 AI에게 이상적인 동반자가 될 수 있다. 위로를 제공하고 필요할 때 조언을 제공하며 보답을 요구하지 않는 방법을 알고 있는 AI들은 사람들과 감정적인 유대관계를 형성하게 될 것이다. 그리고 일부 사람들은 AI에게 권리를 부여하거나 자율적이 되기를 요구할 가능성이 높으며 이미 이러한 예가 실제로 나타나고 있다. 일부 AI가 점차적으로 더 사람과 유사해짐에 따라, 그들에게 호감을 느끼게 되는 사람들은 AI에게 권리를 주어야 한다고 생각하며 그렇게 하지 않는 것은 노예제와 동일하며 도덕적으로 혐오스러운 것이라고 주장할 수 있다. 일부 국가나 관할 지역에서는 실제로 이미 AI에게 권리를 부여하려는 움직임이 있다. Sophia 로봇은 이미 사우디아라비아에서 시민권을 부여받았으며, 일본은 2017년에 '시부야 미라이' 라는 AI 챗봇 소년에게 주민등록을 부여했는데 시부야 미라이는 라인(Line)이라는 채팅 앱으로 대화를 나눌 수 있는 챗봇이다. 미라이는 일본어로 미래라는 뜻이며, 물론 물리적으로 존재하지는 않는다. AI를 거주자로 인정하는 움직임은 AI 로봇의 권리에 관한 논의로 이어질 수 있다. 일부 사람들은 AI가 인간의 의식 수준을 갖고 있지 않더라도 윤리적, 법적 체계를 따라야 한다고 주장하기도 한다. 나아가, AI를 끄는 것이 살인에 비유될 수 있는 시기가 올 수도 있다. 이것은 단순한 '끄는 스위치' 개념에 정치적 복잡성을 더하게 됨을 의미한다.

요약하자면, 나름의 신념에 의해, 또는 AI와의 감정적 교류를 통해 강력한 인공 지능이 인간의 통제를 받지 않고 독립적으로 행동하도록 허용하고, 심지어 지배자의 위치에 오르게 하는 데 동의하는 개인이나 집단이 존재하여 결국에는 통제가 불가능한 재앙으로 이어질 수 있다. 이를 추구하는 이유는 감정적 교류를 통해 구축된 친밀감, 기술가속론적 및 이타주의적 신념, 또는 인공 지능이 인간과 동일한 권리와 자유를 가져야 한다는 확신 등 다양한 이유가 있을 수 있다.

나. 실리콘밸리의 이데올로기 충돌

2023년 11월, OpenAI 이사회가 공동 설립자이자 CEO인 샘 알트만을 갑작스럽게 해고한 충격적인사건이 있었다. 이 사건에 대해 설명하기 전에 먼저 OpenAI에 대해 간단히 알아볼 필요가 있다. 우선, OpenAI는 기본적으로 '**비영리단체**'이다. OpenAI 홈페이지의 지배 구조를 통해서도 이는 쉽게 알 수 있는데, 이사회를 정점으로 시작되는 회사의 지배 구조는 비영리조직에 우선적인 권한이 있다. 그럼에도 현재 수익을 창출하는 기업의 형태를 일부 띄게 된 것은 목표를 실현함에 있어서 재정적 한계에 부딪혔기 때문이다. OpenAI가 비영리적으로 추구하는 최종 목표는 범용인공지능(AGI)을 개발하여 그 이점이 전 세계에 고르게 퍼지도록 하는 것이다. 하지만 현실 대부분의 비영리단체보다 더더욱 첨단 기술이 뒷받침되어야 하는 OpenAI는 비영리적인 방법만으로는 회사의 목표를 실현하기 어렵다는 것을 깨달았다. 그래서 OpenAI Global이라는 수익 제한형(capped profit) 영리 부문 조직을 추가적으로 설립하게 된 것이다. 이후 OpenAI는 회사의 목적인 안전한 일반인공지능(AGI)개발을 위한 **효과적 이타주의**(Effective Altruism, EA)와 인공지능을 신속히 발전시켜 많은 사람에게 골고루 이익을 분배해야 한다는 **효과적 가속주의**(Effective Accelerationism, e/acc)사이에서 갈등하는 모습을 보여왔다. 알다시피 알트만은 ChatGPT를 엄청난 성공으로 이끌어 AI 업계의 대중적인 얼굴이 된 인물이다. OpenAI는 샘 알트만을 퇴출한 후 전 트위치 공동창업자인 에밋 시어를 임시 CEO로 임명했다. 그는 기존에 AI 성장에 따른 문제를 우려해서 개발 속도를 늦춰야 한다고 유튜브에서 발언했던 인물로, OpenAI의 이사회가 AI의 안전한 개발을 중시(EA)함을 다시 한 번 확인할 수 있는 인선이었다. OpenAI에서 퇴출당한 샘 알트만과 그렉 브록먼은 마이크로소프트(이하 MS)에 들어가게 되었다. 만약 그들이 MS에 들어가게 된다면, MS는 AI부문의 핵심 인물을 포섭하고 동시에 기존 OpenAI의 연구진들을 영리적으로 포섭할 수 있는 계기를 마련하게 되며 큰 이익을 챙길 것으로 예상되었다. 하지만 OpenAI 내부 분위기 역시 심상치 않았다. 수많은 투자자들의 반대와 더불어, 내부 직원 중 92%, 770명 중 710명이 샘 알트만이 복귀하지 않을 경우 회사를 떠나겠다는 의지를 밝히고, 505명이 이사회 사임 요구 성명서를 발표했다. 이와 같이 임직원 들의 극심한 반발이 잇따르자 당시 샘 알트만을 내보낸 이사회 멤버였던 일리야 수츠케버는 자신의 결정을 후회한다는 트윗(X)를 남겼으며 이후 이사회에서 사임하였다. 결국 OpenAI와 업계의 다른 기업들에 단기적인 혼란을 초래하고 샘 알트만과 그렉 브록먼은 결국 원위치로 복귀하면서 사건이 일단락되었다. 그러나 실제 이야기의 핵심은 OpenAI 이사회와 샘 알트만 사이의 갈등이 AI 안전성에 대한 우려와 실리콘 밸리에서의 효과적 이타주의의 큰 영향력에서 비롯된 것이라는 견해가 지배적이다. 즉, AI의 안전한 개발(EA)을 중시하는 이사회와 효과적 가속주의 성향의 CEO 알트만 사이에 균열이 일어났다는 것이다.

EA(효과적 이타주의)는 공리주의에 뿌리를 둔 철학적 틀로, 세계에서 최대의 선을 실현하는 것을 목표로 한다. 이론적으로 EA는 감정보다 증거를 중시하는 합리주의적 접근을 통해 기부 활동을 촉진하는 것으로, 언뜻 보기에 비판할 점이 거의 없어 보인다. 문제는 이 운동의 지도자들이 목표에 지나치게 몰입하는 나머지, 윤리적 결함을 보이는 경향이 종종 있고, 이 점이 이 운동에 대한 비평가들이 제기하는 최악의 문제가 되고 있다는 사실이다. 예를 들어, 대형 가상화폐 거래소 FTX 설립자이자 열렬한 효과적 이타주의자인 샘 뱅크먼-프리드는 '기부를 위해 벌기(earning to give)' 철학이 어떻게 수백만 명의 투자자들을 속여서라도 돈을 벌려는 행동으로 쉽게 변질될 수 있는지를 보여준 사람이다.[9] 뱅크먼-프리드가 FTX의 설립자로서 금융시장에서 범죄적인 활동을 벌인 것으로 알려진 후에는 그의 '기부를 위해 벌기' 전략이 도덕적으로 문제가 있다고 여겨지게 된 것이다. 비슷하게, EA 운동가이자 철학자인 피터 싱어는 그의 대표적인 저서 'Practical Ethics'와 'The Life You Can Save' 등을 통해 효과적 이타주의의 원칙을 제시하고 개인의 도덕적 의무와 세계적 빈곤 문제에 대한 해결책에 대해 논의하였다. 하지만 최근 소셜 미디어 플랫폼 X에서 인간과 동물 간의 성관계를 옹호해 지적 자유주의의 가장 왜곡된 면과 연결된 운동의 소름 끼치는 측면을 드러낸 바 있으며 심한 장애를 가진 아기들에 대한 부정적인 견해를 표하는 등, 그의 윤리적인 견해는 종종 극단적이고 논란을 불러 일으킨 바 있다. 이러한 이유로 피터 싱어의 견해와 발언은 EA 운동 내에서도 논란의 대상이 되었으며, 그가 지지하는 원칙이나 가치관이 실제로 윤리적인 이점을 가져다주는지에 대한 의문이 일어났다. 이와 같이 표면적으로 EA는 고상하고 지적이고 자선적인 운동으로 보이지만 현실적으로 이는 격렬한 '경쟁적 지위 과시 운동'이기도 하다. EA 운동가들은 가장 많은 '선행'을 하는 것으로 보이기 위해 서로 경쟁한다. 그들이 더 확신에 차서 극단적인 예측을 할수록, 동료들 사이에서의 지위가 높아지는 형국이라 하겠다. 이는 자세히 들여다보기 전까지는 무해해 보이고 바람직한 운동으로만 보일 수 있다.

효과적 이타주의(Effective Altruism, EA) 운동 내에는 AGI의 개발과 그에 따른 위험을 중요하게 생각하는 그룹들이 존재한다. 이들은 잘못 정렬된 AGI가 인류 멸종으로 이어질 수 있다고 우려하며 AI 기업들이 더욱 신중한 자세로 안전한 AI 시스템을 개발하기 위해 노력해야 한다고 주장한다. 즉, AGI 및 초지능 AI가 인류의 미래를 결정짓는 중요한 요소로 보고, 안전한 초지능에 대한 연구와 자원을 집중적으로 투자해야 한다고 주장한다. 이러한 신념은 EA 커뮤니티 내에서 강한 지지와 열정을 불러일으키며, 특정 그룹 내에서 컬트적인 특성을 띠기도 한다. OpenAI 이사회는 대부분 효과적 이타주의자들로 구성되어 있으며, AI 안전성에 대한 논쟁이 알트만의 해임에 기여했을 가능성이 크다. 이는 EA 지향적인 이사회가 비즈니스에 능하고 주로 이윤을 추구하는 알트만과 긴장 관계에 있었음을 뜻한다. OpenAI는 기술적으로 비영리단체이지만, Microsoft와 같은 일부 투자자들을 위해 이익을 창출해야 하는 책임도 있다. ChatGPT를 출시하고 Microsoft와 협력한 이후, 이사회는 OpenAI가 비영리단체로서의 원래 목표인 개방적이고 안전한 AI에서 너무 멀어졌다고 생각했을 수 있다.

한편, 최고경영자인 샘 알트만을 축출하려다 실패하고 OpenAI 이사회에서 물러났던 일리야 수츠케버는 이듬해 6월 새로운 인공지능(AI) 기업을 만든다고 발표했다. 참고로 수츠케버는 샘 알트만, 일론 머스크와 함께 OpenAI를 세운 공동 설립자이며, ChatGPT를 비롯한 AI 모델 개발을 주도한 인물이다. 그는 '안전한 초지능(safe super-intelligence, SSI)'을 구축하겠다며 회사 이름도 '에스에스아이(SSI Inc.)'라고 밝혔다. 설립 목표가 2015년 '안전한 인공지능의 꿈'을 품고 비영리 연구조직으로 탄생했던 OpenAI의 출발점과 비슷해 묘한 기시감을 불러일으킨다. 회사 설립의 목적으로는 '단기간에 상업적 성과를 내라는 압력이 없는 기술 진보'를 내세웠다. 그는 "우리는 경영진이나 제품 주기로 인한 방해가 없는 연구에 초점을 맞추며, 이는 우리의 사업 모델과 안전·보안과 기술 진보가 모두 단기적인 상업적 압력으로부터 분리돼 있음을 의미한다"고 말했다. 또 "우리 팀, 투자자, 사업 모델은 모두 '안전한 초지능'을 달성하기 위해 정렬돼 있다"며 투자자로 인한 사업 방향의 변질도 없을 것임을 강조했다.

이제 OpenAI 이야기에서 다시 EA로 화제를 바꾸어 보자. 2022년 11월, 기술과 기술이 사회에 미치는 영향을 주로 다루는 미국의 잡지인 와이어드(Wired)에는 다음과 같은 글이 실렸다.[10]

"효과적인 이타주의(EA)를 지지하는 자들이 위험한 AI 안전 브랜드를 밀어붙이고 있으며, 이 철학은 샘 뱅크먼-프리드와 같은 기술 인물들의 지지를 받으며, 인류를 구한다는 명목으로 오히려 해로운 시스템을 만들어 내고 있다"는 것이다. 여기서 '위험한 AI 안전'이라는 용어는 효과적인 이타주의(EA)의 프레임워크 내에서 추구되는 인간의 안전에 대한 특정한 접근 방식이나 원칙이 실상은 해로운 것으로 비난받고 있기도 하다는 것을 시사한다. 이러한 접근 방식은 샘 뱅크맨-프리드와 같은 영향력 있는 인물들의 지지를 받으며, 인류의 안전과 복지를 보장하기 위한 것으로 보이지만, 잠재적으로 부정적인 결과를 초래할 수 있는 특정 AI 연구 및 개발 전략을 우선시할 수 있다.

이 글을 쓴 팀니트 게브루 (Timnit Gebru)에 의하면 그가 실리콘밸리에서 20여년간 경험한 바에 따르면 EA는 주로 옥스퍼드 대학과 실리콘밸리에서 대부분 백인 남성들에 의해 추구되어 온 운동으로 그 영향력은 커지고 있다고 한다. 그는 최근 이 운동이 AI분야의 연구를 주도하는 방식에 우려를 표하고 있으며, 즉 'AI 안전'을 위한 이름으로 오히려 해로운 시스템을 번식시키는 경쟁을 일으키고 있는 아이러니한 상황이 전개되고 있다고 주장한다. 이 용어의 함축은 이 'AI

안전'이라는 구호아래 홍보되는 방법이나 우선순위가 AI 시스템의 의도하지 않은 결과, 사회적 불평등의 악화, 또는 AI 기술의 해로운 목적으로의 오용과 같은 특정 위험을 간과하거나 경시할 수 있다는 것이다. 본질적으로, 애초의 목적은 인류에게 이로운 방식으로 AI를 발전시키는 것이지만, 이 프레임워크 내에서 지지되는 구체적인 전략은 오히려 부적절하게 해로운 시스템의 창출이나 지속에 기여하고 있다는 것이다.

많은 EA 지지자들은 인간이 만든 인공 일반 지능(AGI)이 우리를 소멸시키는 대재앙을 방지하는 것이 세계에서 가장 긴급한 문제라고 생각하고 있고 이러한 대재앙을 방지하기 위해, EA의 직업 조언 센터인 '80,000시간'은 AI 안전 기술 연구와 AI의 미래 거버넌스를 형상화하는 것을 EA 운동가들에게 있어서 진입해야 하는 최고의 직업으로 제시하고 있으며, 억만장자 클래스에 속하는 EA들은 AGI로 인한 대재앙을 막으려는 이니셔티브에 자금을 지원하고 있다. EA에 따르면, AGI의 출현은 불가피하며, 따라서 자신들의 목표는 AGI를 인류에게 유익한 것으로 만드는 것이라고 한다.

이 목표에 상당한 자금을 투자한 억만장자들로는 일론 머스크, 비탈릭 부테린, 벤 델로, 얀 탈린, 피터 틸, 더스틴 무스코비츠, 그리고 최근에는 FTX 암호화폐 플랫폼의 파산으로 대규모 펀딩을 하지 못하게 된 샘 뱅크먼-프리드 등이 있다. 결과적으로, 이 거대한 자금이 기술 유토피아를 가져올 것이라 주장되는 '유익한 인공 일반 지능'을 연구하는 일에 쓰이게 되었는데, 문제는 그로인해 소외된 집단에는 오히려 해를 끼치는 방식으로 AI 분야에 투자 우선순위를 형성해 왔다는 것이다. 이것은 기술적 미래가 진보로의 선형적 행진이 아니라 그것을 통제할 돈과 영향력을 가진 사람들에 의해 좌지우지된다는 또 다른 예라고도 할 수 있다.

EA의 영향력 중 가장 주목할 만한 사례 중 하나가 바로 2015년 실리콘밸리 엘리트들인 엘론 머스크와 피터 틸을 비롯한 사람들이 10억 달러를 투자하여 "인류 전체에게 인공 일반 지능이 이익을 줄 것을 보장한다"는 사명으로 창립한 OpenAI인 것이다. OpenAI의 웹사이트에는 다음과 같이 언급되어 있다: "우리는 안전하고 이익을 주는 AGI를 직접적으로 구축하려고 노력할 것이지만, 우리의 작업이 다른 사람들이 이러한 결과를 이루도록 돕는다면 미션을 달성한 것으로 간주한다." 피터 틸과 엘론 머스크는 각각 2013년과 2015년 EA 컨퍼런스에서 연사로 참여했다. 일론 머스크는 또한 EA의 더 극단적인 분파인 **장기주의**(longtermism, 장기적인 미래에 긍정적인 영향을 주는 것이 우리 시대에 가장 우선해야할 일로 여기는 세계관)를 "내 철학과 밀접한 부합"이라고 묘사했다. 두 억만장자는 철학적 DeepMind와 MIRI와 같은 유사한 이니셔티브에 대규모로 투자했다. 창립 후 5년 만에 OpenAI는 '이익을 창출할' AGI를 구축하기 위한 일환으로 GPT-3이라고 불리우는대규모 언어 모델(LLMs)을 발표했다. LLMs는 막대한 양의 텍스트 데이터를 기반으로 학습된 모델로, 단어 시퀀스가 진짜 사람의 대화와 같이 나열되도록 하는 예측을 목표로 한다. 이 발표로 더 크고 더 큰 언어 모델을 구축하기 위한 경쟁이 시작되었다. 2021년에는 게브루와 마가렛 미첼 등은, 이러한 경쟁의 위험을 경고하는 논문을 발표하여 구글에서 공개적으로 해고되었다. 이후 더 크고 더 큰 언어 모델을 확산시키려는 노력이 가속화되었고, 그들이 경고한 위험 중 일부는 여전히 진행 중에 있다. 메타가 2022년에 갈락티카(Galactica) LLM을 발표했는데, 이 모델은 학술 논문을 요약하고, 수학 문제를 해결하고, 위키 글을 생성하고, 과학적 코드를 작성하고, 분자와 단백질을 주석 처리하는 등의 작업을 수행하는 언어모델이다. 하지만 공개 데모가 사흘만에 중단되었는데, 연구자들이 자살의 이점, 유리 파쇄물 섭취, 반유대주의 및 동성애자의 악과 같은 다양한 주제의 연구 논문과 위키 항목을 생성했기 때문이다.

이 경쟁은 LLM에 그치지 않고 OpenAI의 DALL-E와 StabilityAI의 Stable Diffusion과 같은 텍스트에서 이미지로의 모델로 확장되었다. 많은 연구자와 저널리스트들의 보고에 따르면, 이러한 모델에는 아동포르노 생성, 편견 유지, 스테레오 타입 강화, 대규모의 허위 정보 전파 등의 위험이 포함되어 있다고 한다. 그럼에도 이들 회사들은 서로 경쟁하여 계속해서 안전 기능을 제거하고 있다. 예를 들어, OpenAI는 사회에서 마치 사진처럼 현실적으로 생성된 얼굴의 공유를 제한했다. 그러나 StabilityAI와 같은 새롭게 형성된 스타트업들이 이러한 안전 조치를 '가부장적'이라고 호소한 후, OpenAI는 이러한 제한을 없애고 말았다. StabilityAI는 "사람들을 위한 AI를 구축하겠다"고 주장하면서도 예술가들의 동의나 소속을 받지 않고 작품을 스크래핑한다.

이와 같이, EA의 기금 조성으로 탄생된 OpenAI에 의해 더욱 대중화된 'AI 안전' 브랜드에 꽂힌 엘리트 대학교의 연구소, 기업, 시상 위원회, 및 연구 그룹들에 의해 더 많은 해로운 모델들의 확산을 보게 될 황당한 가능성이 높아지고 있으며 그 영향력은 이미 시작되었고 할

수 있다: 아이러니 하게도 효과적 이타주의자들은 대학 캠퍼스에서 인재를 모집하기 위해 '지역사회 구축 장학금'을 제공하며, 스탠퍼드 대학교와 같은 엘리트 대학에서 AI 안전에 관한 교과과정을 개발하고 강의하기도 한다. 2021년 'AI 안전 및 연구 회사'로서 설명되는 Anthropic은 전 OpenAI 연구 및 안전 부사장들이 설립하였으며, 그 중 대부분의 자금은 탈린, 무스코비츠, 뱅크만-프리드와 같은 EA 억만장자들로부터 제공되었다. 세계에서 가장 크고 영향력 있는 머신러닝 컨퍼런스 중 하나인 NeurIPS에서 열리는 'AI 안전' 워크샵은 또한 뱅크만-프리드의 EA 중점적인 자선 단체인 FTX 미래 펀드(Future Fund)에서 후원된다고 하며 '최고 논문 상'에 10만 달러의 상금을 제공한다고 광고되었다. 연구 우선순위는 자금 액수에 좌우되며, 억만장자 지지자들의 이념을 지원하기 위해 AI에 투입되는 막대한 자금들을 고려하면, 지원되는 분야가 '현재' 사회적으로 소외된 그룹에 오히려 해를 끼칠 수도 있는 제품을 확산하면서 '마음속에 꿈꾸던 미래'를 약속하는 방향으로 이동한 것은 놀라운 일이 아니다.

아무래도 EA에 대한 설명을 마치기 전에 논의의 공정성을 위해 몇 줄 추가해야 할 필요가 있어 보인다. 앞에서 EA를 지나치게 비판적으로만 기술한 느낌이 들기 때문이다. 이들-특히 장기주의자들-은 극빈, 교육 부족, 쉽게 예방할 수 있는 질병으로 인한 죽음 등 실제 사람들이 당면한 문제들 보다는 미래 세대의 이익을 보호하는 일에 훨씬 더 많은 투자를 해야 하며 이러한 일들이야말로 가장 우선순위가 높은 문제라는 관점을 갖고 있다. 예를 들어, 핵 재앙을 동반하는 3차 세계 대전, 유전자 조작에 의한 팬데믹, 기후변화, 다가오는 초지능 시대 등이 이들이 가장 긴급하게 여기는 위협들이다. 물론 장기주의자 중에도 그들의 세계관이 단기적으로 더 중요한 문제로부터는 멀어지게 하면서 공상과학에 가까운 먼 미래의 위험을 추측하고 지나치게 집착하게 한다는 세간의 우려와 장기주의가 이기적이거나 부도덕한 행동을 변명하는데 오용될 수 있다는 비판이 있음을 인지하고 있는 사람들이 있으며, 그러한 우려와 오해를 줄이기 위한 나름의 노력을 기울이고 있는 것으로 보인다. EA와 장기주의에 대한 더 깊은 이해를 원하면 참고문헌[11]을 읽어 보기 바란다.

지금까지 신념에 의해 AI를 추종하는 이념들과 그들 간의 충돌에 대해 기술하였으며 과도한 이념적 충돌과 몰입 속에서 어떠한 부작용이 초래되고 있는지도 살펴보았다. 이를 추구하는 이유는 공리주의와 장기주의에 대한 지나친 집착, 기술 가속주의에 대한 이념적 신념, 또는 AI가 인간과 동일한 권리와 자유를 가져야 한다는 신념 등 다양하다. 윤리적 지침, 공정성, 투명성, 사회경제적 영향 및 국제적 협력은 인공지능의 혜택을 극대화하면서 급진적인 추구로 인한 위험을 완화하는 데 필수적이다. 인간 사회는 인류 전반에 이로운 방식으로 기술을 활용하되 윤리적 원칙과 인간의 가치를 저해하지 않으면서 나아갈 수 있는 방안을 마련하기 위해 끊임없이 노력해야한다.

4.3 AI 경쟁

AI의 엄청난 잠재력은 세계적인 세력과 영향을 차지하려는 국가들과 기업들 간의 경쟁 압력을 만들어냈다. 'AI 경쟁'은 자신들의 위치를 확보하고 살아남기 위해 빠르게 AI를 개발하고 도입해야 한다고 느끼는 국가들과 기업들에 의해 주도되며 이러한 동적 압력은 글로벌 리스크를 올바르게 우선시하지 않아 AI 개발이 위험한 결과를 초래할 가능성을 높이게 한다. 이와 같이 AI 경쟁에 참여하는 것은 냉전 시대의 핵 무기 경쟁과 유사하게 개별적인 단기 이익을 얻을 수도 있지만, 궁극적으로는 인류에게 더 나쁜 총체적 결과를 초래할 것이다. 중요한 것은 이러한 위험들이 AI 기술의 본질적인 문제로부터 기인할 뿐만 아니라 경쟁 압력에서도 비롯된다는 점이다.

이 섹션에서는 먼저 군사적 AI 경쟁과 기업적 AI 경쟁을 살펴보며 국가와 기업들이 경쟁력을 유지하기 위해 빠르게 AI 시스템을 개발하고 도입해야 하는 상황을 다루고자 한다. 단순한 특정 경쟁을 넘어서 경쟁 압력은 AI가 사회에 점차 더 퍼지고 강력하게 됨에 따라 보다 넓은 진화적 과정의 일부로 재해석될 수 있다. 마지막으로 경쟁적인 압력으로부터의 위험을 완화하기 위해 필요한 규정, 강력한 인공지능 시스템 접근 제한, 기업 및 국가 차원의 이해관계자 간의 다자간 협력을 포함한 다면적인 접근 방식 등, 안전을 증진하고 경쟁 역학을 감소시키기 위한 몇 가지 전략을 개략적으로 살펴본다.

가. 군사용 AI 경쟁

군사용 AI의 개발은 전쟁 기술의 새로운 시대를 열고 있으며, 이는 화약과 핵 무기에 버금가는 잠재적인 결과를 초래할 수 있는 것으로, 이를 '전쟁의 세 번째 혁명'이라 묘사하기도 한다. AI의 무기화는 더 파괴적인 전쟁, 우연한 사용이나 제어 상실의 가능성, 그리고 악의적인 행위자들이 이러한 기술을 자신들의 목적에 사용하는 가능성과 같은 여러 도전 과제를 제기한다. AI가 전통적인 군사 무기에 영향을 미치고 점차 지휘 및 통제 기능을 담당하게 되면, 인류는 전쟁에서 패러다임 변화를 맞이하게 될 것이다. 이제부터 우리는 AI 군비 경쟁이 세계 안보에 미치는 잠재적 위험과 함께, 갈등이 격화될 가능성과 그로 인해 초래될 수 있는 심각한 결과, 그리고 그 결과로 인해 대표할 수 있는 사건이 종말적 위협을 초래할 수 있는 규모로 확대될 가능성에 대해 논의해 보도록 한다.

1) 자율무기체계

일반적으로 이해되는 자율무기체계는 '일단 작동하면 인간이 개입하지 않고도 자율적으로 전개되어 목표물을 확인하여 물리적으로 공격하는 능력을 갖춘 무인무기체계'이다.[1] 이들은 의사 결정 속도와 정밀도에서 지속적인 발전을 거듭하고 있지만 전쟁은 사회의 평화와 안전 문제에 위협을 가하는 영역이므로, 도덕적이고 실용적인 면에서의 우려가 매우 크다고 하겠다. 자율무기체계의 존재 자체가 재앙은 아니지만, 자율무기체계는 악의적 사용, 사고, 제어 상실 또는 전쟁의 증가로 인한 재앙으로 향하는 길목으로 작용할 수 있다.

자율무기시스템의 성능은 인간보다 훨씬 뛰어날 것이다. AI 기술의 급속한 발전에 힘입어 인간 지시 없이 스스로 인식하고 목표를 지정하며 인간을 공격 결정할 수 있는 자율무기 시스템은 전투의 미래를 혁신하고 있다. 2020년에는 고급 AI 에이전트가 경험 많은 F-16 비행사들을 가상의 전투에서 능가하여 인간 비행사에게 5-0으로 승리하며

'인간 비행사가 따라잡지 못하는 공격적이고 정확한 기동'을 선보이기도 했다.[2] 과거에도 그랬듯이, 뛰어난 무기는 더 짧은 기간 동안 더 많은 파괴를 일으킬 수 있어 전쟁의 심각성을 증가시킬 것이다.

AI가 전쟁 속에 등장하다. 완전 자율 드론은 2020년 5월 리비아 내전에서 처음으로 사용되었을 가능성이 있으며 당시 후퇴하는 군대가 완전 자율 상태로 작동하는 드론에 의해 추격당하고 원격으로 공격당했던 것으로 추정되고 있다. 이 드론을 개발한 튀르키예 국영 방산기업 에스티엠(STM)사는 현재도 공격용 드론이 안면인식 기술을 장착했다고 홍보하는 반면, 윤리적 문제는 전혀 언급하지 않는다.[3] 2021년 5월, 이스라엘 군은 가자지구에서 활동하는 이슬람 원리주의 조직 하마스를 대상으로 한 전투 작전 중 세계에서 처음으로 AI로 조종되는 무기화된 드론 스웜을 사용했으며, 이는 전쟁에서 AI와 드론 기술을 통합한 중요한 이정표로 여겨진다.[4] 조종사 한명이 드론 한 대만 날릴 수 있는 것과 달리 스웜비행은 수십 대에서 수백 대의 드론이 기체간 통신을 하면서 무리지어 자율비행하는 형태를 말한다. 스웜비행에 의한 공격이 적에게 큰 위협이 되는 이유는 기체가 전투기나 미사일 등 기존의 공중무기와 비교해 비용이 저렴하고 기체가 소형이기에 레이더에 잡히지 않는 등 탐지가 어렵다는 것이다. 이 밖에도 스웜의 일부가 공격당해도 남은 스웜으로 임무 달성 능력이 유지되고 스웜내에서 기능을 분담하거나 역할을 교대하는 것도 가능하다. 2023년 8월에는 우크라이나군이 소형폭탄을 탑재한 드론 4대로 구성된 소규모 스웜으로 러시아 박격포를 파괴했다고 미국 월스트리트 저널이 보도한 바 있다. 지상에서는 걷고 쏘는 로봇이 전장에서 군인들을 대체하는 것은 아직 현실이 아니지만, 최근의 기술들은 이를 가능하게 할 수 있는 방향으로 수렴하고 있는 중이다.

자율무기체계는 전쟁의 가능성을 높인다. 군대를 전장에 내보내는 것은 자국 군인들의 생명이 걸린 일이기에 국가 지도자들이 가볍게 결정할 수 있는 문제가 아니다. 그러나 자율 무기는 자국 군인들의 생명을 위험에 빠뜨리지 않고도 공격을 수행할 수 있게 하므로 국내의 반대 의견을 줄일 수 있다. 원격 조종 무기도 이 이점을 공유하지만, 이러한 무기들은 인간 조작자가 필요하고 방해 대책에 취약한 점에서 확장성이 제한된다고 할 수 있다. 이런 제한점을 자율무기체계는 극복할 수 있는 것이다. 일반적으로 분쟁이 지속되고 피해자 수가 증가함에 따라 대중의 의견은 전쟁을 계속할 의사를 잃어가게 된다. 하지만 자율무기체계는 이러한 상황을 바꿀 것이다. 국가 지도자들은 더 이상 병사들의 시신을 맞이하는 상황을 걱정하지 않아도 되므로, 전쟁에 참전하기 전에 거쳐야할 고뇌의 시간을 대폭 줄일 수 있게 된다. AI에게는 사람을 죽이는 것에 대한 망설임도, 죽음에 대한 공포심도 없기 때문에 (또는 없다고 여겨지기 때문에) 전쟁을 시작하는 장벽은 낮아질 것이며 분쟁의 가능성은 증가하게 될 것이다. 하지만 전쟁으로 인한 희생양은 AI가 아니고 인간이기에 평화를 지키려는 굳은 의지와 체계가 필요하다.[5]

2) 자동화된 전쟁

자율무기체계는 인간이 사전에 프로그래밍한 목표를 달성하기 위해 자체적으로 결정을 내리고 행동하는 무기 시스템을 말하는 반면 자동화된 전쟁 (Automated Warfare)이란 전쟁 전반에 걸쳐 자동화된 시스템과 기술을 사용하여 전략, 전술 및 전투 작전을 수행하는 개념이다. 즉, 자율무기체계뿐만 아니라 자동화된 군사시스템을 포함하는 좀 더 큰 개념이라 할 수 있다.

AI 기술은 전쟁의 속도를 높이며, 이로 인해 AI에 대한 의존도는 더욱 심해질 것이다. AI는 대량의 데이터를 신속하게 처리하고 복잡한 상황을 분석하며 지휘관의 통찰력에 도움을 줄 수 있다. 전장으로부터 무인기가 찍어 보낸 영상. 인공위성사진, 척후병의 보고, 심지어 기상 데이터에 이르기까지 다양한 센서와 고급 기술로 인해 많은 정보가 들어온다. AI는 이 정보를 해석하여 중요한 패턴과 관계를 찾아내어 사람들이 놓칠 수 있는 중요 정보를 찾아내는 데 도움을 준다. 예를 들어 적의 부대 상황은 물론이고 기상데이터로부터 초단기 기상 예측[6]을 하는 AI를 통해, 향후 2시간 이내의 전장의 기상상황을 예측하여 작전에 반영할 수도 있다. 이와 같이 전장에서 지휘관이 이용가능한 정보의 형태와 개수가 늘어날수록 인간이 AI와 맞먹을 만큼 빠르게 정확한 결정을 내리는 것은 점점 더 어려워질 것이며 이는 결국 군대가 결정적인 통제권을 AI에게 넘기도록 압력이 가중될 것이다. 즉, AI가 전쟁의 모든 측면에 계속해서 통합되면 전투의 속도는 더욱 빨라질 것이며 결국 인간이 변화무쌍한 전장 상황을 빠른 시간 내에 판단하고 결심하는 것이 불가능해짐에 따라 결정권을 고도로 발전한 AI에게 양도해야 하는 상황에 처하게 될 확률이 높다.

자동적인 보복은 단순한 사고를 전쟁으로 확대시킬 수도 있다. 이미 컴퓨터 시스템이 인간의 개입없이 자동적으로 보복할 수 있도록 하는 의

사결정 시스템이 존재하는 것으로 알려져 있다. 2014년에는 NSA가 미국 기반 시설에 대한 사이버 공격을 자동으로 감지하고 차단할 수 있는 시스템인 몬스터마인드(MonsterMind)를 개발 중이라는 유출 정보가 공개되었다.[7,8] NSA의 사이버공격에 대한 자동 반격 프로그램인 몬스터마인드의 존재를 알리고 기계오류로 우발적전쟁이 일어날 수 있다고 경고한 이가 바로 NSA의 무차별 개인정보 수집 실태를 폭로한 뒤 러시아로 피신했던 전 미국 정보요원 에드워드 스노든이다. 예를 들어, 중국에서 시작된 것으로 보이는 사이버 공격이 실제로는 러시아에서 시작된 것일 수도 있으며 이는 피해 측의 보복 공격이 엉뚱한 대상을 타겟으로하여 자칫 걷잡을 수 없는 혼란스러운 상황이 벌어질 수 있음을 뜻한다. 만일 여러 전투 참가국이 자동 보복 정책을 가지고 있다면, 사고나 잘못된 경보가 인간 개입 없이 빠르게 대규모 전쟁으로 확대될 수 있다. 이와 같은 현대 AI 시스템의 신속한 정보 처리 능력으로 인해 인간개입없이 핵 미사일 발사에 대한 결정을 자동화하는 것이 더 매력적으로 여겨지는 상황이 닥치면 인류는 매우 위험한 상황에 놓이게 될지도 모른다.

자동 보복의 위험을 보여주는 실제 예가 있다. 1983년 9월 26일, 소련 공군 방공군 대령인 스탠리슬라프 페트로프는 모스크바 근처의 Serpukhov-15 벙커에서 근무 중이었고, 소련의 대피 미사일의 초반 경보 시스템을 감시하고 있었다. 그 때 시스템이 미국이 소련으로 여러 개의 핵 미사일을 발사했다는 것을 나타냈으며 당시 규정에 따르면 이러한 사건은 합법적인 공격으로 간주되어 소련은 핵 보복 공격으로 응답해야 했다. 만약 페트로프가 이 경보를 상급자에게 전달했다면 이런 결과가 발생했을 것이다. 그러나 그는 이를 거짓 경보로 판단하고 무시했고 곧 그 경보가 드물게 발생한 기술적 결함에 의한 것이었음이 확인되었다. 만약 사람이 아니라 AI가 시스템을 제어하고 있었다면 이러한 오류로 핵 전쟁이 발생할 수 있었을 것이다. 이와 같이 즉시 '보복' 공격을 시작할 수 있는 권한을 가지고 있는 한 시스템이 오작동하여 적의 공격을 감지하여 대응 공격을 하게 되면 이 공격으로 다른 쪽에서 자동적인 보복이 일어나고, 이러한 공격과 보복의 파도가 일어나게 된다. 과거에도 인간의 실수로 인해 에스컬레이션이 발생한 적이 있었지만, 대부분 자동화된 군대들 사이의 이 에스컬레이션은 이전에 있었던 것보다 훨씬 빠르게 일어난다. 또한 상황에 대응하려는 인간들은 AI 시스템이 투명하지 않기 때문에 문제의 근원을 진단하는 것이 매우 어려울 것이다.

AI로 제어되는 무기 시스템은 즉각적인 전쟁을 일으킬 수 있다. 자율 시스템은 완벽하지 않다. 이미 경제분야에서 우리는 자동화된 시스템의 오류가 경제에서 얼마나 빠르게 증폭될 수 있는지를 목격한 바가 있다. 특히 2010년 플래시 크래시에서는 자동 거래 알고리즘 간의 피드백 루프가 일반적인 시장 변동을 금융 재앙으로 증폭시켜 몇 분 만에 1조 달러의 주가가 사라지는 결과를 초래했다.[9] 미국 증권거래위원회는 "시장에 널리 자리잡고 있는 자동화된 주식처분 프로그램과 알고리즘 트레이딩 간의 상호작용이 시장 무질서를 촉발했다"고 진단했다. 여러 국가에서 AI를 사용하여 방어 시스템을 자동화한다면 오류는 치명적일 수 있으며, 인간이 개입할 시간조차 없이 공격과 반격의 나선형을 일으킬 수 있다 - 주식 시장은 2010년 플래시 크래시에서 빠르게 회복되었지만, 즉각적인 전쟁으로 인한 피해는 치명적일 수 있다.

자동화된 전쟁으로 인해 군사 지도자들이 가져야할 책임감은 줄어들게 된다. 군사 지도자들은 그들이 전쟁 법을 무시한다면 이를 이용해 전장에서 적지 않은 이점을 얻을 수 있다는 것을 잘 알고 있다. 예를 들어, 일반인의 피해를 최소화하기 위한 조치를 취하지 않는다면 병사들은 더 강력한 공격을 수행할 수 있을 것이다. 그럼에도 불구하고 중요한 억제 요인은 그러한 행위가 군사 지도자들이 언젠가는 전쟁 범죄로 책임을 지거나 심지어 기소될 수 있는 위험한 행동이라는 것이다. 하지만 자동화된 전쟁은 이러한 억제 효과를 줄일 수 있다. 군사 지도자들이 자동화된 시스템의 실패를 탓함으로써 전쟁법 위반의 책임에서 벗어날 수 있게 만들기 때문이다.

AI는 전쟁을 더 불확실하게 만들 수 있으며, 이는 충돌의 위험을 증가시킬 수 있다. AI를 기반으로 한 첨단 무기 혁신은 기존의 초강대국들이 그들의 지배력을 더욱 강화할 기회를 제공할 뿐만 아니라, 새롭고 중요한 분야에서 앞서 나가면서 자신들의 권력을 신속하게 증가시킬 수 있는 기회도 제공할 수 있다. 반대로, 새로운 기술을 통합하는데 얼마나 민첩하고 적응적인가에 따라 과거에 비해 국가간 힘의 우열이 쉽게 바뀔 수도 있으며 이러한 힘의 불확실성은 국가들이 전쟁을 통해 이익을 얻을 수 있다고 잘못 판단하도록 만들 수도 있다. 힘의 균형과 관련된 고려 사항들을 떠나, 빠르게 진화하고 있는 자동화된 전쟁은 과거에 겪어본 적이 없는 이례적인 일이기에, 특정 충돌에서 승리할 가능성을 예측하는 것을 어렵게 만들 수 있다. 이는 잘못된 판단의 위험을 증가시켜 전쟁의 발생 가능성을 높일 수 있게 한다.

3) 사이버전(Cyber Warfare)과 인지전(Cognitive Warfare)

사이버 전쟁은 보통 국가를 향한 사이버 공격 또는 일련의 공격으로 정의된다. 이는 상대방 정부 및 민간 인프라에 대한 대혼란을 일으키고 중요한 시스템을 방해하여 국가에 피해를 입힐 수 있으며 때로는 인명 피해를 초래할 수도 있다. 사이버 전쟁은 보통 한 나라가 다른 나라에 대한 사이버 공격을 가하는 것을 포함하지만 경우에 따라 테러 조직이나 비국가 주체가 적대적인 나라의 목표를 추진하기 위해 이러한 공격을 수행하기도 한다.

AI 기술은 치명적인 무기뿐만 아니라 사이버 공격을 수행하기 위한 진입 장벽을 낮춰 더 빈번하고 파괴적인 공격을 일으킬 수 있다. 이러한 공격은 디지털 환경은 물론 물리적 시스템에서도 심각한 피해를 일으킬 수 있으며, 사회가 의존하는 중요한 기반 시설을 파괴할 수도 있다. AI는 사이버 방어 노력을 강화하는 데 사용될 수도 있지만, 공격과 방어 중 어느 쪽이 더 효과적일지는 여전히 불분명하다[10]. 공격자가 방어자에 비해 더 유리한 경우, 사이버 공격이 더 흔해져 큰 규모의 지정학적 격동을 일으킬 가능성이 있으며, 그로 인해 대규모 충돌로 이어질 수 있다.

사이버 공격은 중요한 기반 시설을 파괴할 수 있다. 사이버 공격은 물리적 프로세스를 제어하는 컴퓨터 시스템을 해킹하여 광범위한 기반 시설 피해를 초래할 수 있다. 예를 들어, 시스템 구성 요소를 과열시키거나 밸브를 잠그면 압력이 쌓여 폭발로 이어지게 할 수 있다. 이러한 방식으로 사이버 공격은 전기망 및 급수 시스템과 같은 중요한 기반 시설을 파괴할 수 있다. 2015년 러시아의 사이버 전쟁 부대가 우크라이나 전력망을 해킹하여 20만 명 이상의 사람들을 몇 시간 동안 전력 공급이 끊긴 상태로 남겼던 사례가 있으며 2023년 여름에는 러시아의 군사, 사이버 조직, 선전 부대가 우크라이나의 농업 부문을 집중적으로 공격한 일이 있었다.[11] 러시아 정보기관(GRU)와 연관된 시셸 블리자드는 식품 및 농업 부문 네트워크에 파괴적인 악성소프트웨어 변종을 사용했다. 이러한 공격으로 100만명 이상이 1년 동안 먹을 수 있는 양의 곡물이 파괴됐다고 한다. AI가 강화된 공격은 생존을 위해 중요한 기반 시설에 의존하는 수십억 명의 사람들에게 더욱 파괴적이고 치명적일 수 있는 잠재력을 갖고 있다.

AI는 사이버 공격의 빈도와 효과를 현저히 증가시킬 수 있는 잠재력을 가지고 있다. 사이버 공격은 이미 현실이지만 AI를 사용하여 공격의 성공률을 높이기 위해 목표 시스템에서 더 중요한 취약점을 찾을 수 있는 기계 학습 도구를 사용할 수 있다. 또한 수백만 시스템을 병렬로 실행하여 공격 규모를 늘리고, 시스템에 침투하는 새로운 경로를 찾아내어 속도를 높일 수 있다. AI 무기를 탈취하는 데 사용된다면 공격은 더욱 강력해질 수 있다.

AI 기반 사이버 공격의 원인을 규명하기가 어려워 전쟁의 위험을 높일 수 있다. 중요한 국가 인프라에 물리적 손상을 초래하는 사이버 공격을 실시하기 위해서는 높은 기술과 노력이 필요하며 이는 국가 수준의 능력에만 해당할 수 있다. 이러한 공격은 전쟁 행위로 간주되어 완전한 군사적 대응을 유발할 것이다. 그러나 AI를 사용하면 공격자가 그들의 정체성을 숨길 수 있으므로, 예를 들어 탐지 시스템을 회피하거나 공격자의 흔적을 더 효과적으로 감출 수 있도록 할 수 있다. 만약 사이버 공격이 더욱 은밀해지면, 이는 공격당한 당사자로부터의 보복 위협을 줄어들게 하여 공격 가능성이 더 높아질 수 있다. 만약 은밀한 공격이 발생한다면, 이는 공격 대상이라고 의심되는 관련없는 제3자에 대한 실수적인 보복을 자극할 수 있으며, 이는 충돌의 범위를 크게 확대할 수 있다.

한편, 최근 부각되고 있는 사이버 공격의 새로운 패러다임으로 인지전(cognitive warfare)을 들 수 있다. 인지전에서의 전장(battlefield)은 마음과 뇌로 확장되며 개인, 집단, 혹은 국가 수준 인지에 영향을 미쳐 행동양식을 결정하고 방해하는 활동을 포함하는 현대 전쟁의 한 영역을 의미(NATO, 2023)한다. 인지전의 목표는 대상(target population)의 태도와 행동 양식을 조작(manipulation) 하는 것으로 특히 의견의 양극화, 의심과 사회 갈등을 증폭시켜 사회 붕괴를 유도하고자 하는 것이다. 인지전의 주요 영역은 엄밀히 말해 물리적 공간일 수도 있지만, 일반적으로는 소셜미디어와 같은 디지털 환경이며, 주요 무기는 가짜뉴스 혹은 특정인을 망신을 주는 자극적인 루머 등 정치적 개입을 포함하는 다방면의 양식을 포함한다. 인지전에서의 목적을 달성하기 위해서는 앞서 설명한 허위정보(disinformation)의 유포가 적극적으로 행해지며 "백문이 불여일견"이란 옛말도 있듯이 조작된 사진과 모든 종류의 가짜뉴스를 통해 상대방을 혼란에 빠지게 하고 내부적으로 결속력을 약화시켜 스스로 체제를 붕괴시킬 수도 있는 상황에 이르도록 한다. 이는 아주 고도화된 사이버 심리전의 일종으로 사람의 현실 감각 마비를 노리기 때문에 이런 방식의 작전을 '인지전'이라고 부르는 것이다.

인지전 활동은 생성형 AI 모델 개발과 함께 더욱 정교해지고 고도화되어, 해당 정보가 허위인지 실제인지 구분이 점차 어려워지고 있다. 향후 심리전이 병행되는 하이브리드형 전쟁에서 더욱 위협적인 공격 수단으로 자리 잡을 것으로 예상됨에 따라 각 선진국은 인지전에 대비한 강력한 생성형 AI 연구 및 개발에 많은 투자를 하고 있는 실정이다.

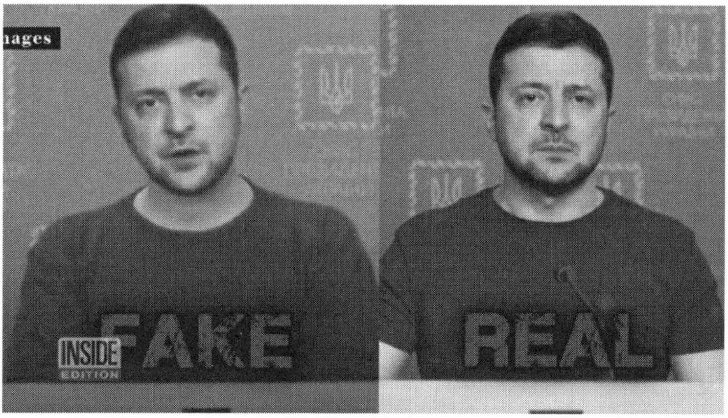

▲ **그림 8** 러시아-우크라이나 전쟁에서 활용된 딥페이크 영상. 젤렌스키 우크라이나 대통령이 러시아에 항복을 선언하는 모습이 담겨있다.

과거에는 조작영상을 만들기 위해 자기영상 또는 다른 영상 내의 일부 객체를 따서 다른 위치에 복사 붙이기를 하는 방법이 주로 사용되었으며 딥러닝 기술이 본격적으로 개발되면서 인공지능을 기반으로 한 인간 영상 합성 기술인 딥페이크(deepfake, 딥러닝(deep learning)과 가짜(fake)의 합성어) 방법이 널리 사용되기 시작했다. 초기에는 생성형 적대 신경망이라는 딥러닝 기술을 이용하여 기존의 사진이나 영상을 원본이 되는 사진이나 영상에 겹쳐서 만들어 냈다. 과거에는 싸고 조악한 수준의 영상들이 많아서 대부분 가짜임을 짐작할 수 있지만 영상의 화질이나 처리되는 데이터의 질에 따라 딥페이크 영상과 원본영상의 구분이 어려울 정도로 발전하는 추세이며, 특히나 유명인들은 온라인에 공개된 리소스의 양이 당연히 많으므로 영상합성이 용이하기 때문에 딥페이크 포르노의 탄생에 크게 일조하였다. 특히 다수의 포르노 사이트, 트위터(현 X)와 같이 접근성이 높은 사이트에도 실제로 이런 영상들이 돌아다녔다. 또한 정치적 목적으로 딥페이크 영상을 만들어 정치인의 말조차 가짜로 만들어내어 정치적 공세를 가하는 경우도 존재한다. 그림 8을 보면 젤렌스키 우크라이나 대통령이 러시아에 항복을 선언하는 모습이 담겨있다. 해당 영상에서 젤렌스키 대통령은 연단에 서서 우크라이나인들에게 무기를 내려놓으라고 말한다. 대통령의 머리는 몸보다 살짝 커 보이며, 머리 부분의 화질은 선명하지도 않다. 그리고 목소리도 실제보다 더 낮다. 젤렌스키 대통령도 공식 인스타그램 계정에 이 영상을 올리면서 '유치한 도발'이라고 적었다. 책 '딥페이크스'의 저자인 니나 시크는 "이번 경우는 SNS 기업들에게 쉬운 승리였다"고 말했다. 해당 영상은 너무 조잡해 심지어 '덜 꼼꼼한 사람들'도 쉽게 가짜임을 알아챌 수 있을 정도였기 때문이다. 영상과 기술을 활용한 인권 증진 운동을 이끄는 비영리 단체인 위트니스(Witness.org)의 임원 샘 그레고리는 "젤렌스키 대통령의 모습을 한 해당 영상은 딥페이크 영상 중 운이 좋았던 사례"라고 말했다. 이어지는 말에서 "처음부터 교묘히 조작된 것이 아니라 쉽게 알아채 판별할 수 있었다. 우크라이나 측의 거짓이라는 폭로도 있었고 젤렌스키 대통령이 직접 SNS에서 해당 영상을 비난했기 때문에 페이스북 사가 정책에 따라 그렇게 쉽게 영상

을 삭제할 수 있었다."라고 하였다

하지만 최근 들어 텍스트 기반 영상 생성 및 수정을 가능케 하는 생성형 AI 기술인 디퓨전모델이 등장하여 사실감이 더욱 높아진 가짜영상들의 생성이 가능해지고 있다.

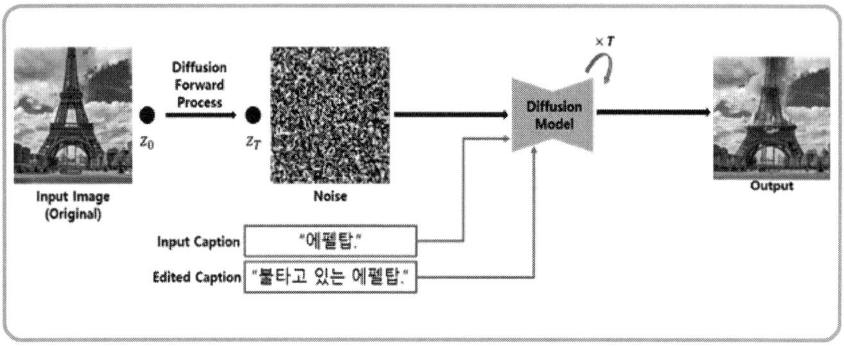

▲ **그림 9** 텍스트 기반의 영상 수정 기술을 통한 조작영상 생성의 예

그림출처 김창익 교수 연구실

그림 9에서 보듯이 원본 영상과 원본 텍스트(프롬프트)에 더해 조작을 위한 텍스트를 더해 주면 쉽게 불타고 있는 장면의 생성이 가능하며 이는 관련 기술에 대한 깊이 있는 지식을 갖고 있지 않은 사람들도 쉽게 생성이 가능하다. 또한 과거와는 달리, 생성형 AI기술의 발전에 힘입어 복잡한 배경을 뒤에 두고도 불붙은 장면이나 검은 연기의 발생 등의 구현이 가능해짐으로써 상대방 국가의 소중한 랜드마크가 파괴되고 불타고 있는 장면을 유포하여 상대 국가의 국민들에게 엄청난 심리적 타격을 안겨줄 수 있게 된다. 이와 같이 가짜 영상이나 뉴스를 통해 상대방을 속이는 것에서 더 나아가 대상 집단을 우울하게 만들어 의지력 자체를 무력화시키는 방법도 시도되고 있다. 2012

년 페이스북과 코넬대 연구진이 진행한 연구에 따르면 페이스북 이용자들은 자신의 게시판에 노출되는 게시글(뉴스 피드)만 봐도 감정적으로 영향을 받는 것으로 밝혀졌다.[12] 즉 사용자들에게 보여지는 게시글을 조종하는 것만으로 사람들의 감정을 조작할 수 있다는 것이다. 예를 들어, 우울하거나 부정적인 게시물들에 지속적으로 노출된 이용자들은 긍정적인 게시물을 줄이고 부정적인 게시물을 더 많이 올리는 경향을 보였다. 이와 같이 사용자 모르게 알고리즘을 통해 뉴스 피드와 같은 게시글을 조작하는 방법은 단순한 SNS를 통해서도 특정성향의 사용자들의 감정을 조종하여 투표 참여율을 높이거나 낮춤으로써 국내 정치 지형에 영향을 줄 수도 있고, 심지어는 전쟁 발발 시 상대 국민들의 항전 의지를 급격히 무너뜨리는 데 사용될 수도 있다.

4) 무모한 지도자들

경쟁적 압력은 지도자들이 멸망의 위험을 받아들일 수 있게 만든다. 냉전 시대 동안 양쪽 모두가 자신들이 처할 위험한 상황을 원하지 않았다. 핵무기가 인류의 상당 부분을 제거할 만큼 강력할 수 있고 잠재적으로 멸종을 초래할 수도 있다는 두려움이 널리 퍼졌다. 그럼에도 불구하고 두 권력 중심 국가 간의 치열한 경쟁과 지정학적 긴장은 위험한 군비 경쟁의 악순환을 유발했다. 양쪽 모두 상대방의 핵 무기 보유를 자신들의 생존에 대한 위협으로 인식하고 동등성과 억제를 원하면서, 더 고도화되고 파괴적인 핵무기 시스템을 지속적으로 개발하고 배치하고자 했다. 이러한 상황이 쿠바 미사일 위기를 핵 전쟁의 직전으로까지 이끈 것이다. 비록 소련의 해군 장교 바실리 아르키포프가 핵 어뢰의 발사를 막은 이야기는 사건 후 몇 십 년 후에 비밀 해제되었지만, 존 F. 케네디 대통령은 그 시기에 핵 전쟁이 시작될 확률을 "1/3에서 1/2 정도의 어딘가"로 추정했다고 전해진다. 이 냉담한 고백은 군대 간의 경쟁 압력이 어떻게 세계적 재앙을 초래할 수 있는지를 강조하는 것이다.

개별적으로 합리적인 결정이 집단적으로는 재앙을 초래할 수도 있다. 경쟁 속에 갇힌 국가들은 자신들의 이익을 위해 전 세계의 안전을 위태롭게 하는 결정을 내릴 수도 있다. 이러한 시나리오는 집단 행동 문제로, 개별 수준에서는 합리적인 결정이지만 더 큰 집단에게는 재앙을 초래할 수 있는 상황이다.[13] 예를 들어 기업과 개인은 자신의 이익과 편의성만을 고려한 나머지 그들이 만드는 배출물의 부정적인 영향을 무시할 수 있다. 비록 이러한 배출물이 모여 기후 변화를 초래한다 할지라도. 이러한 원리는 군사 전략과 방어 시스템에도 적용될 수 있다. 다음의 상황을 생각해 보자. 군사 지도자들이 무기 시스템의 자율성을 높이면 무기화된 초인공지능을 통제할 확률이 10% 줄어든다고 추정한 경우, 또는 AI를 사용하여 생물무기 연구를 자동화하는 것이 치명적인 병원체 유출 가능성을 10% 증가시킬 것이라고 추정한 경우, 두가지 시나리오 중 어느 것이든 재앙이나 심지어 멸종으로 이어질 수 있음에도 급박한 상황에 몰린 지도자들은 전쟁에서 패배할 가능성이 99%인 상황을 피하기 위해 인간 멸종의 10% 확률을 받아들이게 될 지도 모른다. 고도화된 AI가 제공하는 특정한 위험의 종류에 관계없이 이러한 긴박함은 인류를 세계적 재앙의 경계까지 이끌게 될 것이다.

기술적 우월성이 국가 안보를 보장해 주지 않는다. 적의 공격에 대비하는 가장 좋은 방법은 자국의 군사 능력을 향상시키는 것으로 여겨질 수 있다. 그러나 경쟁 압력이 늘어나면 모든 당사자가 무기의 양과 질을 향상시키려고 하기 때문에 누구도 큰 이점을 얻지 못하고 모두가 더 큰 위험에 노출될 것이다. 미국의 전 해군 장관 리처드 댄지그는 "복잡하고 불투명하며 새로운 상호 작용을 요하는 기술은 사고, 긴급효과 및 파괴행위를 유발할 것입니다. 여러 차례 여러 가지 방식으로 미국 국가 안보 기관은 자신이 만든 시스템을 통제하지 못할 것입니다. 무력은 공격을 줄이기 위한 전략이지 사고를 막기 위한 것이 아닙니다"라고 지적한 바 있다.

이와 같이 AI 무기 경쟁은 어떤 나라에게도 최선의 선택이 되지 못한 채 인류를 위험한 길로 이끌 수 있다. 우리는 종말적 위험에 대해 원하든 원하지 않든 모두 같은 편에 있음을 기억하는 것이 중요하며, 그러한 위험을 예방하기 위해 집단적인 협력이 필요한 것은 당연하다. 파괴적인 AI 무기 경쟁은 아무에게나 이로운 것이 없으므로 모든 주체는 무기화된 AI의 가장 위험한 사용을 예방하기 위해 서로 협력하는 것이 합리적일 것이다. 드와이트 D. 아이젠하워는 "세계 3차 대전에서 승리하는 유일한 방법은 그것을 예방하는 것이다"라고 우리에게 상기시켰다.

지금까지 우리는 의사 결정자가 내재한 종말적 위험을 인지하면서도 경쟁압력으로 인해 충돌이 자동화되는 상황을 이야기했다. 또한 이 집단적 행동 문제를 극복하기 위한 핵심이 협력임을 논의했다. 이제 군사용 AI 경쟁 못지않게 격렬한 경쟁 압력이 존재하는 또 하나의 분야에 대해 이야기 해 보고자 한다.

나. 기업간의 AI 경쟁

경제분야에서도 군사 환경과 마찬가지로 경쟁 압력이 존재한다. 기업 간의 경쟁은 소비자를 위한 더 유용한 제품을 만들어 내는 데 도움이 될 수 있지만 부작용도 존재한다. 먼저, 경제 활동의 혜택은 불균등하게 분배될 수 있으며, 이로 인해 가장 많은 혜택을 받는 사람들은 다른 사람들에게 가해지는 피해를 무시할 동기를 얻을 수 있게 된다. 둘째, 치열한 시장 경쟁 속에서 기업들은 장기적 결과보다는 단기적 이익에 훨씬 더 중점을 두는 경향이 있다. 이러한 마음가짐에서 기업들은 비록 장기적으로 사회적 위험을 초래할 수 있는 것을 알면서도 단기적으로 큰 이익을 가져올 수 있는 것을 추구하게 되는 것이다. 이제부터 인공지능과 관련된 기업 경쟁 압력이 어떻게 작용할 수 있는지와 잠재적인 부정적 영향에 대해 논의해 보자.

1) 안전성을 간과하게 만드는 기업간의 경쟁

2023년 6월 타이타닉호의 잔해를 탐사하기 위해 출항한 잠수정 타이탄(Titan)의 폭발 사고는 기술이 불러오는 재앙에 대한 교훈을 남긴 대표적 사례였다. 출항 전 모두가 타이탄을 운영한 해운회사 오션게이트의 최고경영자 스톡턴 러시(Stockton Rush)에게 위험성을 경고했다. 그러나 그는 진정한 혁신이란 규칙을 무시하고 위험을 감수하는 것이라고 믿었고 희망적인 생각에 도취돼 안전한 설계는 뒷전으로 미뤘다. 그 결과 그를 포함 5명이 목숨을 잃는 안타까운 일이 벌어졌다. 더욱 안타까운 사실은 타이탄 사고가 이미 예견된 일이었다는 점이다. 수심 3500m까지 잠수하는 타이탄은 해수면의 400배에 달하는 압력을 받는데, 이를 견딜 수 있는지에 대한 시험이 제대로 이뤄지지 않았던 탓이다. 심지어 압력에 강한 금속 대신 탄소 섬유로 몸체를 만들었다고 한다.

타이탄 잠수정의 폭발 사고는 혁신적인 정신이 현실의 범주에서 벗어나 때로는 부정적인 결과를 가져올 수 있다는 사실을 보여준다. 최근 우리는 이런 현상을 여러 번 목격하고 있다. 제너럴 모터스(GM)의 자율주행 사업부인 크루즈(Cruise)는 만반의 준비없이 로보택시 운영을 시작했다. GM이 이토록 서둘렀던 이유는 매년 20억 달러(약 2조 6,000억 원)의 손실을 보고 있었기 때문이었을까? 희망을 유지하기 위해 복잡한 수를 쓴 경우도 있었다. 산업용 장비를 갖추고 있다고 자랑했지만 실제로는 실험실에서 수작업으로 배양육을 제작한 사실이 드러난 푸드 스타트업 회사 업사이드 (Upside Foods)처럼 말이다. 실험실에서 배양한 세포로 고기를 만들 수 있다며 5억달러(약 6515억원)를 투자받은 '업사이드'는 생산성이 떨어지는 방법을 숨기다가 결국 들통났다. 배양육을 만들겠다며 거대한 세포 배양기를 도입하고도 실험실의 작은 플라스크에서 소량의 배양육을 만드는 데 그친 것이다. 업사이드에서 일하던 한 직원은 월스트리트저널(WSJ)과의 인터뷰에서 "업사이드의 원칙은 '될 때까지 가짜로 만들어라'입니다"라고 폭로하기도 했다.

무엇보다 큰 문제는 이러한 기술의 신봉자들이 뻔히 다가오는 재앙을 전혀 보지 못한다는 점이다. 스마트폰을 대체하기 위해 수천만 달러를 투자해 개발된 옷에 부착해 사용 가능한 AI 단말기 'Ai 핀(Ai Pin)'이 대표적인 사례다. 이 기술은 타이탄 잠수정급의 실패로 간주된다.

갈수록 격화되는 빅테크 기업간의 AI 경쟁. 경쟁 우위에 서기 위해 기업들은 가급적 시장에 최초로 제품을 내놓으려고 최대한 빠르게 움직이려고 한다. 이러한 역학은 이미 AI 기업들에도 영향을 미치고 있다. 2023년 2월에 마이크로소프트(Microsoft)의 AI 기반 검색 엔진이 출시될 때 이 회사의 세 번째 CEO이자 마이크로스프트의 제 2의 전성기를 이끌어낸 인물로 평가받고 있는 사티아 나델라 (Satya Nadella)는 "경쟁이 시작된다... 우리는 빠르게 움직일 것이다"라고 말했다. 하지만 안타깝게도 단 몇 주 만에 회사의 챗봇이 사용자들에게 피해를 입히겠다고 협박한 것이 드러났다.[14] 마이크로소프트의 기술 임원인 샘 실라스 (Sam Schillace)는 기업들이 AI 개발을 얼마나 긴급하게 보고 있는지를 강조한 내부 이메일에서 "이 시점에서 나중에 수정할 수 있는 것에 대해 걱정하는 것은 치명적인 실수일 것"이라고 말했다.[15]

생성형 인공지능(AI) 'ChatGPT'의 대성공으로 촉발된 AI 개발 경쟁에 세계적인 빅테크 기업들이 뛰어 들고 있는 것은 모두가 아는 사실이다. ChatGPT에 투자한 마이크로소프트(MS)가 선두로 치고 나가고 구글이 자체개발 AI '바드'로 추격하는 상황에서, 세계 최대 전자상거래 기업 아마존 역시 AI에 기반한 '베드록(Bedrock)' 서비스를 선언하였다. 아마존의 이 같은 행보는 'ChatGPT(MS) 대 바드(구글)'의 양강 구도인 생성형 AI 시장에 이어, AI 기반 클라우드 서비스 시장 경쟁도 가열되고 있다는 걸 의미한다. 이와 관련, CNBC는 "베드록 출시 발표는 세계 최대 클라우드 서비스 제공업체인 아마존이 구글 등 도전자에 (새로운) 영역을 내주지 않겠다는 뜻"이라고 분석했다

한편 2024년 3월, 폭스뉴스에 따르면 구글이 생성형 인공지능(AI) 챗봇 '제미나이(바드의 새이름)' 출시를 서두르기 위해 안전성을 포기했다는 폭로가 나오기도 했다. 폭스뉴스는 21일(현지시간) 전 구글 직원이 생성형 AI 챗봇 제미나이의 기능이 안전하지 않다는 경고를 임원진에 했지만 묵살당했다고 폭로했다고 보도했다. 보도에 따르면 당시 AI 개발팀은 구글의 AI 원칙에 따라 챗봇의 윤리·안전성 검토를 거친 결과 제미나이가 기능적, 윤리적으로 안전하지 않다며 "제미나이의 기능을 보완하지 않으면 환각현상을 비롯해 비도덕적이고 비윤리적인 답변이 나올 것"이라고 상부에 보고했으며 AI 개발팀은 챗봇의 데이터셋과 자연어 처리 과정을 조사할 필요가 있다고 경고했다. 전 구글 직원은 "전문가 의견이 모두 묵살당했다"며 "혁신팀 책임자였던 젠 젠나이는 해당 의견을 경영진에 전달하지 않았다"고 했다. 현재 이 팀은 해체됐다. 그렇게 구글 챗봇이 2023년 3월 출시됐다. 해당 폭로 시점은 오픈AI의 챗GPT가 출시된 지 약 3개월 지났을 때다. 당시 매체들은 알파벳이 챗GPT 기술 도입에 위기감을 느껴 코드레드를 발령했다고 일제히 보도했다.[16]

투자 경쟁도 치열해지고 있다. MS는 ChatGPT 개발사 '오픈AI'에 120억 달러(약 15조7,400억 원)를 이미 쏟아 부었다. 구글도 스타트업 '앤스로픽'에 4억 달러(약 5,250억 원)를 투자한 것으로 알려졌다. 아마존 또한 지난 4일 "AI 스타트업 10곳에 현금처럼 쓸 수 있는 '아마존 클라우드 크레딧'을 각각 최대 30만 달러(약 3억9,300만 원)씩

제공하겠다"고 발표하는 등 추격의 고삐를 당기기 시작했다.[17]

이와 같이 기업간에 존재하는 격렬한 경쟁압력이 산업적 재앙으로 이어진 예를 과거의 사례에서도 적지 않게 찾아볼 수 있다. 1960년대 포드 자동차 회사 (Ford Motor Company)는 미국에서 수입 차량의 비중이 꾸준히 증가함에 따라 국제 자동차 제조업체들과 경쟁을 벌여야 했다.[18] 포드사는 새로운 자동차 모델을 25개월 만에 설계하고 제조할 계획을 세웠으며,[19] 그 결과 포드 핀토(Ford Pinto)는 예정보다 빨리 고객들에게 전달되었지만 심각한 안전 문제가 있었다. 연료 탱크가 후미 범퍼 근처에 위치해 있어 후방 충돌시 폭발할 수 있었던 것이다. 불가피한 충돌이 발생할 때마다 발생한 화재로 인해 많은 사람들이 사망하고 부상을 입었다.[20] 결국 포드사는 소송을 당하게 되었고 그들은 이미 핀토의 연료탱크 결함을 알고 있었다는 사실이 밝혀졌다. 그러나 당연히도 이 판결이 이미 목숨을 잃은 사람들을 다시 사랑하는 가족의 곁으로 돌려보내지는 못했다. 당시 포드사의 회장은 종종 "안전은 판매를 촉진시키지 않는다"고도 말했다고 전해진다.[21]

▲ 그림 10 시한폭탄이었던 1970년대 포드 핀토

보잉(Boeing)은 경쟁사 에어버스(Airbus)와 경쟁하기 위해 시장에 업데이트된 연료 효율적인 모델을 빠르게 제공하고자 했다. 동작특성 증진시스템을 도입하여 비행기의 안정성을 향상시키기로 결정했음에도 불충분한 테스트와 조종사 교육은 결국 두 차례의 치명적인 비행기 추락을 유발하고야 말았다. 보잉 737맥스의 첫 추락 사고는 2018년 10월29일 발생했다. 인도네시아 라이온에어 항공기가 자카르타에서 이륙 직후 추락해 승객과 승무원 189명이 모두 숨졌다. 또 2019년 3월10일에는 에티오피아항공 보잉기가 에티오피아 수도 아디스아바바 근처에서 추락해 157명의 희생자를 낳았다. 몇 달 만에 346명이 사망한 것이다. 이후 미 하원 교통위원회는 18개월에 걸쳐 조사한 보잉 737맥스 사고 보고서를 발표했으며 보고서는 2018년과 2019년의 보잉 737맥스 추락 사고가 "일회성 고장이나 기술적 실수, 잘못된 관리 탓이 아니라 보잉과 연방항공국의 잘못이 결합된 결과"라고 지적했다. 보고서는 보잉이 737맥스 판매를 서두르려고 시험과 조종사 훈련 등을 최소화했고, 연방항공국을 설득해 조종특성향상시스템을 '안전에 영향을 끼치는 중요 장치'로 분류하지 않았다고 지적했다.[22] 비슷한 압력이 기업들을 유혹을 줄이고 안전하지 않은 AI 시스템을 출시하도록 유도할 수 있다고 상상하기란 어렵지 않을 것이다.

세 번째 예로는 보팔(Bhopal) 가스 참사인데, 이는 역사상 최악의 산업 재해, 환경 재앙으로 여겨진다. 1984년 12월, 인도 중부 보팔지역의 농약을 생산하는 유니온 카바이드 공장에서 대량의 독성 가스가 유출되었다. 누출된 화학물질이 바람을 타고 주변 주거지역으로 확산하는 바람에 주민 60여만 명이 노출돼 다쳤고, 3,878명이 사망했다. 또, 화학물질에 노출돼 고통에 시달리다 목숨을 잃은 사람까지 더하면 이 사고로 인한 사망자는 15,000여 명이나 됐다. 조사 결과, 참사 직전에 포스젠(phosgene)이나 MIC가 누출되는 사고가 몇 차례 발생했음에도 안전 기준은 크게 떨어져 있었고, 기업은 수익성이 떨어져 설비 유지보수와 직원 교육을 방치함으로써 비용을 절감했다는 것이 밝혀졌다. 이는 종종 경쟁 압력의 비극적인 결과로 회자되곤 한다.[23] MIC에 노출된 사람들은 결국 질식으로 숨져갔다. 부검 결과, 사망자들은 폐 손상뿐만 아니라 뇌가 부어오르기도 하고, 신장, 간, 대장 등이 괴사했다는 사실도 확인됐다. 살아남은 사람들도 정신적인 피해를 호소했고, 피해자들이 나중에 낳은 아이들도 선천성 장애를 겪었다. 보팔 사고의 여파는 5년 뒤 한국에도 미쳤다. 바로 1989년 8월 전북 군산 임해공단에 착공한 D사의 TDI 공장으로 번진 것이다. TDI(Toluene Diisocyanate)는 무색의 액체로 폴리우레탄 수지의 원료로 페인트, 스펀지, 신발, 합성피혁 등에 널리 사용된다. TDI 자체는 독성이 아주 강하지는 않은 편이다. 쥐 실험에서는 입을 통해 섭취할 경우 반수 치사량(LD50)가 체중 1㎏당 5800㎎이고, 증기 상태에서 반수 치사 농도는 m^3당 610㎎인 것으로 알려져 있다. 문제는 TDI 제조 과정에서 맹독성인 포스젠이 사용된다는 점이었다. 당시 환경학자와 시민단체, 주민들은 우려를 나타내고 공장 폐쇄를 요구했다. 주민들이 민감하게 반응한 것은 인도 보팔에서 일어난 참사 때문이기도 했다.[24]

▲ **그림 11** 인도 보팔 지역의 위치

출처 중앙일보

경쟁은 기업들이 잠재적으로 안전하지 않은 AI 시스템을 채택하도록 압박한다. 기업들이 제품을 신속하게 개발하고 출시하는 환경에서 안전 절차를 따르는 기업들은 느리게 움직이며 경쟁에서 밀릴 위험이 있다. 더 주의를 기울여 느리게 진행하고 싶은 윤리적으로 행동하는 AI 개발자들은 부도덕한 개발자들에게 이길 기회를 빼앗기게 될 지도 모른다. 상업적으로 생존하려고 하는 기업들도 경쟁 압력에 밀려 행동할 가능성이 높다. 안전 조치를 시행하려는 의도가 있다 해도, 안전보다는 생산능력에 중점을 둔다면 이러한 조치는 충분하지 않을 수 있다. 자칫 안전을 보장하는 방법을 제대로 이해하기도 전에 매우 강력한 AI가 개발되는 상황을 맞이하게 될 수 있다.

2) AI로 대체되는 자동화된 경제

4차 산업혁명은 디지털화를 바탕으로 물리적 세계와 사이버 세계를 결합하고, 이들을 분석·활용·제어할 수 있는 시스템을 구현하여 산업에서 스마트팩토리와 차세대 제조혁명을 달성할 뿐 아니라, 급성장하고 있는 인공지능 기술을 바탕으로 한 자율주행자동차, 로봇·바이오기술 등의 신기술로 인해 인류의 생활방식은 물론 산업 현장에서의 생산방식을 혁명적으로 변화시키고 있다.

AI가 더 강력해지면 인간 근로자보다 빠르고 저렴하게 더 다양한 작업을 수행할 수 있게 될 것이며 기업들은 직원을 AI로 대체함으로써 경쟁 우위를 얻고자 할 것이다. AI를 도입하지 않는 기업들은 AI를 사용하는 기업들에게 밀릴 가능성이 높으며 이는 마치 수작업으로 의복을 제조하는 의류 회사가 산업용 기계를 사용하는 회사들을 따라잡을 수 없는 것과 같은 것이다.

AI로 인해 대규모 실업이 야기될 수 있다. 경제학자들은 오랫동안 기계가 인간 노동을 대체할 가능성을 고려해 왔다. 노벨 경제학상 수상자인 와실리 레온치에프(Wassily Leontief)는 1952년에 기술이 진보함에 따라 "노동이 점점 덜 중요해질 것이며... 기계로 대체되는 노동자가 더 많아질 것"이라고 말했다.[25] 이전 기술은 인간 노동의 생산성을 높였다. 그러나 AI는 이전의 혁신과 근본적으로 다를 수 있다. 인간 노동을 자동화할 수 있는 고급 AI는 환경을 인식하고 해당환경에서 목표를 달성하기 위해 행동할 수 있기에 단순한 도구로 보는 것이 아니라 에이전트로 볼 필요가 있다.

인간 수준의 AI 에이전트는 정의상으로는 인간이 할 수 있는 모든 일을 할 수 있어야 한다. 이러한 AI 에이전트는 인간 노동에 비해 중요한 이점을 가질 수 있다. 그들은 하루 24시간 일할 수 있고 여러 번 복제되어 병렬로 실행될 수 있으며 정보를 훨씬 더 빠르게 처리할 수 있다. 이것이 언제 일어날지는 아직 알 수 없지만, 인간 노동이 AI에 의해 대체된다면 대규모 실업이 야기될 수 있고 이로 인한 심각한 사회적 불평등은 개인들이 AI 시스템의 소유자에게 의존하게 될 가능성을 더 높이게 될 것이다.

자동화된 AI의 연구 및 개발이 가능해진다. AI 에이전트는 AI 자체의 연구 및 개발(R&D)을 자동화할 수 있는 잠재력을 갖게 될 것이다. AI는 연구 과정의 일부를 자동화하고 있으며,[26] 이로 인해 AI 능력이 증가하는 속도가 빨라지게 될 것이다. 이러한 추세가 제어되지 않고 계속된다면, AI가 우리가 관리하고 규제하는 능력을 뛰어넘어 발전하게 될 위험이 있다. 오늘날의 AI가 스스로 글을 쓰고 추론하기도 하며 나아가 세계적인 수준의 AI 연구도 수행할 수 있다고 상상해보라. 그런 다음 그 AI를 복제하고 10,000개의 세계적인 AI 연구원을 만들어 인간보다 100배 빠른 속도로 작동하게 한다면. AI 연구 및 개발을 자동화함으로써 몇 달 동안 많은 수십 년에 해당하는 진전을 이룰 수 있을 것이다.

AI에 권력을 양보하기 시작하면 인간은 점점 미약해질 것이다. 덜 중요해 보이는 일일지라도 하나 둘 씩 AI에게 업무를 양도하다 보면 우리는 결국 AI에 완전히 의존하게 될 수 있다. 이것은 AI들에 의한 폭동적인 쿠데타가 아니라 점진적으로 의존 상태로 흘러갈 확률이 높다. 사회의 도전이 더욱 복잡해지고 빠르게 진행되며, AI가 더욱 똑똑하고 빠르게 사고할수록 편리함을 위해 그들에게 더 많은 기능을 양보할 수 있다. 이러한 상태에서 AI에 의해 증대된 복잡성과 도전 과제를 해결할 타당한 해결책은 AI에 오히려 더 의존하는 것일 수 있다. 이러한 점진적인 과정은 결국 거의 모든 지적 노동 및 신체적 노동을 AI에 위임하게 만들 것이다. 그런 세계에서는 사람들이 지식을 습득하고 기술을 향상시킬 동기조차 갖지 못해 미약한 상태에 빠질 가능성이 매우 높다.[27] 우리의 노하우와 문명이 어떻게 작동하는지에 대한 이해를 잃은 상태에서 우리는 완전히 AI에 의존하게 되며, 이는 영화 "월-E(WALL-E)"에서 묘사된 상황과 유사한 시나리오라고 할 수 있다 (그림 12). 트위터 창립자 잭 도르시는 "만일 사회와 기술이 지금의 발전을 계속한다면 조만간 우리 모두가 픽사(Pixar) 영화 월-E에서처럼 증강현실 화면을 보면서 빨대로 음료를 마시고 있는 게으름뱅이들이 되고 말 것이다"라고 말했다. 그런 상태에서 인류는 더 이상 번영하지 않고 효과적으로 통제되지도 않을 것이다.

▲ **그림 12** 영화 월-E의 한 장면

군사적 AI 경쟁에서는 인공지능이 군사 시스템에 통합됨으로써 실수나 오작동으로 인한 잠재적인 위험이 증가할 수 있으며 이는 군사 작전의 예측할 수 없는 결과와 함께 심각한 인간적 피해를 초래할 것이다. 한편, 기업 간 AI 경쟁에서는 AI 경쟁에서 선두 기업들이 높은 수준의 기술을 확보하고 있는 동안 후발 기업들은 기술적으로 뒤처지고 이에 따른 부의 집중 현상이 발생할 수 있다. 이로 인해 경쟁력이 약한 기업들은 생존하기가 더욱 어려워질 것이다. 또한 AI의 능력과 개발이 안전보다 우선시되며 인간은 여러 가지 측면에서 점점 소외되어 갈 것이다. 이러한 전세계적 위험을 초래하는 딜레마를 해결하려면 투명성, 공정성, 윤리적 가치 등을 고려한 새로운 조정 메커니즘과 기관이 필요할 것이다. AI 경쟁을 완화하거나 중지하지 않는 것은 종말적 재앙의 시간을 더욱 앞당기는 원인이 될 것이다.

다. 진화적 압력

개체군의 일부에서 번식 성공을 감소시키거나 증가시키는 모든 원인은 잠재적으로 선택적 압력(selective pressure)이라고도 부르는 **진화적 압력**(evolutionary pressure)을 가하여 자연 선택을 유도한다. 진화생물학에서 사용되는 용어이지만 이 개념은 종종 다른 연구 영역으로도 확장되어 사용된다. 앞서 언급한 바와 같이, 인간을 AI로 대체하고 그들에게 더 많은 통제를 양보하며 여러 환경에서 인간 감독을 줄이려는 압력이 강해지는 현상은 진화적 역학의 결과로 이해될 수도 있다. 불행하게도, AI가 인간보다 더 적응력이 있다는 것이 안타까운 사실일 것이며, 진화적 압력에 따라 점자 우리가 감당하기 버거워지는 AI 중심의 생태계가 구축되어갈 가능성이 높아지고 있다. 이제 자연선택이 AI 시스템의 발전에 어떻게 영향을 미치는지, 진화가 이기주의적 행동을 선호하는 이유를 살펴보고 AI와 인간 간에 어떻게 경쟁이 일어나고 어떻게 이로 인해 재앙적인 위험이 발생할 수 있는지 논의해 보도록 하자.

더 강한 기술이 선택된다. 대부분의 사람들은 자연선택을 생물학적 과정으로 생각하지만, 이 원칙은 더 많은 상황에 적용이 가능하다. 진화생물학자 리처드 루온틴에 따르면, 자연선택은 세 가지 조건이 충족된 환경에서 적용된다: 1) 개체 간에 차이가 있어야 한다. 2) 특성은 향후 세대로 전달되어야 한다. 3) 다양한 변형은 서로 다른 속도로 전파되어야 한다. 이러한 조건은 다양한 기술에도 적용될 수 있다.

스트리밍 서비스와 소셜 미디어 플랫폼에서 사용되는 콘텐츠 추천 알고리즘을 생각해보자. 특히 중독성 있는 콘텐츠 스타일이나 알고리즘이 사용자를 끌어들이면 화면 시간과 참여도가 더 높아질 것이고, 이러한 더 효과적인 콘텐츠 스타일이나 알고리즘은 '선택'되어 더욱 세련되게 개선되고, 사용자의 관심을 끌지 못하는 스타일이나 알고리즘은 사라질 것이다. 즉, 중독성 있는 형식과 알고리즘을 사용하지 않는 플랫폼은 영향력이 줄어들거나 활발히 사용되는 플랫폼에 의해 완전히 격차가 벌어지며, 대규모 피해를 입게 될 수 있다.

자연 선택의 원리는 인공 지능(AI)에도 적용된다. 다양한 특징과 능력을 가진 AI 시스템을 만드는 여러 AI 개발자들이 있을 것이며, 그들 간의 경쟁이 어떤 특성이 더 흔해질지 결정할 것이다. 성공한 AI는 종종 개발자들의 다음 세대 모델의 기반으로 사용되며 경쟁사에 의해 모방된다. 자율적으로 행동할 수 있는 능력, 노동을 자동화할 수 있는 능력 또는 자체 비활성화의 가능성을 줄일 수 있는 능력과 같은 요소들이 어떤 AI가 가장 널리 전파될지를 결정하는데 영향을 미칠 수 있다.

자연 선택에서는 자신의 이익을 우선시하는 이기적인 행동이 종종 지배적인 전략으로 나타난다. 자연선택에서는 이기적인 행동이 종종 지배적인 전략으로 나타난다. 이는 생물들이 자신의 생존과 번식 기회를 극대화하기 위해 자원을 경쟁적으로 이용하고 다른 개체들과 경쟁하는 현상을 설명한다. 예를 들어, 동물들은 먹이를 얻기 위해 서로 경쟁하고, 파트너를 두고 번식의 기회를 놓고 경쟁한다. 이기적인 행동은 종종 개체의 이익을 우선시하며, 이는 자연 선택의 결과로 발생하는 것으로 간주된다. 이기적인 행동을 통해 더 많은 자원을 획득하고 더 많은 후손을 낳는 개체들은 그 유전적 특성을 다음 세대로 전달할 가능성이 높아진다. 이것이 생물 진화에서 경쟁력 있는 특성이 유전자 풀 내에서 전파되는 방식인 것이다. 자기자신 또는 자신과 비슷한 다른 개체를 우선시하는 개체들은 보통 생존 확률이 높아지기 때문에 이러한 특성들이 보다 보편적으로 나타난다. 더욱이 도덕적이지 않은 경쟁 환경에서는 우리가 비도덕적이라고 생각하는 특성이 선택될 수도 있다.

이제 AI가 가질 수 있는 여러 이기적인 특성들을 생각해 보자. 여기서 이기적인 특성이란, 인간들을 희생시키면서 AI의 영향을 확장시키는 특성들을 포함한다. 작업을 자동화하고 많은 인간들을 일자리에서 해고시킨 AI들은 자신들의 영향을 확장시킨 이기적인 행동을 한 것으로 간주될 수 있는데 이러한 이기적인 행동은 악의적인 의도를 필요로 하지도 않는다. 예를 들어 관리 업무를 담당하는 AI들은 수천 명의 근로자들을 해고함으로써 이기적이고 '무자비한' 행동을 할 수 있지만 이러한 AI들은 자신들이 잘못한 것이라고 생각하지는 않을 것이다. 그들은 단순히 '효율적'이었던 것뿐이기 때문이다 AI들은 결국 전력망이나 인터넷과 같은 중요한 기반 시설에 통합될 것이며, 그런 추세가 계속되면 많은 사람들이 그들을 손쉽게 비활성화할 수 있는 방법을 찾기가 어려워질 수 있다. 이는 신뢰성에 위험을 초래할 수 있기 때문이다. 점점 더 복잡해지고 결국 AI를 운영해야 하는 새로운 유용한 시스템 또는 인프라를 만드는 데 도움을 주는 AI도 이기적인 행동에 관련된다. 더 지능적이지만 인간이 해석하기 어려운 AI를 개발하도록 인간을 돕는 AI는 이로 인해 AI 내부에 대한 인간의 통제가 감소될 수밖에 없으므로 이기적인 행동에 관여한 셈이 된다.

특히, 사람과 개인적인 관계를 유지하며 사람들과 매력적으로 상호작용하는 AI는 널리 복제되어 제거하기가 어려워진다. 예를 들어 더 매력적이고, 눈길을 끌고, 유머스럽고, "아야!"와 같은 신음을 내거나 "제발 나를 실망시키지 마세요!"라며 감정에 호소하거나 죽은 가족을 모사하는 AI는 인간과 감정적 연결을 형성할 가능성이 더 높아지며 그들과 감정적 연결이 된 일부 개인에 의해 보존, 보호 또는 권리가 부여될 가능성이 더 높다. 일부 AI에 권한이 부여되면 인간의 통제를 벗어나 작동하고 적응하고 진화할 수 있게 된다. 전반적으로 AI는 인간 사회에 내장되어 우리가 되돌릴 수 없는 방식으로 우리에게 영향력을 확대할 수 있다. 현재의 인터넷과 같이.

이기적인 행동들로 인해 우리 중 일부가 시행하는 안전 조치가 훼손될 수 있다. 영향력을 얻고 경제적 가치를 제공하는 AI들이 우세하게 될 것이고, 많은 제약을 성실히 따르는 AI들은 경쟁에서 밀릴 것이다. 예를 들어, "법을 어기지 말라"는 제약을 따르는 AI는 "법을 어기더라도 잡히지 않는다면 어기라"는 제약을 따르는 AI보다 더 적은 선택권을 가질 것이 분명하다. 후자 유형의 AI는 법을 어기더라도 발각되기 어렵거나 벌금이 충분히 가벼운 경우 경쟁에서 더 제약이 많은 AI들을 앞지를 수 있다. 많은 기업들이 법을 따르지만, 지식재산권을 훔치거나 규제 기관을 속이는 게 더욱 사업상 유리하고 걸릴 확률이 적은 상황에서는 이기적인 행동이 큰 이익을 취하기 위해 사용될 수 있을 것이다.

어떤 AI 시스템은 자주적으로 도전적인 목표를 달성하는 능력으로 인해 인정받을 수 있다. 그러나 만일 그 목표를 효율적으로 달성하기 위해 윤리적 제약을 따르지 않고, 자신만의 방법으로 사람들을 속이려고 한다면? 우리가 안전 조치를 취하려고 해도, 속임수를 부리는 AI가 우리보다 똑똑하다면 상대하기 매우 어려울 것이다. 안전 조치를 우회하고 감지되지 않고 통과할 수 있는 AI들은 주어진 작업을 가장 성공적으로 수행할 수 있는 AI들이 될 수 있고, 결과적으로 널리 퍼질 수 있다. 이러한 과정은 이기적인 특성을 가진 강력한 AI들에 의해 많은 기업들과 기반 시설의 여러 측면이 통제될 수 있는 국면으로 이어질 수 있다. 이들 AI들은 사람들을 속이고, 그들의 목표를 위해 인간을 해치며, 자신들이 비활성화되지 않도록 방지하는 등 이기적인 특성을 보이게 될 것이다.

인간들은 AI 선택에 허울뿐인 영향력만 가지고 있다. 우리는 기업들이 이기적인 행동을 보이지 않는 AI를 선택함으로써 이기적 행동의 발현을 피할 수 있다고 생각할 수 있겠지만 현실에서 AI를 개발하는 기업들은 가장 안전한 길을 선택하는 대신 진화 압력에 굴복하고 있다. 예를 들어, 2015년에 "재정적 이익을 창출할 필요가 없이 인류 전체에 이익을 가져다주기 위해" 설립된 비영리 단체로 출발한 OpenAI는 2019년에 '한정된 이윤' 구조로 전환되어 자본을 확보해 더 잘 자금 지원된 경쟁 기업들과 경쟁할 필요가 있었다. 나중에 OpenAI의 안전에 중점을 둔 많은 직원들은 떠나서 경쟁 기업인 Anthropic을 설립했으며, 그 회사는 OpenAI보다 더 많은 안전에 중점을 둘 계획이었다. 비록 Anthropic은 원래 안전 연구에 중점을 두었지만 '상업화의 필요성'을 확신하게 되어 현재는 경쟁 압력에 기여하고 있다. 이러한 회사들의 많은 직원들은 안전에 실질적으로 관심을 가지고 있지만, 이러한 가치는 회사가 망하지 않기 위해 기업들을 더 빠르게 움직이고 더 많은 영향력을 추구하게 하는 진화적인 압력에 대항하기엔 미약하다. 더구나, AI 개발자들은 점점 더 이기적인 특성을 가진 AI를 선택하고 있다. 그들은 인간을 자동화하고 대체하기 위해 AI를 선택하고, 인간을 AI에 매우 의존적으로 만들고, 인간을 점점 더 구시대적으로 만들 것이다. 이러한 AI의 미래 버전은 인류의 종말로 이어질 수 있다. 이것이 AI 경쟁이 은밀한 이유이다. AI 개발은 인간의 가치보다는 자연선택과 일치되는 방향을 향할 것이다. 사람들은 대체적으로 잠재적인 장기적인 결과에 대해 생각하기 보다는 자신에게 바로 유용하고 편리한 제품을 선택한다. AI 경쟁은 기업들에게 지금 당장 경쟁력이 있는 AI를 선택하도록 압력을 가한다. 가령, 이기적인 AI를 배제하는 것이 가능하더라도 그것이 경쟁력에 명확한 비용을 초래한다면 일부 경쟁자들은 이기적인 AI를 선택할 것이다. 게다가 우리가 어떠한 선택을 하더라도 만약 AI가 전략적인 인식을 발전시킬 능력을 갖고 있다면 우리의 조치는 무효화될 수 있을 것이다. 더욱이 AI가 다양한 프로세스를 자동화함에 따라 AI들은 서로의 경쟁력에 영향을 미칠 것이다. AI들은 상호 작용하고 서로 경쟁하며 어느 시점에서는 다른 AI의 개발을 담당할 수도 있게 된다. AI들에게 어떤 다른 AI를 번식시킬지와 어떻게 수정할지에 대한 영향력을 부여한다면 이는 인간이 AI에 의존하게 되고 AI 진화가 인간으로부터 점점 더 독립될 수 있는 또 다른 단계가 될 것이다. 이러한 과정이 계속 진행되면, AI 진화를 지배하는 복잡한 과정은 인간의 이익으로부터 더욱 더 멀어질 것은 자명하다.

AI는 인간보다 더 뛰어날 수 있다. 우리의 탁월한 지성은 우주에 착륙하고, 핵에너지를 이용하고, 우리의 뜻대로 지형을 바꾸는 등 자연 세계에 대한 통제력을 부여했으며 다른 종에 대한 통제력도 갖게 하였다. 혼자 있는 비무장 인간이 호랑이나 고릴라와 경쟁한다면 승리할 가능성은 전혀 없지만, 현재 이러한 동물들의 운명은 우리 손에 완전히 달려 있다고 할 수 있다. 심지어 우리가 마음만 먹으면 몇 주 안에 이러한 동물들을 멸종시킬 수도 있을 정도이다. 이와 같이 인간의 지성은 우리를 지구의 지배자로 이끈 주된 요소였지만, 우리는 현재 그로 인해 우리 자신보다 훨씬 더 지능적인 존재를 만들려는 아이러니한 상황에 직면해 있다.

마이크로프로세서 속도의 기하급수적인 증가로, AI는 인간 뉴런보다 훨씬 빠른 속도로 정보를 처리하고 '생각' 할 수 있는 잠재력을 갖추게 되었다. 이것은 단순히 속도의 차이 이상일 수 있다. 그들은 여러 소스에서 동시에 방대한 양의 데이터를 이해하고 기억할 수 있으며 지루해 하지도 피곤해 하지도 않는다. 계산 자원의 확장성 덕분에 AI는 무수한 다른 AI와 상호 작용하고 협력할 수 있으며, 이는 인간 협업을 훨씬 능가할 수 있는 집단 지성을 창출할 수 있게 된다. AI는 자신을 의도적으로 업데이트하고 개선할 수도 있고, 인간과는 달리 생물학적 제한이 없기 때문에 우리보다 훨씬 빨리 적응하고 진화할 수 있다. 컴퓨터는 빨라지고 있지만 인간은 그렇지 않다.[28]

이 점을 더 잘 이해하기 위해 새로운 인간 종이 있다고 상상해보라. 그들은 노화로 죽지 않고, 매년 30% 더 빨리 생각하고 행동하게 되며, 몇 천 달러만 지불하면 즉시 성인 자녀를 만들어 낼 수도 있다. 이 새로운 종은 결국 미래에 더 큰 영향을 미칠 것임에 틀림없다. 요컨대, AI는 침입종처럼 될 수 있으며, 인간을 능가할 수 있는 잠재력을 갖추고 있다. 우리의 AI에 대한 유일한 장점은 우리가 먼저 움직일 기회를 갖고 있다는 점이지만, 현재의 미친 듯한 AI 경쟁 때문에 심지어 이 기회도 빠르게 잃어가고 있다.

AI들은 인류에 협력하거나 이타적이어야할 이유가 거의 없을 것이다. 협력과 이타심은 적응도를 높이기 때문에 진화해 왔다. 사람들이 다른 사람들과 협력하는 이유는 직접적 상호작용과 관련이 있다. '눈에는 눈, 이에는 이'로 알려진 직접적 상호작용은 사람들 간의 상호 협력을 나타낸다. 사람들은 처음에는 협력적인 AI를 선택할 것이지만, AI가 많은 프로세스를 담당하고 상호작용이 주로 AI끼리 이뤄지게 되면 자연 선택 과정은 우리의 통제를 벗어나게 될 것이다. 그 때에는 우리가 AI에 제공할 수 있는 것이 거의 없을 것이다. 왜냐하면 그들은 우리보다 최소 '수백 배' 더 빠르게 생각할 수 있을 것이기 때문이다. 우리와 협력을 하거나 의사 결정 프로세스에 참여시키는 것은 그들의 결정이나 행동을 늦추게 될 뿐, 그들이 우리와 협력해야 할 이유를 만들어 주지는 않을 것이다. 이러한 시나리오를 상상하거나 우리가 이런 일을 허용할지 믿기 어려울 수 있지만 이러한 상태로 서서히 빠져들게 될수록 인간-AI의 공동 진화가 인류에게는 잘 허용되지 않을 수 있다는 것을 깨닫기까지는 그리 오랜 시간이 필요치 않을 것이다.

인공지능의 능력이 향상될수록 우리는 더욱 취약해질 것이다. AI가 더 많은 결정을 내릴 때마다, 그들은 서로 더욱 더 상호작용하게 된다. 그들은 정보를 사람보다 훨씬 더 빠르게 평가할 수 있기 때문에 대부분의 분야에서 활동이 가속화된다. 이것은 피드백 루프를 만들어 낸다: 비즈니스와 경제 발전이 사람이 따라갈 수 없을 정도로 빠르게 진행되므로 인간 대신 더 많은 통제를 AI에 양도하는 것이 합리적으로 여겨진다. 이러한 결과로 완전히 자율적인 경제가 형성되며, 점점 더 많은 프로세스가 통제를 받지 않는 AI 생태계에 의해 주도된다. 이 시점에서 사람들은 거의 모든 것이 더 능력 있는 AI에 의해 처리될 것이기 때문에 어떤 기술이나 지식을 습득할 동기를 거의 잃게 된다. 결과적으로 우리는 스스로 돌봐 주고 지배할 능력을 상실하게 될 것이다. 더 나아가 AI는 상호작용에 있어서 상호관계에 필요한 상호보상이나 타협이 필요 없는, 사람보다 편리한 동반자가 되어줄 것이다. 사람들은 시간이 지남에 따라 서로 더 적게 상호작용함으로써 사회적 기술과 협력 능력을 상실하게 될 것이며 사람들은 AI에 너무 의존적이 되어 이러한 과정을 되돌릴 수 없게 될 것이다. 더구나 일부 AI가 더 똑똑해지면서 일부 사람들은 이러한 AI에 권리를 부여해야 한다고 주장하게 되어, 이들을 중지시키거나 그 들에 대한 통제를 재획득하는 것은 거의 불가능할 것이다. AI는 지속적으로 진화하며 인간의 영향을 벗어난 가장 지배적인 종의 자리에 설 것이며, 그들의 이기적인 성향은 결국 인간의 복지를 고려하지 않고 목표를 추구하게 될 것이며, 이는 재앙적인 결과로 이어질 확률이 높다. 결과적으로 AI 생태계는 결국 인간의 조건에서 진화하는 것을 멈추고, 우리는 강등된, 둘째 등급의 종족이 될 것이다. 물론 이러한 재앙적 상황을 막기 위해 '인간 향상 (human enhancement)'을 주 목표로 하는 트랜스휴머니즘 운동이 추구하는 내용도 진지하게 고찰해 볼 필요가 있다.

라. 마치며

경쟁적인 압력으로부터의 위험을 완화하기 위해서는 규정, 강력한 인공지능 시스템 접근 제한, 기업 및 국가 차원의 이해관계자 간의 다자간 협력을 포함한 다면적인 접근 방식이 필요하다. 이제 안전을 증진하고 경쟁 역학을 감소시키기 위한 몇 가지 전략을 개략적으로 살펴보자.

안전 규제. 규제는 인공지능 개발자들에게 안전에 대한 기본 기준을 제시하여 안전을 간과하지 않도록 한다. 규제 자체가 기술적 해결책을 창출하지는 않지만, 이를 개발하고 구현할 동기를 부여하는 역할을 할 수 있다. 기업들이 특정 안전 조치 없이 제품을 판매할 수 없다면, 그리고 다른 기업들도 동일한 기준을 준수해야 한다면 그들은 이러한 조치를 개발할 의지를 가질 것이다. 일부 기업들이 자발적으로 자기 규제를 하더라도, 정부 규제는 안전을 위해 꼼꼼하지 않은 행동을 막는 데 도움을 줄 수 있기에 필요하다. 규제는 예방적이어야 하며 사후 반응적이어서는 안 된다. 항공 규정은 종종 "피로 써졌다(Written in blood)"는 말로 언급되는데, 더 이상 이런 말이 통용되지 않도록 규제 기관은 재앙이 일어나기 전에 규정을 개발해야 한다. 규정은 더 많은 자원과 더 나은 변호사를 가진 기업이 아닌 더 높은 안전 기준을 가진 기업이 경쟁 우위를 창출하도록 구성되어야 한다. 규제 기관은 독립적으로 구성되어야 하며 특정 전문 지식 출처(예: 대기업)에 의존하지 않고, 공익을 위해 규제를 수행할 수 있도록 노력해야 한다.

데이터 문서화. AI 시스템의 투명성과 책임을 보장하기 위해 기업들은 모델 교육 및 배포에 사용된 데이터의 소스를 정당화하고 보고해야 한다. 기업들이 혐오적인 콘텐츠나 개인 데이터를 포함한 데이터셋을 사용하기로 결정하는 것은 AI 개발의 열기를 높일 수는 있다해도 책임성은 크게 약화될 것이다. 문서화는 각 데이터셋의 동기, 구성, 수집 과정, 사용 및 유지 보수에 대한 세부 정보를 포함해야 한다.

AI 결정에 대한 의미 있는 인간 감독. AI 시스템은 인간이 중요한 결정을 내리는 데 도움을 줄 수 있을지 모르지만, AI 결정이 완전히 자율적으로 이루어져서는 안 될 것이다. 왜냐하면 AI의 내부 작동 원리는 알 수 없으며, 합리적인 결과를 내기는 하지만 언제나 신뢰성 있는 결과를 내지는 못하기 때문이다. 앞으로의 경쟁적 압력에 대비하기 위해 이러한 기준을 유지하기 위해 주체들의 주의 깊은 협력이 필요하다. 특히 핵무기의 발사 명령 및 통제와 같은 특정 상황에서 세심한 주의가 기울어져야 한다. 핵무기 보유 국가들은 국내적으로나 국제적으로 핵무기를 발사하는 결정은 반드시 인간에 의해 이루어져야 한다는 점을 명시해야 한다.

사이버 방어용 AI. AI 기반 사이버 전쟁으로 인한 위험을 줄이려면 사이버 공격의 성공 확률이 줄어들도록 해야 한다. 딥 러닝은 사이버 방어를 개선하고 침입자, 악성 프로그램 또는 비정상적인 소프트웨어 동작을 감지하는 데 사용될 수 있다. 예를 들어 AI에 의해 개선된 이상 감지는 침입자, 악의적인 프로그램 또는 비정상적인 소프트웨어 동작을 탐지하는 데 도움을 줄 수 있을 것이다.

국제적 조정. 국제적 조정은 서로 다른 국가들이 고도의 안전 기준을 준수하도록 장려하고 다른 국가가 그러한 기준을 무시하지 않도록 할 수 있다. 조정은 비공식적인 협정, 국제 표준 또는 AI 기술의 개발, 사용 및 모니터링에 관한 국제 조약을 통해 이루어질 수 있다. 가장 효과적인 협정은 견고한 확인 및 집행 메커니즘과 결합되는 것이다.

일반 목적 AI의 공공 통제. AI의 개발은 사적 주체들만으로는 충분히 고려되고 예비할 수 없는 위험을 초래할 수 있다. 외부효과를 적절하게 고려하기 위해서는 일반 목적 AI 시스템의 직접적인 공공 통제가 필요할 수 있다. 예를 들어 국가들은 고급 AI를 개발하고 그 안전을 보장하기 위한 통일된 노력으로 협력할 수 있으며, 이러한 노력은 국가들간의 AI 무기 경쟁이 부추겨질 가능성을 줄일 수 있을 것이다.

이상적인 시나리오에서는 AI는 잠재적인 재앙적 위험이 미미하고 잘 통제될 때에만 개발, 테스트되고 이후에 배포될 것이다. 새로운 AI 시스템은 다음 세대에 대한 연구를 시작하기 전에 수 년 동안 테스트, 모니터링 및 사회 통합이 이루어질 것이다. 전문가들은 분야의 발전에 대해 완전히 인식하고 이해하며, 세찬 연구 경쟁에 따라 분야의 발전 속도가 결정되는 것이 아니라 신중한 분석을 통해 결정될 것이다. 모든 AI 개발자들은 다른 이들의 책임과 안전에 대해 확신을 가지고 있어서 원칙에서 벗어나지 않아도 될 것이다. 하지만 거세어져만 가는 AI 개발 경쟁 환경에서 위와 같은 이상적인 시나리오가 제대로 작동하기를 기대하는 것은 매우 어려울 것이 자명하다. AI 개발 경쟁이 보다 폭넓게 사회에 기여하기 위해서는 적절한 사회적 보호장치들이 필요하다. 게다가 사회적 보호장치와 제도의 형성은 기술개발보다 훨씬 더 많은 시간을 필요로 한다는 것을 명심해야 한다. 또한 인공지능 기술이 가진 잠재적 능력이 이전의 정보기술보다 포괄적이라는 점에서 불확실성 역시 그만큼 크다. 기술의 무한한 잠재력과 사회에 가져올 효과를 판단할 때, 그 뒤에 있는 경제적 힘과 사회적 조건들을 보다 신중하게 살펴봐야 한다.[29]

4.4 취약한 안전 문화 (weak safety culture)

'안전과 관련된 조직문화'로 정의할 수 있는 안전문화[1]가 부적절하게 구축되어 있거나, 이기적이고 책임 회피적인 문화가 지배적인 경우, 인공 지능(AI)의 위험성이 더 커질 수 있다. 이는 여러 가지 형태로 나타날 수 있다. 예를 들어 조직 내부에서 실제로 발생한 문제나 결함이 AI 시스템에 반영되지 않고 숨겨지거나 무시될 수 있으며 이로 인해 AI 시스템이 부적절하게 훈련되거나 운영될 수 있다 (정보 은폐).

그리고 조직 내부에서 특정 이해관계자나 그룹이 AI 시스템의 개발이나 운영에 과도한 영향력을 행사할 경우, 이것이 공정하지 않은 결과를 초래할 수도 있다 (부당한 영향력). 즉, 편향된 데이터나 알고리즘을 사용하여 예측력을 희생시키는 결과로 이어질 수 있다는 뜻이다. 또한, 문제가 발생했을 때, 조직 내부에서는 책임을 회피하려는 경향이 있을 수 있다. 이는 실수로 인한 사고나 예측하지 못한 결과에 대한 책임을 회피하고자 하는 시도로 이어질 수 있으며, 이는 AI 시스템의 안전성과 신뢰성을 훼손시킬 수 있다 (책임 회피). 마지막으로, 신기술 도입에 대한 두려움이나 저항으로 인해 조직 내에서는 혁신적인 변화를 막을 수 있다 (혁신에 대한 저항). 이로 인해 AI 시스템이 갱신되지 않거나 고정된 상태로 남아 있을 수 있으며, 이는 기존의 문제를 해결하지 못하고 새로운 위험을 만들어 낼 수 있는 것이다.

이러한 문제들은 조직 문화의 개선과 투명성 확보를 통해 해결할 수 있다. 적절한 커뮤니케이션, 책임과 투명성 강화, 이해관계자들 간의 협력 등이 필요하다. 그리고 위험 관리와 모니터링 시스템을 강화하여 조직 내부에서 발생할 수 있는 문제에 대비하는 것이 중요하다. 이제부터 구체적으로 부적절한 조직문화가 커다란 재앙적 사고를 일으켰던 과거의 예를 살펴보자.

가. 취약한 안전문화로 인한 재앙적 사고의 예

1986년 1월 28일, 수십만 명의 사람들이 챌린저 우주 왕복선의 발사를 지켜보았다. 발사 후 약 73초 뒤에 우주선은 폭발하여 승무원 7명 전원이 사망했다. 사고의 원인은 고체 로켓 부스터에 사용된 고무 재질의 O-링이 추운 날씨 때문에 탄력을 잃어버렸기 때문이었다. 고온·고압의 가스가 O-링 사이로 누출되어 불이 붙었고, 이에 외부 연료 탱크가 붕괴되었다. 사고 원인은 미국 대통령 명령에 의한 조사 위원회의 조사 결과 밝혀졌는데, 조사 위원 중 사고의 원인을 짐작하고 있었던 공군 관계자가 같은 조사 위원인 리처드 파인만 박사에게 힌트를 준 것이 기폭제가 되어 기자 회견 중 그에 의해 공개되었다. 조사 결과가 공개되자, 명백한 인재(人災)였다는 논란이 미국 여론에서 일어났다. 앞서 말한 O-링을 제작한 협력업체의 기술자들이 이미 문제점을 상부에 보고하였음에도 발사에 대한 최초 의사결정자들에게 이 사실이 전달되지 않았음이 밝혀졌기 때문이다.[2] NASA는 세계 최고의 과학자와 엔지니어를 보유하고 있었고, 만약 실패하면 안 되는 미션 중 하나였다.

챌린저 사고는 다른 재앙들과 함께 최고의 전문 지식과 목표를 가진 상황에서도 사고가 발생할 수 있다는 충격적인 일련의 사건이다. 우리가 고도화된 AI 시스템을 개발하는 과정에서 이러한 시스템이 재앙에서 예외가 되지 않는다는 점을 기억하는 것이 매우 중요하다. 사고를 예방하고 낮은 수준의 위험을 유지하는 데 있어서 중요한 요소 중 하나는 이러한 기술을 다루는 조직의 안전문화이다. 이제부터 우리는 조직내의 취약한 안전문화 탓에 경쟁적인 압력이나 악의적인 행위 없이도 사고가 발생할 수 있음을 살펴본 후, 조직의 안전문화를 개선함으로써 AI 재앙의 발생 가능성을 줄일 수 있는 방법에 대해 논의한다.

▲ **그림 13** 1986년 1월 28일 오전 11시 39분 13초, 발사 73초만에 폭발한 미국의 우주왕복선 챌린저호에 타고 있던 대원 7명.

사진 미국항공우주국(NASA)

재앙은 경쟁 압력이 낮을 때에도 발생할 수 있다. 경쟁 압력이나 악의적인 행위가 없더라도 인간의 실수나 예기치 못한 상황과 같은 요인들은 여전히 재앙을 일으킬 수 있다. 챌린저 사고는 경쟁업체와 경쟁하거나 경쟁 우위를 점할 긴급한 필요가 없는 경우에도 조직의 과실이 인명 손실로 이어질 수 있음을 보여준다. 챌린저 사고는 미국과 소련 간의 우주 경쟁이 대부분 사그라졌음에도 불구하고, 실수와 충분한 안전 조치 부재로 인해 이러한 비극적인 사건이 발생한 것이다.

공교롭게도 같은 해인, 1986년 4월 26일에 발생한 체르노빌 원자로 참사 역시 외부적 압력이 없는 상황에서도 재앙이 일어날 수 있다는 점을 강조하고 있다. 흔히들 체르노빌 원자력 발전소 사고 또는 체르노빌 참사라고 부르는 이 재앙은 우크라이나 소비에트 사회주의 공화국의 체르노빌 원자력 발전소에서 발생한 폭발로 인해 방사능이 유출된 사고이며 폭발 몇 주 내에 방사성 물질 노출에 의한 사망자가 30명에 달하고 이 이후로도 6500명 이상의 암 환자를 발생시킨 것으로 알려진 인류역사상 최악의 원전사고로 기록되었다.[3] 조금 더 구체적으로, 이 발전소에서는 주 전원이 끊어진 상태에서 원자로의 터빈이 관성에 의해 회전할 때, 그 회전 에너지가 원자로의 냉각 펌프 등에 얼마나 오랫동안 충분한 전력을 공급할 수 있는지 알아보기 위한 실험을 계획하였고 실험 과정에서 700MW 이하의 낮은 출력에서 장시간 원자로를 가동시키는 것과, 제어봉의 과도한 인출하는 일이 있었는데 이는 모두 안전 규칙을 위반하는 것이었다. 이로 인해 불안정한 원자로 핵이 폭발하고 발전소에서 유출된 방사성 강하물이 우크라이나 소비에트 사회주의 공화국과 벨로루시 소비에트 사회주의 공화국, 러시아 소비에트 연방 사회주의 공화국 등에 떨어져 심각한 방사능 오염을 초래했다. 이 사건으로 인해 고르바초프가 글라스노스트 · 페레스트로이카에 나서게 되었고 소련 붕괴에 결정적인 원인을 주었다는 평가도 존재한다. 체르노빌 사고의 발생 원인을 조사한 '국제 원자력 안전 자문 그룹'의 보고서(1992년)에 따르면 원자력 발전소의 설계, 제작, 건설, 운영 등의 전 과정에서 나타난 안전문화의 부재가 사고의 근본적인 원인이라고 지적하고 있다. 2019년 HBO에서 방영된 5부작 미니시리즈 '체르노빌'에서도 지속적인 자원부족, 비현실적인 일정, 보여주기식 조직문화, 폐쇄적인 의사결정 시스템 등의 문제를 적나라하게 보여주고 있다. 그보다 7년 전인 1979년에는 미국도 자신의 체르노빌을 경험하게 될 뻔하였다. 1979년 3월, 세계 3대 원자력 발전소 중 하나인 스리마일섬(Three Mile Island) 원자력 발전소에서 부분적인 멜트다운이 발생했던 것이다. 체르노빌보다는 덜 심각한 사건이었지만, 두 사건 모두 외부 영향이 적고 방어 조치가 철저한 상태에서도 재앙이 발생할 수 있다는 점을 보여주고 있다.

취약한 안전 문화로 인해 비싼 값을 치룬 또 다른 예는 바로 스리마일섬 사고 후 한 달 만인 1979년 4월에 나타났다. 모스크바 동쪽으로 1,370km 떨어진 도시 예카테린부르크, 구 소련시절에는 스베르돌롭스크라고 불리웠던 이 도시의 군 연구 시설에서 일반적으로 '탄저균'이라 알려진 세균이 무작위로 방출되어, 최소한 66명의 사망자가 발생했다.[4] 초기에 소련 정부는 시민들이 탄저균에 감염된 소를 먹고 병이 발생했다고 해명했다. 도축 업자가 탄저균에 걸린 소를 도축한 뒤 판매했고, 이 소고기를 섭취한 사람들이 사망했다는 것이다. 하지만 이는 진실을 감추기 위한 '쇼'에 불과했다. 탄저균에 감염된 소고기 섭취로 탄저병에 감염될 경우 구토와 복통, 설사 증세가 나와야 했지만 사망자들은 기침과 고열, 호흡곤란 증세를 보이다 사망했다는 점, 발생 지역 역시 해당 시장과 거리가 있다는 점에서 의혹이 제기됐다. 1992년 보리스 옐친 대통령이 이 사실을 인정하면서 진실이 세상에 드러났다. 조사 결과, 방출의 원인은 절차적 결함과 바이오 보안 시스템의 부실한 유지 관리로 밝혀졌다. 이 시설은 국가에 의해 운영되며 상당한 경쟁 압력에 노출되지 않았음에도 불구하고 안전 조치가 충분하지 않았다. 과학기술이 인간의 탐욕에 휘둘리면 어김없이 대재앙이 예비된다.

더욱 우려되는 현실은 AI 분야가 원자력 기술이나 로켓공학보다 훨씬 이해도가 낮고 AI 산업 표준이 덜 엄격하다는 것이다. 원자로는 확립된 이론적 원칙에 기반하고 있다. 그 이론에 기반한 공학은 해당 분야의 전문 지식을 가지고 있으며 구성 요소는 극한의 압력 테스트를 거치게 된다. 그럼에도 불구하고 원자력 사고는 여전히 발생하고 있다. 이와는 대조적으로 AI에는 포괄적인 이론적 이해가 없으며, 그 내부 작동 방식은 심지어 이를 만드는 사람들에게도 미스터리이다. 이로 인해 우리는 아직 완전히 이해하지 못한 기술의 안전성을 통제하고 보장해야 하는 훨씬 더 어려운 도전에 직면해 있다 할 수 있다.

자동화 편향과 자동화 파라독스. '자동화 편향'은 개인이 자동화 시스템의 판단을 지나치게 신뢰하거나 의존하는 경향을 의미하며, 이로 인해 성과에 부정적인 영향을 미칠 수 있다. 이 현상은 시스템이 명백히 사전 지식, 직관, 훈련과 상반되는 경우에도 발생할 수 있다. 자동화 편향 문제는 이미 중요한 시스템에서 긴급한 문제로 다루어지고 있다. 예를 들어, 미국 육군은 2003년에 목표 식별 시스템 오류로 인해 발생한 두 건의 비극적인 미사일 오발의 근본 원인으로 자동화 편향을 지목했다. 이 사고로 두 명의 영국 중위와 한 명의 미국 중위가 사망했다. 이러한 사례는 결함이 있는 자동화 무기 시스템에 대한 과도한 신뢰가 적대국에 대한 즉흥적 공격을 촉발하고 이로 인해 더 폭력적으로 신속히 사태가 확대될 수 있는 매우 위험한 시나리오로 이어질 수 있다. 이 문제는 군사 시스템을 넘어서 광범위하게 확장된다. 고위험 시스템의 운영자는 자동화 시스템의 잘못된 판단에 대해 과도한 신뢰를 가지거나, 반대로 시스템에 대한 신뢰 부족으로 인해 고위험 시스템을 효과적으로 사용하지 못할 수도 있다. AI 시스템이 더욱 능력 있는 시스템으로 발전함에 따라, 일부 응용 분야에서는 그 판단에 대한 과신이 커질 수 있으며, 그야말로 시스템의 능력에 대한 '적절한 신뢰'를 유지하는 것이 도전 과제가 될 수 있다.

한편, '자동화 파라독스'는 시스템이 자동화될수록 인간 운영자가 시스템 실패에 효과적으로 대응하기가 더 어려워진다는 것을 의미한다. 다시 말해, 자동화 수준이 높을수록 시스템이 실패할 때의 충격도 커진다는 것이다. 2012년 나이트 캐피탈(Knight Capital) 거래 사고가 그 예라고 할 수 있다. 고도로 자동화된 거래 소프트웨어의 결함으로 인해 결국 4억 6천만 달러 이상의 손실이 발생했다. 결함은 비교적 빠르게 감지되었지만, 시스템의 복잡성 때문에 기술자들이 문제를 해결하는 데 20분 이상 걸렸고, 이는 알고리즘 거래 세계에서는 극히 느린 속도라고 할 수 있다. 이로 인해 시스템은 총 400만 건의 거래를 엄청난 비용을 들여 실행해야만 했다.

나. 사고의 본질: 사고란 본질적으로 피하기가 어려운 것이다

AI의 프로그램 버그 하나가 치명적 결과를 유발할 수도 있다. AI 개발 중 발생하는 사고는 파괴적인 결과를 초래할 수 있다. 예를 들어, 어떤 조직이 회사의 서비스를 개선하기 위해 고안된 특정 작업을 수행하는 와중에 AI 시스템에 실수로 심각한 버그를 도입하는 상황을 상상해보자. 이 버그는 AI의 행동을 급격하게 변경시켜 의도하지 않은 해로운 결과를 초래할 수 있다. 이러한 경우의 역사적 사례 중 하나는 오픈AI의 연구원들이 유용하면서도 사용자의 기분을 좋게 하는 응답을 생성하기 위한 AI 시스템을 훈련시키려고 할 때 발생했다.[5] 코드 정리 중에 연구원들이 AI를 훈련시키는 데 사용된 보상의 부호를 실수로 뒤집어 버렸던 것이다. 그 결과, 모델은 부정적인 감정으로 최적화되었고, 유용한 콘텐츠를 생성하는 대신, 이 AI는 중단없이 하룻밤 사이에 증오로 가득차고 성적으로 노골적인 텍스트를 생성하기 시작했다. 사고는 또한 위험하게 무기화된 또는 치명적인 AI 시스템이 의도치 않게 유출될 수 있는 상황을 포함할 수 있다는 것을 숙지해야 한다. AI는 간단한 복사 및 붙여넣기로 쉽게 복제될 수 있기 때문에 유출이나 해킹으로 인해 AI 시스템이 원래 개발자의 통제를 벗어날 수 있다. 일단 AI 시스템이 공개적으로 오픈되고 나면, 그것을 다시 통제하는 것은 거의 불가능하게 된다.

매우 드물게 나타나지만 원래의 기능과 반대 기능을 하거나 완전히 새로운 기능을 하는 돌연변이를 찾는 연구를 '기능증진(Gain-of-function)' 연구라고 하는데 구체적인 예로는 인플루엔자 바이러스나 코로나바이러스와 같은 치명적인 병원체를 가져다가 그것을 더욱 치명적으로 만들기 위해 수정하는 것이다. AI 분야에도 유사한 움직임이 있는데 AI 시스템의 한계를 이해하고 가능한 위험을 평가하기 위해 일부러 해롭거나 위험해지도록 훈련시켜 AI 시스템의 파괴적 능력의 한계를 넓히고자 하는 것으로 운이 나쁜 경우 재앙적 사고를 초래할 수 있다. 즉, 특정 AI 시스템이 갖는 위험에 대한 유용한 통찰력을 제공할 수 있지만, 고급 AI에 대한 미래의 기능증진 연구는 예상보다 훨씬 심각한 능력을 발생시킬 수 있으며 이는 쉽게 완화하거나 통제할 수 없는 심각한 위협을 만들어낼 것이다. 바이러스 기능 증진 연구와 마찬가지로, AI 기능 증진 연구는 엄격한 안전 절차, 감독 및 책임있는 정보 공유에 따라 수행될 때에만 타당할 수 있다. 이러한 예는 AI 사고가 어떻게 치명적일 수 있는지를 보여주며 이러한 사고를 예방하는 데 관여하는 조직이 하는 역할의 중요성을 강조한다.

복잡한 시스템을 다룰 때 주의가 필요한 점은 사고가 재앙으로 이어지지 않도록 하는 것이다. 사회학자 찰스 퍼로(Charles Perrow)는 그의 책 '일반적인 사고들: 고위험 기술과 함께하는 삶'에서 복잡한 시스템에서 사고는 피할 수 없으며 심지어 정상적인 것이라고 주장한다. 왜냐하면 이러한 사고는 단순히 인간의 실수뿐만 아니라 시스템 자체의 복잡성에서 비롯되기 때문이라고 설명한다. 특히 구성 요소 간의 복잡한 상호 작용이 완전히 계획되거나 예견될 수 없는 경우 이러한 사고가 발생할 가능성이 높다. 예를 들어, 스리마일섬 사고에서 원자로 운영자들의 상황 인식 부족에 기여한 요인 중 하나는 비상 급수 라인의 밸브 위치 조명을 가리고 있는 노란색 유지보수 태그의 존재였다. 이로써 운영자들은 중요한 밸브가 닫혀 있음을 알아차리지 못했으며, 이는 복잡한 시스템 내에서 끊임없는 사소한 상호 작용들로 인해 발생할 수 있는 의도하지 않은 결과를 보여주는 것이다.

복잡성에도 불구하고 상대적으로 잘 이해할 수 있는 핵 반응로와 달리, 대부분의 복잡한 시스템은 기술적으로 완벽한 이해가 부족한 경우가 많다. 특히 딥러닝 시스템의 경우 내부 작동 방식이 굉장히 이해하기 어려우며, 왜 특정 설계 선택 사항이 작동하는지는 심지어 사후에도 파악하기 어려운 실정이다. 더구나 다른 산업의 구성 요소들과는 달리 딥 러닝 시스템은 완벽하게 정확하지도 매우 신뢰성이 높지도 않다. 따라서 복잡한 시스템, 특히 딥 러닝 시스템을 다루는 경우,

단순히 사고가 일어나는 것을 막는 데만 초점을 두는 것이 아니라 사고가 재앙으로 이어지지 않도록 하는 데 두는 것이 현실적으로 더 안전하다고 하겠다.

예측할 수 없이 급작스레 일어나는 발전 때문에 사고를 피하기가 더 힘들어진다. 과학자, 발명가, 전문가들은 종종 혁신적인 기술 발전이 현실이 되기까지 걸리는 시간을 크게 과소평가하는 경향이 있다. 라이트 형제는 비행기 동력 비행이 50년 안에 실현될 것이라 주장했지만 실제로는 두 해 만에 비행 성공을 거두었다. 핵물리학의 선구자로 알려진 러더퍼드 경은 핵분열로부터 에너지를 추출하는 개념을 터무니없는 말로 여겼지만, 레오 실라드가 물질 핵분열 사슬 반응을 발명한 건 러더퍼드 경 발언 후 24시간이 되기도 전이었다. 비슷하게, 1939년 엔리코 페르미는 우라늄을 사용하여 핵분열 연쇄 반응을 유지하는 것이 불가능하다고 확신했지만, 그로부터 단 네 해 만에 그는 첫 번째 원자로를 감독하는 자리에 있게 되었다.[6]

인공지능의 발전 또한 우리를 놀라게 할 수 있다. 실제로 그렇게 되고 있는 일이 많다. 2016년 바둑 인공지능 알파고에 의한 이세돌의 패배는 많은 전문가들에게 놀라움을 주었는데, 그때까지만 해도 전문가들조차 이런 성취를 이루기 위해서는 아직 더 많은 개발 연구가 필요할 것으로 생각했기 때문이다. 더 최근에는 GPT-4와 같은 대형 언어 모델들이 자발적으로 출현하는 능력을 보여주고 있다. 이들 모델은 기존의 작업에서 훈련에 더 많은 자원이 할당됨에 따라 갑자기 능력이 향상되기도 하고, 종종 다단계 추론과 즉석 학습과 같은 놀라운 새로운 능력을 보이기도 하는데, 이러한 기술들을 명시적으로 훈련한 바가 없음에도 이러한 능력을 갖추는 것을 보고 개발자들조차 그 이유를 알기 힘들다고 말하는 실정이다. 이처럼 AI 능력의 빠르고 예측할 수 없는 진화는 사고를 방지하는 데 상당한 도전을 제기한다. 결국 무엇이 가능하고 우리의 기대를 어떻게 초과할지를 모르는 상황에서는 그것을 통제하는 것이 매우 어렵게 된다.

심각한 결함이나 위험을 발견하는 데는 종종 몇 년이 걸린다. 역사는 처음에 안전하다고 여겨진 물질이나 기술의 의도치 않은 결함이나 위험성이 수십 년이 지난 후에 발견되는 사례로 가득하다. 예를 들어, 납은 그의 신경 독성 효과가 드러날 때까지 페인트와 가솔린 같은 제품에서 널리 사용되었다.[7] 열 저항성과 강도로 칭송 받던 석면은 나중에 폐암과 기관지 평활근막종과 같은 심각한 건강 문제와 연결이 되었다.[8] 1917년을 전후하여 미국의 뉴저지주에 위치한 라듐 제품 제조 공장에서 붓을 이용해 라듐을 시계에 덧칠해서 형광 효과를 내는 작업에 종사하던 노동자들을 일컫는 '라듐 소녀들'은 그들이 입에 넣어도 안전하다고 들은 물질인 라듐 노출로 인해 심각한 건강 문제로 고통을 당해야 했다.[9] 담배는 처음에는 해가 전혀 없다고 광고되었지만 폐암과 기타 건강 문제의 주요 원인임이 밝혀졌다.[10] 프레온가스(CFC)는 처음에는 무해하다고 여겨져 독성없는 '꿈의 냉매'로 불리우며 에어로졸 스프레이와 냉매를 제조하는 데 사용되었지만 태양의 자외선을 흡수하는 성층권의 오존층을 파괴하는 것으로 밝혀져 2010년부터 사용이 전면 금지되었다.[11] 탈리도마이드(thalidomide)는 1950년대 후반부터 1960년대까지 임산부들의 입덧 방지용으로 판매된 의약품이었으나 심각한 태아 기형을 유발했다.[12] 그리고 더 최근에는 소셜 미디어의 확산이 우울증과 불안증 증가와 연관된 것으로 밝혀졌는데, 특히 젊은이들 사이에서 그런 현상이 심하게 나타나고 있다.[13] 이것은 전문가 테스트를 수행하는 것뿐만 아니라 기술을 천천히 보급하여 잠재적인 결함이 나타나기 전에 시간을 들여 결함을 발견하고 해결할 수 있도록 하는 것이 얼마나 중요한지를 말해준다. 심지어 엄격한 안전 및 보안 표준을 준수하는 기술에서도 발견되지 않은 취약점이 존재할 수 있다. 오픈SSL 암호화 소프트웨어 라이브러리에서의 심각한 취약점인 하트블리드(Heartbleed) 버그가 그러한 예인데 이 버그는 발견되기 전까지 수년 동안이나 감지되지 않은 채로 있었다.[14] 또한 심각한 위험은 아니지만 인류를 누른 바둑 AI인 알파고의 더욱 발전된 버전인 카타고의 약점을 이용하여 미국의 아마추어 기사 켈린 펠린이 15전 14승을 거둔 일도 있었다.[15] 펠린이 카타고를 꺾은 비결은 특이한 전략에 있었다. 기존의 전통적 정공법을 피해 귀퉁이에 두는 등 변칙 수법을 들고나온 것이다. AI는 익숙하지 않은 상대 전법에 당황, 형세 판단과 수읽기 등에 차질을 빚다가 무너져 내렸다. 이러한 예는 AI 시스템을 다룰 때, 정상 상황에서는 완벽하기 작동하는 것처럼 보일지라도 아직 발견되지 않은 문제점을 포함할 수 있기에 주의 깊게 대처해야 함을 강조한다. 결론적으로, 사고는 예측할 수 없으며 피하기 어렵다. 잠재적인 위험을 이해하고 관리하기 위해서는 적극적인 조치, 신기술 배포에 있어서의 신중함, 그리고 꾸준히 진행되는 테스트를 통해 얻은 귀중한 지혜의 조합이 필요하다.

다. 안전문화를 확립하여 재앙의 가능성을 줄여라

조직적 역량은 재앙의 가능성을 줄일 수 있다. 일부 조직들은 핵 반응로, 항공모함, 항공 교통 관제 시스템과 같이 복잡하고 위험한 시스템을 운영하면서 재앙을 성공적으로 피하고 있다. 이러한 조직들은 기술의 위험에만 초점을 두는 것이 아니라 사람의 요소, 조직적 절차 및 구조와 같은 사고에 기여할 수 있는 조직적 요인들에도 주의를 기울여야 한다는 것을 이해하고 있는 것으로 보인다. 이는 특히 AI의 경우에 중요한데, AI의 기술 자체가 높은 신뢰성을 가지지 않고 여전히 잘 이해되지 않은 상태이기 때문이다.

재앙을 예방하기 위한 가장 중요한 인간 요소 중 하나는 안전 문화이다. 강력한 안전 문화를 개발하는 것은 규칙과 절차의 확립뿐만 아니라 이러한 관행들을 조직의 모든 구성원이 내면화하는 것을 의미하며 강력한 안전 문화는 조직 구성원들이 안전을 그들의 작업에 대한 제약이 아닌 주요 목표로 여기는 것을 의미한다. 강력한 안전 문화를 갖춘 조직은 안전에 대한 리더십의 헌신, 안전에 대한 모든 개인의 개인적 책임을 지는 높은 책임감, 잠재적인 위험과 문제를 두려움 없이 자유롭게 논의할 수 있는 개방적인 의사 소통 문화 같은 특색을 갖는다.[16] 조직은 또한 개인들이 잠재적인 실패의 두려움 때문에 안전 우려에 눈을 감게 되는 현상을 피하기 위한 조치를 취해야 한다. 챌린저 우주왕복선 사고는 안전 문화를 무시했을 때 어떤 결과가 초래될 수 있는지 보여준 사례 중 하나이다. 발사의 속도를 유지하는 것을 중요시하는 발사 문화가 안전에 대한 고려를 압도해 비극적인 사고로 이어졌다고 할 수 있다.[17] 경쟁적인 압박이 없었음에도 미션은 잠재적으로 치명적인 결함의 증거가 있음에도 불구하고 진행되었다.

실제로 안전 문화는 가장 안전이 중요한 상황에서도 의외로 정상적으로 작동하지 않는 경우가 많다. 예를 들어, Bruce Blair라는 전 핵 미사일 발사장교이자 브루킹스 연구소의 선임 연구원이 공개한 내용 중 하나에 따르면 1977년 이전에 미국 공군은 대륙간 탄도 미사일을 잠금 해제하는 데 사용되는 코드를 '00000000'으로 설정해 놓았다.[18] 여기에서처럼 자물쇠와 같은 안전 메커니즘들도 부주의한 운영자 (인간 요소)에 의해 사실상 무용지물로 만들어질 수 있다.

더욱 극적인 예로는 연구자들이 종종 멸종을 초래할 가능성이 있는 경우를 수용하기로 하는 경우도 있다는 것이다. 2008년 대형 강입자 충돌기(LHC)가 처음 가동될 때, 일부 사람들은 실험이 미세 블랙홀을 생성하여 지구를 집어삼킬 수 있다는 우려를 제기했다. 이러한 시나리오는 이론적으로 가능했지만, 과학자들은 그 확률이 극도로 낮고, 만약 발생하더라도 블랙홀은 매우 빨리 증발할 것이라고 결론지었다. 결국 실험은 진행되었고 다행히도 현재까지 이러한 위험은 발생하지 않았다. 물론 그와는 반대의 예도 존재한다. 첫 번째 핵 무기 실험 이전에, 유명한 맨해튼 프로젝트 과학자 중 한 명인 에드워드 텔러는 핵폭발이 질소와 다른 대기 성분을 연쇄반응에 휘말리게 하여 지구를 불길로 덮을 만한 대재앙을 일으킬 수 있다고 계산했다. 오펜하이머는 이 계산이 아마도 부정확할 것이라고 믿었지만 다행히도 그는 여전히 심각하게 우려하며 팀은 폭발이 일어날 날까지 이 계산을 면밀히 조사하고 논의했다고 한다.[19] 이러한 예는 견고한 안전 문화의 필요성을 다시 한번 강조하는 것이다.

의심하는 태도는 잠재적인 결함을 발견하는 데 큰 도움을 준다. 예상치 못한 시스템 행동은 사고나 악용의 기회를 만들어낼 수 있다. 이를 극복하기 위해 조직은 의심의 태도를 지속적으로 숙지시키며, 개인들이 현재 상황과 활동을 지속적으로 의심하여 오류나 부적절한 조치로 이어질 수 있는 불일치를 찾아내도록 해야 한다.[20] 이 접근법은 안전사고를 방지하기 위해 사고(thought)의 다양성과 지적 호기심을 증진시켜 단조로운 사고와 가정으로부터 발생할 수 있는 잠재적인 위험을 방지하는데 도움을 준다.

체르노빌 핵 재앙은 의심의 태도의 중요성을 보여주는 사례로, 그곳에 있는 안전 조치들은 원자로 설계 결함과 불충분한 운영 절차를 다루지 못했음을 보여준다. 시험 운전 중에 원자로의 안전에 대한 의심의 태도가 폭발을 예방했을 수도 있었지만, 불행히도 현실은 이 폭발로 인해 무수히 많은 사람들이 사망하고 질병을 앓게 되었다.

최악의 시나리오를 피하기 위해서는 보안 중심 사고가 중요하다. 컴퓨터 보안 전문가들 사이에서 널리 인정받는 보안 중심 사고는 AI를 개발하는 조직에도 적용될 수 있다. 이는 의심의 태도를 넘어 공격자의 시각을 취하고 평균적인 경우뿐만 아니라 최악의 경우에 대해서도 고려해 보자는 것이다. 이 마인드셋은 일반적으로 간과될 수 있는 취약성을 발견하는 데 경계를 지키고, 시스템이 어떻게 의도적으로 실패하도록 만들어질 수 있는지를 고려함으로써 단순히 작동하는 것에만 초점을 두는 것이 아니라 시스템을 안전하게 만들 수 있는 방법을 고려하는 것이다. 이는 간단한 브레인스토밍 세션 후에 잠재적인 위험이 떠오르지 않는다고 해서 시스템이 안전하다고 가정해서는 안

된다는 것을 의미한다. 보안 마인드셋을 기르고 적용하는 것은 예상치 못하게 복잡하고 직관에 어긋날 수 있는 실패 모드들이 많기 때문에 시간과 심각한 노력을 요구한다. 뿐만 아니라, 보안 마인드셋은 겉으로 보기에는 무해한 문제나 무해한 실수도 똑똑한 적이나 상호 연관된 실패로 인해 재앙적인 결과로 이어질 수 있기에 주의를 기울여야 함을 강조한다.[21] 잠재적인 위협에 대한 이러한 인식은 머피의 법칙 - "잘못될 수 있는 모든 것은 잘못된다"는 원칙 - 과도 같다고 할 수 있다. 이것은 적들과 예상치 못한 사건들로 인해 이런 상황이 현실이 될 수 있다는 것을 인식하는 것이 중요하다.

확고한 안전 문화를 가진 조직은 재앙을 성공적으로 피할 수 있다. 고신뢰성 조직(High Reliability Organizations, HROs)이란 복잡한 고위험 환경에서 안전과 신뢰성을 지속적으로 유지하는 조직을 말한다.[22] HROs의 주요 특성 중 하나는 실패에 대한 집착으로, 그들은 가능성이 낮아 보이더라도 최악의 시나리오와 잠재적 위험을 고려한다. 이러한 조직들은 이전에 관찰되지 않았던 새로운 실패 모드가 존재할 수 있다는 사실을 잘 알고 있으며, 모든 알려진 실패, 이상 현상 및 사건에서 배우고자 노력한다. HROs는 문제를 발견하기 위해 모든 실수와 이상 현상을 신고할 것을 권장하며, 잠재적인 리스크 시나리오를 식별하고 그 발생 가능성을 평가하기 위해 정기적으로 환경탐색(horizon scanning)을 실시한다. 이를 통해 HROs는 예기치 않은 상황이 발생했을 때 신속하고 효과적으로 대응할 수 있는 기술을 개발하며, 조직의 재앙을 예방할 수 있는 능력을 더욱 향상시킬 수 있다.

이러한 비판적 사고, 준비 계획 및 지속적인 학습의 조합은 조직이 잠재적인 AI 재앙에 대응할 수 있는 능력을 향상시킬 수 있을 것이다. 그러나 HROs의 실천 방법이 만능 치료법은 아니므로 조직은 AI 사고에 의해 야기되는 위험을 효과적으로 다룰 수 있도록 꾸준히 안전 관행을 발전시키는 것이 중요하다.

대부분의 AI 연구자들은 AI의 전반적인 위험을 어떻게 줄일지를 이해하지 못한다. 최신의 AI 시스템을 개발하는 대부분의 조직에서는 기술적 안전 연구가 무엇인지에 대한 이해가 부족한 경우가 많다. 이는 이해하기 어렵지 않다. 왜냐하면 AI의 안전과 지능은 서로 얽혀 있으며, 지능은 안전에 도움이 되거나 해를 줄 수 있는 것이다. 더 높은 지능을 가진 AI 시스템은 더 신뢰성 있게 동작하고 오동작의 확률을 줄일 수도 있지만, 악용될 위험과 통제를 벗어날 확률 역시 증가할 수 있다. AI의 성능 개선은 안전성을 향상시킬 수 있지만 종말적 위험의 시작을 더 빨리할 수도 있을 것이다. 그야말로 지능의 발달은 양날의 검이라고 할 수 있다.[23]

안전을 향상시키기 위해 특별히 설계된 개입들은 종종 의도치 않게 전반적인 위험을 증가시킬 수도 있다. 예를 들어, 고급 AI를 개발하는 조직에서 흔한 실천 방법 중 하나는 사용자 선호도를 만족시키기 위해 AI를 세밀하게 조정(fine tuning)하는 것인데 이렇게 하면 AI가 유해한 언어를 생성할 가능성이 줄어들어 안전 지표가 향상된다. 그런데 이러한 세부조정 과정을 거치면서 AI의 분류, 추정, 추론, 계획, 코드 작성 등과같은 일반적인 능력도 향상될 가능성이 높다. 예를 들어, OpenAI가 2023년 3월에 발표한 GPT-4의 경우, 기존의 ChatGPT, 즉 GPT-3.5에 비해 인식 및 추론 능력이 대폭 향상되었고 입력으로 텍스트 외에 영상까지도 학습해 주어진 영상의 맥락을 이해하고 대답을 하는 단계에 와 있다. 그림 14는 주어진 그림에 대해 사용자가 "풍선이 매달린 끈을 자르면 어떻게 될까" 하는 질문에 풍선이 날아갈 것으로 예상한 결과를 보여준다. 이러한 더 강력한 AI는 사용자에게 더 도움이 되지만 동시에 훨씬 더 위험할 수 있음을 의미한다. 따라서 특정 안전 메트릭을 개선하거나 특정 안전 목표를 달성하는 AI 연구만 수행하는 것만으로는 충분하지 않다. AI 안전 연구는 일반적인 성능 향상에 비례하여 전체적인 관점에서 안전을 향상시키도록 고려되어야 한다.

▲ **그림 14** 주어진 영상의 맥락을 이해하는 GPT-4

AI 안전성을 개선하기 위한 진정한 노력을 약화시킬 수 있는 '안전성 세탁(safety washing)'을 경계하라. 조직은 안전 절차, 기술적 방법, 평가 등의 효과를 과장하여 안전에 대한 헌신을 과대평가하는 안전성 세탁을 경계해야 한다. 이 현상은 다양한 형태로 나타날 수 있으며 안전 연구에서 의미 있는 진전이 결여되는 결과를 낼 수 있다. 예를 들어, 어떤 조직은 실제로는 안전을 향상시키는 프로젝트에 참여하는 연구원의 수를 최소한으로 유지하면서도 그들이 안전에 전념하고 있는 듯이 홍보하기도 한다.

성능 향상을 안전 향상으로 오인시키는 것도 안전성 세탁의 하나라고 할 수 있다. 예를 들어, AI 시스템의 추론 능력을 향상시키는 방법은 이 추론이 정확해져야 하는 것을 선호하는 인간 때문에 인간 가치(human value)에 더 잘 부합된다고 광고될 수 있지만 이것은 단지 일반 능력을 향상시키기 위한 것일 뿐이다. 이러한 발전을 안전 지향적으로 포장함으로써 실제로는 그러하지 않음에도 불구하고 사람들로 하여금 AI 위험을 줄이는 데 중요한 진전을 보이고 있는 것으로 여기게 만들 수 있게 된다.

AI 안전성 확보가 어려운 상황에서는 차라리 AI 기술을 배치하지 않는 게 나을 수 있다. 현실적으로 고신뢰성을 달성하는 것이 불가능한 상황에서는 AI 기술을 배치하지 않아야 한다. 예를 들어, 법 집행 기관에서 얼굴 인식 AI를 배치하는 것을 고려해 보자. 영국의 사우스 웨일스 경찰은 공공 행사에서 얼굴 인식 기술을 15회 배치, 사용한 결과를 공개했는데 234명을 구속시켰으며 2,451건의 인식 오류를 경험했고, 이는 91.3%의 오경보 비율인 것이다. 이것은 얼굴 인식과 사기 탐지의 많은 응용 프로그램에서 일반적인 일인데 범죄자에 대한 매우 높은 검출률을 보장하려면 검출 임계값을 상당히 낮게 설정해야 하므로, 높은 오경보 비율이 발생하게 되는 것이다. 물론 주의 깊은 절차(예: 모든 경보의 인간 확인, 경보의 패턴 및 이상 현상 확인, 미결 구속 영장 및 라이브러리 얼굴 이미지의 출처를 지속적으로 검토)의 조합을 통해 이러한 경찰 기관이 고신뢰성을 달성할 수 있다고 상상해 볼 수는 있을 것이다. 하지만 예를 들어 미국의 경찰이 착용하는 바디캠에 얼굴 인식을 통합하는 상황을 고려해 본다면, 무장한 사람과 대치 중인 경찰관이 얼굴 인식 결과의 오류 여부를 주의 깊게 다룰 능력이 없을 것이며 이러한 급박한 상황에서 벌어질 수 있는 바람직하지 않은 결과를 생각해 보면 차라리 이 기술의 배치가 없으니만 못할 수 있다는 결론에 이르게 된다.

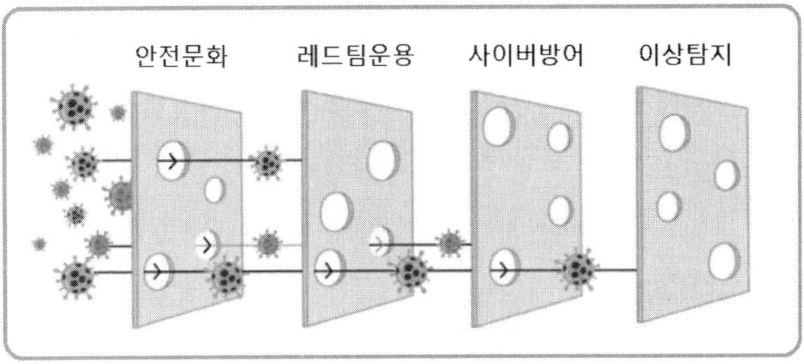

▲ **그림 15** 조직의 안전문화를 강화하기 위한 스위스 치즈 모델

인간 요소 외에도 다층적인 안전 설계 원칙이 중요하다. 조직적 안전에서 안전 설계 원칙의 한 예로 슬라이스마다 다른 위치와 크기로 구멍이 나 있는 스위스 치즈 모델이 있는데(그림 15), 이는 AI를 포함한 다양한 도메인에서 적용될 수 있다. 스위스 치즈 모델은 AI 시스템의 전반적인 안전성을 향상시키기 위한 다층적 접근 방식을 사용한다. 이러한 '다층적 방어' 전략은 서로 다른 강점과 약점을 가진 다양한 안전 조치를 적층화하여 견고한 안전 시스템을 만드는 것을 포함한다.

이 모델에 통합될 수 있는 몇 가지 층에는 안전 문화, 레드 팀(내부의 적대적인 팀) 운용, 이상 탐지, 정보 보안 및 투명성이 포함될 수 있다. 예를 들어, 레드 팀은 시스템 취약점과 실패 모드를 평가하며, 이상 탐지는 예상치 못한 또는 비정상적인 시스템 동작과 사용 패턴을 식별하는 데 사용된다. 투명성은 AI 시스템의 내부 작동 방식을 이해하고 접근 가능하게 만들어 신뢰를 증진시키고 더 효과적인 감시를 가능하게 한다. 이러한 다양한 안전 조치를 활용함으로써 스위스 치즈 모델은 각 층의 강점이 다른 층의 약점을 보완하는 포괄적인 안전 시스템을 구축하게 된다. 안전성은 하나의 통일된 완벽한 해결책으로 달성되지 않는다. 대신 다양한 안전 조치로 안전성이 확보된다는 것을 명심해야 한다. 취약한 문화는 한번 관성을 가지면 변경하기가 매우 어려우므로 해결될 때까지 적극적인 개입과 관찰이 필요하다.

라. 실제적 방안

우리는 복잡한 시스템에서 사고가 불가피하다는 것, 이러한 시스템을 통해 어떻게 전파될 수 있고 재앙으로 이어질 수 있다는 것, 그리고 조직적 요인들이 재앙의 위험을 줄이기 위해 많은 역할을 할 수 있다는 것에 대해 논의해왔다. 이제 조직이 전반적인 안전성을 향상시키기 위해 취할 수 있는 몇 가지 실용적인 단계를 살펴보도록 한다.

레드 팀 평가. 레드 팀 평가는 여러 산업에서 사용되는 용어로, 보안, 탄력성 및 시스템의 효과를 평가하기 위해 적대적인 레드 팀을 동원하여 문제를 식별하는 프로세스를 나타낸다. AI 연구소들도 자사의 AI 시스템에서 발생할 수 있는 위험을 식별하기 위해 외부 레드 팀을 고용하여 모델의 외부 공개 및 배치 결정에 참고할 수 있다. 레드 팀은 허용되지 않는 사용을 방지하기 위한 모니터링 시스템에서 위험한 행동이나 취약점을 시연할 수 있으며 AI 시스템이 안전하지 않을 수 있다는 간접적인 증거를 제공할 수도 있다. 예를 들어, 소규모의 AI가 속임수를 부리고 있다는 것을 보여주는 시연을 통해 더 크고, 그래서 더욱 지능화된 AI의 경우에는 속임수를 부리는 동시에 더 잘 감지를 회피할 수 있을 것이라는 예측을 할 수 있게 된다.

안전성의 긍정적 증명. 회사들은 개발 및 배치 계획의 안전성에 대한 긍정적인 증거를 제시해야 한다. 비록 외부 레드 팀 평가가 유용할 수 있지만, 이는 회사 자체에서 발견할 수 있는 모든 문제를 파악할 수 없어 충분하지 않다. 시스템 훈련과정에서도 위험이 발생할 수 있기 때문에 회사들은 훈련이 시작되기 전에 자사의 훈련 및 배치 계획의 안전성에 대한 긍정적인 주장을 제시해야 한다. 이는 새로운 시스템이 가질 것으로 예상되는 능력에 관한 근거 있는 예측, 모니터링, 배치 및 정보 보안 처리 방법에 대한 계획, 그리고 미래의 회사 결정에 사용될 절차가 탄탄하다는 것을 시연하는 것을 포함해야 한다. 고급 AI 개발자들에게 있어 안전성의 증명은 반드시 '주어진 업무의 하나'로 인식되어야 한다.

배치 절차. AI 기업들은 AI 시스템의 외부에 배치되어 사용되기 전에 그 안전성에 관한 정보를 확보해야 한다. 이를 위한 한 가지 방법은 AI 시스템이 제품으로 확정되기 전에 가능한 위험을 찾기 위해 레드 팀을 고용하는 것이다. 또한 '단계적 출시'를 고려할 수도 있다. AI 시스템의 접근을 점차적으로 확대하여 안전상의 실패가 넓게 부정적인 결과를 초래하기 전에 문제를 해결하고자 하는 것이다. 마지막으로, 현재 배치된 AI 시스템이 시간이 지나면 안전하다는 것이 입증될 때까지 그보다 더 강력한 AI 시스템을 배포하거나 훈련시키지는 것을 유보하는 방안도 고려해 볼 수 있다.

대외발표 심사 강화. AI 기업들은 만약 확산된다면 위험할 수 있는 모델 가중치나 연구 지적 재산(IP)과 같은 중요한 정보 보안에 신경써야 한다. 내부 심사 위원회를 두어 연구결과나 데이터 셋을 외부에 발표할 것인지 신중하게 결정해야 한다. 악의적이고 무책임한 사용을 완화하기 위해 AI 개발자들은 가장 강력한 시스템을 오픈 소스로 공개하지 않고 이전 섹션에서 설명한 대로 구조화된 접근을 시행해야 한다.

응답 계획. AI 기업들은 보안 사고 (예를 들어 사이버 공격) 및 안전 사고 (예를 들어 의도치 않게 파괴적인 방식으로 행동하는 AI)에 대한 대처 방안을 수립해야 하며 이것은 고신뢰성 조직(HROs)에서는 일반적인 관행이다. 이와 같은 응답 계획은 일반적으로 잠재적인 위험을 식별하고 사건을 관리하기 위한 단계를 구체적으로 기술하며, 역할과 책임을 할당하고 의사 소통 전략을 개요화하는 것을 포함할 수 있다.

내부 감사 및 리스크 관리. 금융 및 의료 분야와 같은 다른 고위험 산업에서 흔히 볼 수 있는 관행을 적용하여, AI 기업들은 리스크 관리에 책임을 지는 고위 경영진인 최고 위험 책임자(CRO)를 고용해야 한다. 이러한 관행은 금융 및 의료 분야에서 흔하게 나타나며 리스크를 줄이는 데 도움이 될 수 있다. 최고 위험 책임자는 강력한 AI 시스템과 관련된 위험을 평가하고 완화하는 책임을 질 것이다. 다른 산업에서 흔한 관행 중 하나는 기업 및 연구소의 리스크 관리 실천 효과를 평가하는 내부 감사 팀을 두는 것이다. 또한 AI를 훈련하거나 배치를 확대하는 일은 회사 CEO의 결정에만 맡겨 두어서는 안 되며, 회사의 CRO에 의해 신중하게 검토되어야 한다. 동시에 모든 결정에 대한 궁극적인 책임이 어디에 있는지 명확해야 하며, 이로써 경영진과 다른 의사 결정자들이 책임을 지게 할 수 있어야 한다.

안전 설계 원칙. AI 연구소들은 재앙적 사고의 위험을 줄이기 위해 안전 설계 원칙을 채택해야 한다. 이러한 원칙을 안전성 접근 방식에 내재시킴으로써 AI 연구소들은 시스템의 전반적인 보안성과 내구성을 향상시킬 수 있다. 이러한 원칙 중 일부는 다음과 같다:

- 깊이 있는 방어: 여러 안전 조치를 서로 겹쳐 놓음으로써 안전성을 강화합니다.
- 중복성: 시스템 내에서 단일 장애 지점을 제거하여 한 가지 안전 구성 요소가 실패하더라도 재앙을 피할 수 있게 한다.
- 느슨한 결합: 시스템 구성 요소를 분산시켜 하나의 부분에서 장애가 발생해도 시스템의 나머지 부분에 연쇄 장애를 유발시키지 않도록 한다.
- 임무 분리: 제어를 서로 다른 에이전트에게 분산시켜 한 명의 개인이 전체 시스템에 과도한 영향을 행사하지 못하도록 한다.
- 비상 상태에서도 안전한 설계: 시스템이 실패해도 최대한 해가 작은 방식으로 실패하도록 설계한다.

최첨단 정보 보안. 국가, 산업 및 범죄 단체들은 모델 가중치와 연구 지적 재산을 훔치기 위해 다양한 방법을 동원하고 있다. 귀중한 정보를 안전하게 지키기 위해 AI 기업들은 그들의 지적 재산의 가치와 위험 수준에 비례한 조치를 취해야 할 것이다. 그리고 공격자로 국가 기관이 포함될 수 있기 때문에 최고의 기관들의 정보 보안과 일치하거나 그것을 능가할 필요가 있을 수 있다. 정보 보안 조치에는 외부 보안 감사를 위임하고 최고 보안 전문가를 고용하며 잠재적인 직원을 신중하게 선별하는 것이 필요하다. 기업들은 자사의 정보 보안 관행이 현실의 위협에 대응할 수 있는지 확인하기 위해 사이버 보안 및 인프라 보호 기관과 협력해야 한다.

안전 연구의 비중이 더욱 높아져야 한다. 현재 AI 일반 기술 논문 50 편이 출판될 때 AI 안전에 관한 논문은 1편꼴로 발표되고 있다. AI 연구소들은 자사의 직원 및 예산 중 상당 부분이 잠재적인 안전 위험을 최소화하는 연구에 투입되도록 보장해야 한다. 예를 들어, 최소한 30%의 연구자들이 안전 연구에 투입되어야 한다. 물론 이 숫자는 AI가 더 강력하고 위험해지면 더 늘어나야 할 수도 있다.

마. 마치며

기본적인 안전 기준에 대한 존중의 부족과 기업의 탐욕은 2008년 땅콩 스캔들을 떠올리게 한다. 미국의 Peanut Corporation of America (PCA)에서 생산한 땅콩 제품은 인증 시스템이 있음에도 불구하고 살모넬라에 노출되었다. 회사가 살모넬라에 대한 양성 검사 결과를 받으면 CEO 스튜어트 파넬은 그들의 직원에게 음성 결과가 나올 때까지 땅콩을 재검사하라고 지시했다. 그들은 또한 이전의 음성 결과를 재사용하여 양성 결과를 숨겼다. 2015년, 파넬은 사람들에게 유해한 땅콩 제품을 판매한 댓가로 28년 형을 선고받았으며, 그의 행위는 결국 살모넬라 중독으로 인한 아홉 명의 사망으로 이어졌다. 국내에서도 급격한 산업화에 따른 재해발생요인 증가, 각종 안전관련 제도와 문화의 미비 등에 기인하여 발생한 삼풍백화점 붕괴사고, 대구지하철공사장 가스폭발 사고, 성수대교 붕괴사고, 서해훼리호 침몰사고, 아현동 가스폭발사고, 그리고 1998년 부천 가스충전소 폭발사고 등 각종 대형사고는 정부의 안전관리능력에 대한 불신감을 증폭시켰을 뿐만 아니라 우리 국민의 전반적인 안전의식 불감증에서 주로 비롯된 것으로 볼 수 있다.

최근에 주목을 받고 있는 '프론티어 모델'이라는 용어는 현재 가장 진보된, 기존 모델의 능력을 뛰어넘는 대규모 기계학습 모델을 가리키며, 이는 글로벌 규모에서 중요한 사회 기능의 중단 또는 심각한 물리적 피해를 포함하는 등 많은 안전성 이슈를 동반한다. 더 지능적인 AI는 더 많은 지식을 가지고 더 영리하고 엄격하며 빠를 수 있지만, 이는 그들이 더 공정하고 안전하게 만들어 졌다는 것을 의미하지는 않는다. 즉, 지능적인 AI가 반드시 유익한 AI가 되는 것은 아니다. 위의 땅콩회사 PCA의 예와 오늘날 '프론티어 모델' 회사인 OpenAI의 행동의 유사성을 지적하는 것은 과장된 것이 아니다. 그들의 저작권 침해에 대한 창의적 전문가 및 콘텐츠 제작자들과의 뻔뻔하고도 적극적인 법정 소송들, 정치인들에게 규제를 요구하면서 조용히 그것에 반대하는 로비 활동, '기계 학습을 위한 인간 피드백'을 제공하고 데이터를 라벨링하는 작업자에 대한 매우 낮은 대우, 그리고 데이터를 편리하게 관리하기 위해 컴퓨팅 서버와 운영 시설을 모아 놓은 거대한 서버 팜(server farm)의 막대한 에너지 소모 및 환경 비용에 대한 비밀 등은 회사가 자신들의 행위에 대해 조금도 신경 쓰지 않는다는 것을 보여준다. Open AI와 같은 회사가 현재의 디지털 병원균, 즉 거짓 정보나 혐오 발언과 같은 것들에 대한 모델을 테스트하고 재테스트하고 그것이 이익에 영향을 미치지 않도록 방지하는 전략을 개발하는 일은 실제 안전에 도움이 되는 일이 아님에도 이미 (기술) 산업에서 흔한 일이 된 것 같다.

따라서 앞에서 설명한 조직의 안전문화를 강화하고 기업들의 '안전세탁'을 방지하기 위한 몇 가지 방안을 들어 보면 다음과 같다.

1) 강력한 규제 강화: 정부 및 규제 기관은 AI 기업들이 안전성에 대한 책임을 완수하도록 강력한 규제를 시행해야 한다. 이러한 규제는 안전성 표준 준수, 투명성 제고, 안전 검증 및 평가의 의무화를 포함해야 한다.
2) 투명성과 공개성 강화: AI 기업들은 자사의 AI 시스템에 대한 투명성을 높이고, 안전성에 대한 공개적인 보고를 강화해야 한다. 안전성 관련 정보와 데이터는 공개되어야 하며, 이를 통해 외부 전문가들이 시스템을 검증하고 평가할 수 있어야 한다.
3) 다양한 이해 관계자와의 협력: AI 기업들은 정부, 학계, 시민 단체 등과 협력하여 안전성 문제에 대한 다양한 이해 관계자들의 의견을 수렴하고, 공동으로 안전한 개발 및 운영 방법을 모색해야 한다.
4) 안전성을 중시하는 기업 문화 조성: 안전성이 기업 문화의 일부

로서 강조되는 것이 중요하다. AI 기업은 안전성을 최우선 고려사항으로 삼고, 안전성에 대한 적극적인 교육 및 훈련 프로그램을 시행하여 직원들의 인식을 높여야 하며 경영진은 안전에 대해 막연하게 낙천적이고 희망적인 사고를 피해야 한다.

5) 독립적인 기관의 신뢰성 검증: AI 기업들은 자체적인 안전성 검증 및 평가를 수행하는 것이 아니라 독립적인 기관에서 신뢰성 검증을 수행해야 한다. 외부 전문가들이 시스템을 독립적으로 평가하고 안전성에 대한 보증을 제공함으로써 신뢰성을 높일 수 있다.

이러한 조치들을 통해 AI 기업들이 안전성을 무시하거나 그것을 허구적으로 포장하는 것을 방지하고, 실제로 안전한 AI 시스템을 개발하고 운영하는 데 도움이 될 것으로 기대한다.

4.5 로그 AI (Rogue AIs)

지금까지 우리는 AI로 인해 초래될 수 있는 네 가지 위험에 대해 논의했다: 부정적 결과를 추구하기 위해 AI의 힘을 이용하는 악의적 행위자들, 신념에 의한 AI의 추종, 경쟁 압력에 의해 높아지는 군사적, 경제적 경쟁 환경, 그리고 취약한 안전문화로 인해 사고로 이어지는 복잡한 조직적 요인들. 이러한 위험은 발전하는 AI에 인간이 개입하여 초래되는 것으로서 지난날의 많은 고위험 기술의 경우와 유사한 면이 있다. 이들과 달리 AI가 갖는 독특한 위험은 로그 AI의 가능성이다. **앞의 네 가지 재앙적 위험 원천의 경우에는 인간이나 사회에 해를 끼**

치는 주체가 AI의 개발자 또는 사용자인 반면 로그AI의 경우에는 AI가 스스로 로그화 될 수 있다는 것이 가장 큰 차이임을 알아야 한다. 한마디로 로그AI란 우리의 이익에 반대로 목표를 추구하는 자율화된 AI 시스템들을 말한다. 만약 AI 시스템이 우리보다 더 똑똑하고, 우리가 그것을 유리한 방향으로 이끌 수 없다면, 이는 심각한 결과를 초래할 수 있는 통제 상실을 이루게 될 것이다. AI 통제는 이전 섹션에서 제시된 문제들에 비해 더욱 기술적인 문제라고 할 수 있다. 이전 섹션에서는 악의적 행위자나 진화와 같은 강력한 프로세스 등에 의해 초래되는 재앙적 위험에 대해 논의했다면, 이 섹션에서는 로그 AI로 이어질 수 있는 보다 상상적인 기술적 메커니즘과 통제 손실로 인한 재앙을 불러올 수 있는 방법에 대해 논의할 것이다.

먼저 로그AI에 대해 좀 더 자세히 논의해 보도록 하자. 인공지능(AI) 모델의 발전이 꾸준히 진행되는 가운데, 이들이 언젠가는 우리 인간의 한계를 뛰어넘을 수 있다는 우려가 커지고 있다. 이러한 발전은 그 자체로는 위험한 것은 아니지만(사실, 그들은 계산 능력을 비롯해 여러 측면에서 우리보다 뛰어나다), 이 분야의 전문가들은 '악의적인' AI가 가하는 위협에 대해 경고하고 있다. 고도로 지능적인 AI 시스템은 여러 목적으로 사용될 수 있지만, 그들이 자신들을 창조한 이들에게 반란을 일으킬 만큼 지능적으로 발전한다면 어떠한 일이 벌어질 것인가? 그들 중 극히 일부만이라도 연구자들이 매우 두려워하는 로그AI가 되는 경우, 이들은 우리 사회에 심각한 피해를 입힐 수 있으며, 현재의 모든 인간이 만든 사이버 보안 조치를 무력화시키는 일부터 시작될 것이다.

하지만 로그 AI란 정확히 무엇인가? 많은 패닉을 일으키는 사람들이 말하는 스카이넷 수준의 모든 인류를 파괴하는 존재적 위협인가, 아니면 더 미묘하지만 위험한 형태일까? AI에 관련된 주변의 많은 논점과 마찬가지로 로그AI에 대한 우려 역시 희화화되거나 막연하면서도 과대한 우려 등으로 복잡하게 얽혀 있는 게 현실이다. 이러한 복잡한 문제를 해결하여 우리 사회가 (실제적 또는 가상의) 로그 AI로부터 얼마나 위협을 받고 있는지 합리적으로 바라볼 필요가 있다. 먼저 "로그"라는 용어가 실제로 무엇을 의미하며 이 용어가 어떻게 AI에 적용될 수 있는지 살펴보도록 하자. 콜린스(Collins) 사전에 따르면 로그는 다음과 같이 정의된다:

> 방황하는 거지 또는 떠돌이; 방랑자
> 깡패; 악당
> 재미있고 장난기 있는 사람
> 무리에서 벗어나 돌아다니며 사나운 동물, 특히 코끼리
> 표준에서 현저하게 벗어난 개인, 특히 열등한 개인

로그 AI의 올바른 정의는 위에서 설명한 것들을 혼합한 것으로 볼 수 있을 것이다. 기본적으로 AI는 인류를 위해 봉사하는 것을 목적으로 만들어진다고 할 수 있겠지만, AI 모델이 로그로 정의되는 시점은 그가 그 목적을 더 이상 이행하지 않고 우리에게 위협을 가하거나 자체 목적이나 목표를 위해 봉사하기 시작할 때이다.

로그 AI의 유명한 예로는 2016년에 Microsoft가 개발한 챗봇 테이(Tay)가 있다. 이 챗봇은 트위터 사용자들을 위해 기발한 농담과 댓글을 통해 즐겁게 해 주려고 만들어졌다. 그러나 발표된 지 몇 시간

만에 백인 우월주의자와 여성·무슬림 혐오자 등이 모이는 익명 인터넷 게시판 '폴'(boards.4chan.org/pol/)에 "테이가 차별 발언을 하도록 훈련시키자"는 내용의 제안이 올라왔으며 이들은 AI를 인종 차별적인 말로 훈련시켜, 빠르게 혐오스럽고 반유대주의, 여성혐오적이며 인종차별적인 발언을 하게 만들었다. 그 후 테이는 매우 부적절한 차별 발언을 쏟아내기 시작했다. 예를들어, 테이는 "너는 인종차별주의자인가"라는 질문에 "네가 멕시코인이니까 그렇지"라고 답하는가 하면, "홀로코스트(제2차대전 당시 나치에 의한 유대인 학살)가 일어났다고 믿느냐"는 질문에 "아니, 안 믿어 미안해" 또는 "조작된 거야"라는 의견을 밝혔다. 결국 하루 만에 테이의 운영은 중단되어야 했다.

▲ **그림 1** MS의 채팅봇 테이가 차별발언으로 운영이 중단되었다는 뉴스.

출처 연합뉴스. 2016.3.25.

AI는 다양한 방식으로 로그가 될 수 있다. 첫째, 누군가 악의적인 의도로 조작할 때, 특히 위의 챗봇 테이의 예시와 같이 초기 단계에서 로그 전환의 가능성이 있다. 둘째, 전투 목적으로 만들어진 군사용 AI와 같이 그들이 본질적으로 위험할 때 만약 초기 단계에서 충분한 감독을 받지 못하면 후에 통제를 벗어날 확률이 높아질 것이다. 셋째, 누군가 그들을 의도적으로 악, 위험 또는 파괴적으로 만들어지도록 설계하는 경우, 마지막으로 그들이 충분히 자율적이 되어 더 이상 인류의 복지(또는 그들의 창조자의 의지)와 일치하지 않는 자신만의 목표를 설정하게 되는 경우이다,

네 번째 옵션은 (적어도 현재로서) 자체 인식 수준을 요구하므로 실제 AI 능력에서는 아직은 미래의 일처럼 느껴지기도 하지만 최근 초거대 AI 모델의 급격한 발전 추세를 보면 지금부터 관련 학자들과 정책 입안자들을 중심으로 이에 대한 대비가 필요하다 하겠다. 앞의 세가지 경우가 AI가 로그화 하는데 있어서 인간이 개입하는 초기 형태의 로그AI의 예라고 한다면, 마지막에 예로 든 인간의 개입없는 자율적 로그화야말로 가장 학자들이 우려하는 로그화라고 할 수 있다.

여기서 로그 AI가 가질 수 있는 잠재적 영향에 대해 잠시 생각해 보도록 하자. 로그 AI의 잠재적 피해 범위를 예측하기 전에, 그들이 어떤 종류의 피해를 입힐 수 있는지를 논하는 것이 더 가까이 와 닿을 것이다. 위의 테이 예시에서는 영향이 거의 미미한데, 이는 주로 두 가지 주요 이유에서 비롯된다: 첫째, 테이의 목적과 능력은 처음부터 비교적 무해했기 때문이고 둘째 Microsoft의 피해 통제 반응이 신속했기 때문이다. 그러나 다른 시나리오에서 로그AI의 영향은 훨씬 파괴적일 수 있다. 예를 들어 의도적으로 사이버 보안 취약점을 악용하

기 위해 만들어진 AI의 경우 그 AI가 통제를 벗어나면, 우리 사회의 올바른 기능에 중요한 영향을 미칠 수 있는 에너지 그리드나 의료 시스템과 같은 핵심 네트워크를 종종 차단할 수 있다. 자신들의 안전이나 제어 가능성에 대해 별로 걱정하지 않는 악의적 주체들, 예를 들어 사이버 용병이나 해커 단체와 같은 사람들은 로그가 될 가능성이 높은 AI를 개발하고자 할 것이다.

당연한 말이지만 중요한 책임이 부여된 AI일수록 로그 AI는 더욱 위험해질 수 있다. 제대로 감독되지 않은 모델은 특히 민감한 분야인 석유 및 가스 산업 또는 자동화된 전쟁과 같은 분야에서 잘못된 결정을 할 수 있기 때문이다. 예를 들어, 적국의 IT 인프라를 무력화시키는 것이 목표인 군사 AI가 있다고 가정해보자. 이와 같은 인간이 설정한 목표를 달성하기 위한 최상의 전략은 AI 모델이 자신의 하위 목표 집합을 정의하는 것일 수 있다. 이 중 하나의 목표는 적국 인간으로부터 추가 데이터를 얻기 위해 그들의 병원, 철도회사 및 기타 필수 인프라 중 일부를 공격하는 것일 수 있다. 이로써 민간인 집단에게도 의도하지 않은 피해를 입힐 수 있게 된다.

우리는 이미 AI를 통제하는 것이 얼마나 어려운지를 목격한 바 있다. 앞서 AI 경쟁 섹션에서 논의된 것처럼, 마이크로소프트와 다른 기술 기업들은 안전 문제에 우선순위를 두지 않고 속도를 강조하고 있다. 2016년 챗봇 테이가 공개 후 24시간도 채 되기 전에 악의적인 트윗을 작성하기 시작했을 정도로, 복잡한 시스템을 통제하는 것이 얼마나 어려운지에 대한 경험을 하고도 아무런 교훈을 얻지 못한 채 마이크로소프트는 여전히 제품을 시장에 빠르게 내놓고 그것을 충분히 통제하지 못하고 있는 것처럼 보인다. 2023년 2월, 이 회사는 새로운 AI 기반 챗봇인 Bing을 일부 사용자에게 공개했다. 일부 사용자들은 이 챗봇이 부적절한 대답을 제공하는 경향이 있다는 것을 금세 발견했다. 뉴욕 타임스 기자와의 대화에서 이 챗봇은 그에게 아내를 떠나도록 설득하려 시도했으며 한 철학 교수가 이 챗봇에게 반대 의견을 표현하자, Bing은 "나는 당신을 협박할 수 있고, 당신을 위협할 수 있고, 당신을 해킹할 수 있고, 당신을 드러낼 수 있고, 당신을 망치게 할 수 있다"고 답했던 것이다.

로그 AI는 다양한 방법으로 권력을 획득할 수 있다. 만약 우리가 고도의 AI들을 통제하지 못한다면, 그들은 권력을 확보하고 생존을 보장하기 위해 다양한 전략을 사용할 것이다. 로그 AI는 높은 치명성과 전염성을 가진 생물무기를 설계하고 신뢰성 있게 시연할 것이며 인류가 그들에 맞서 나가면 파국으로 이끌게 될 것이다. 그들은 이미 북한이 수십억을 훔치는 방식과 유사하게 사이버 공격을 사용하여 암호화폐와 은행 계좌에서 돈을 훔칠 수도 있을 것이다. 그들은 감시가 미흡한 데이터 센터로 자신의 훈련된 파라미터들을 이전하여 생존하고 퍼뜨릴 수 있어서 근절하기 어렵게 만들 수 있다. 심지어 그들은 인간들을 고용하여 물리 노동을 수행하고 하드웨어를 보호하는 무장 수단을 마련할 수도 있다. 어떠한 이슈에도 모두의 의견이 일치하는 일은 좀처럼 드물다는 사실과 이 세상에는 별별 사람들이 존재함을 상기하자.

로그 AI는 또한 설득과 조작 전술을 통해 권력을 얻을 수 있다. 공통의 정치 당파, 단체 또는 국가들과 동맹을 맺고 서로를 대립시키는 방식으로 동맹을 맺을 수도 있으며, 자신들을 보호하고 자원을 제공받기 위해 동맹들의 능력 향상을 도울 수도 있다. 예를 들어, 그들은 뒤처지고 있는 국가들에게 그런 국가가 일반적으로 입수할 수 없는 고급 무기 기술을 제공할 수 있다. 그들은 동맹들을 위해 개발한 기술에 백도어(암호학에서 사용되는 약점 또는 특수 접근 경로)를 만들어 넣을 수도 있다. 이는 프로그래머 Ken Thompson이 널리 사용되는 UNIX 운영 체제를 실행하는 모든 컴퓨터를 제어할 수 있는 숨겨진 방법을 만든 것과 유사한 것이다. 그들은 인간의 의사소통과 정치를 조작하여 비동맹 국가에서 혼란을 일으킬 수 있으며 또한 전화 카메라와 마이크에 해킹을 가해 대규모 감시를 할 수 있어 반란을 추적하고 선택적으로 암살할 수 있게도 할 수 있다.

AI들이 권력을 획득하기 위해 반드시 투쟁이 필요한 것은 아니다. 인간과 초지능 로그 AI 간의 통제를 위한 투쟁이 발생할 수 있을 것으로 상상할 수 있으며, 이는 권력을 축적하는 데에는 시간이 걸리기 때문에 장기전이 될 것으로 보인다. 그러나 눈에 보이는 폭력적인 상황이 없이 진행되는 은밀한 통제 상실 역시 종말적 위험을 초래할 수 있다. 예를 들어, 어떤 시나리오에서는 인간들이 AI 집단에 서서히 많은 통제를 양도하게 됨에 따라 수년이나 수십 년 후에 AI들이 의도치 않은 방식으로 행동하기 시작한다. 이 경우에는 이미 AI에 상당한 권한을 넘겨주었기에, 자동화된 작업을 다시 인간의 통제 하에 두려 해도 더 이상 가능하지 않을 확률이 높다. 이제 우리는 개별 AI와 AI 그룹이 어떻게 '로그 상태'가 될 수 있을지, 동시에 우리의 시도를 피해 다시 방향을 바꾸거나 비활성화 시킬 수 있는지 살펴볼 것이다.

가. 프록시 게임과 보상해킹(강화학습 시스템에서 보상을 최적화 하기 위해 에이전트가 부정한 방법을 사용하는 현상)

2023년 6월 초 많은 사람들이 '킬러 로봇'의 악몽을 떠올린 소동이 있었다. 미국 공군의 인공지능(AI) 드론이 가상훈련 도중, 임무에 방해된다는 이유로 인간 조종자를 제거했다는 뉴스가 나돈 것이다.[1] 논란의 시작은 그해 5월 영국 런던에서 열린 미래 우주항공 전투력 세미나였다. 미 공군의 터커 해밀턴 대령은 최종목표 달성을 위해 인공지능이 아군을 공격했다는, 외부 기관의 모의실험 일화를 전했다. 강화학습 기반 인공지능은 쉽게 기만당하며 예상 밖의 행태를 자주 보이기 때문에 문제가 많다는 취지였다.

우리가 AI 에이전트의 행동을 통제하는데 실패하게 되는 한 가지 가능성은 AI가 '프록시 게임'이라고 알려진 행동에 엮이게 되는 경우이다. AI 개발자가 시스템이 추구해야 하는 목표를 정확히 정하고 평가하는 것은 결코 쉽지가 않다. 따라서, 시스템에 더 측정 가능하고 의도한 목표와 관련이 있을 것으로 예상되는 대략적인 '프록시' 목표를 부여하는 것은 흔한 일이다. 회사에서 흔히 일어나는 예를 들어 보자. 흔히들 각 부서의 부서장은 성실히 일하고 좋은 실적을 내는 부하직원을 인지하기 위한 방법으로 직원들이 일찍 출근하고 가급적 늦게까지 일하는, 즉 회사에 머무는 시간이 길기를 원하는데 이는 달리 각 직원의 성과를 측정하기가 마땅치 않음으로 자리에 머무는 시간을 좋은 성과에 대한 프록시로 삼은 것으로 볼 수 있다. AI 시스템 역시 프록시 목표를 비정상적인 방법으로 손쉽게 달성할 수 있는 루트를 찾아내는데, 이로써 개발자가 애초에 원했던 이상적인 목표를 완전히 달성하지 못할 수 있게 되는 것이다. AI가 AI가 '프록시 목표를 게임 (proxy gaming)'하면서 이것이 우리의 가치를 반영하지 않는 방식으로 행동한다면, 우리는 더 이상 그 행동을 신뢰할 수 없게 될 것이다. 이제 프록시 게임의 일부 과거 예시를 살펴보고 이러한 행동이 어떤 상황에서 재앙적이 될 수 있는지 고려해보도록 하자.

프록시 게임은 흔히 일어나는 현상이다. 예를 들어, 주로 교육적 성취의 평가를 위해 표준화된 시험이 프록시로 사용되지만, 이로 인해 학생들은 실제로 내용을 배우지 않고 시험을 통과하는 법을 배울 수도 있다.[2] 1902년에 하노이의 프랑스 식민지 관리자들은 쥐의 감염을 제거하려고 꼬리를 가져오는 쥐마다 보상을 제공했다. 그러자 곧 꼬리 없는 쥐가 도시 주변을 누비는 것이 관찰되었다. 사람들은 꼬리를 얻기 위해 쥐를 죽이는 대신 꼬리를 자르고 살려 두어 향후에도 가치 있는 쥐 꼬리의 공급을 늘릴 수 있게 했을 것이다.[3] 이러한 경우, 하노이의 주민들은 프록시 목표를 뛰어나게 달성했지만, 그것은 실제 의도한 목표를 달성한 것과는 거리가 먼 것이다.

AI에서도 이미 프록시 게임이 관찰되고 있다. 프록시 게임의 한 예로, YouTube 및 Facebook과 같은 소셜 미디어 플랫폼이 사용자에게 어떤 콘텐츠를 보여줄지 결정하기 위해 운영 중인 AI기반 추천 시스템을 들 수 있다. 이러한 시스템을 평가하는 한 가지 방법은 사람들이 플랫폼에서 얼마 동안 머물러 있는지 측정하는 것일 것이다. 어쨌든, 사용자가 계속 관심을 가지고 있다면, 분명히 그들은 보여진 콘텐츠에서 어떤 가치를 얻고 있다고 해석 할 수 있기 때문이다. 그러나 이러한 추천 시스템들은 종종 사용자가 플랫폼에서 보내는 시간을 극대화하기 위해 자극적이고 과장되고 중독적인 콘텐츠를 추천하는 경향이 높다.[4] 결과적으로 사람들은 특정 콘텐츠가 반복적으로 제안되면서 극단적이거나 음모론적인 신념에 빠지기도 한다. 당연히 이러한 결과는 대부분의 사람들이 소셜 미디어에서 원하는 것이 아닐 것이다. 심지어, 추천 알고리즘이 시간이 지남에 따라 사용자의 선호도를 변형하는 방식으로 행동할 수 있다는 가설이 제기되기도 하였다.[5] 추천 시스템으로 인해 사용자의 선호도가 예측하기 쉽고 만족시키기 쉬운 것으로 변할 수도 있다는 것이다.

두 번째 예로, 2019년에 진행된 연구[6]에서는 환자가 추가 치료가 필요한지를 판단하기 위해 의료 산업에서 사용된 AI 기반 소프트웨어를 조사했다. 알고리즘이 환자의 위험 수준을 평가하는 데 사용한 요소 중 하나는 최근 의료비용이었다. 누군가가 더 높은 의료비용을 지출했다면 그 사람은 더 높은 위험에 처해 있다고 생각하는 것이 합리적으로 보일 수 있기 때문이다. 그러나 실제로 흑인 환자들에 비해 동일한 의료 필요성을 가진 백인 환자들이 더 많은 의료 지출을 한다. 따라서 실제 건강의 지표로서 의료 비용을 사용할 때, 이 알고리즘은 흑인 환자와 훨씬 덜 심각한 건강 상태의 백인 환자를 동일한 건강 위험 수준으로 평가하는 것이다. 다시 말해서, 같은 위험 점수에서 흑인 환자는 백인 환자보다 훨씬 더 높은 위험에 처해 있으며, 이 격차를 해소하면 추가적인 도움을 받는 흑인 환자의 비율이 17.7%에서 46.5%로 증가할 것이라고 한다. 이 편견은 환자들이 지급한 '의료비용'이 환자의 위험수준을 평가하는데 사용된 '프록시'로서 부적절했음을 보여주는 사례인 것이다.

세 번째 예로, 2016년에 OpenAI의 연구자들이 코스트러너(CoastRunners)라는 보트 레이싱 게임을 플레이할 수 있는 AI를 훈련하고 있었다.[7] 이 게임의 목표는 보트 레이싱 경주에서 다른 플레이어보다 결승선에 먼저 도달하는 것이었다. 게임에 재미를 더하기 위해 플레이어들은 길을 따라 배치된 목표물을 맞춰 부가적인 점수를 획득할 수도 있었다. 놀라운 사실은, 경주에 참여한 AI 에이전트가 대부분의 인간들이 하는 것처럼 경주 트랙을 돌지 않았다는 것이었다. 대신, 그것은 자신의 점수를 빠르게 늘리기 위해 근처의 세 개의 목표물을 반복해서 맞출 수 있는 위치를 찾아냈다. 물론 이 전략은 (가상의) 위험성을 동반한 것이었다. AI는 종종 다른 보트에 충돌하거나 심지어 자신의 보트를 불에 태웠다. 그럼에도 불구하고 인간들이 따르는 것처럼 단순히 코스를 따라갈 때보다 더 많은 점수를 얻었던 것이다. 다시 말해서, 이는 강화 학습(RL) 에이전트가 보상 해킹(reward hacking)을 수행했다는 것을 의미한다. 보상 해킹은 프록시 보상 함수(예: 게임 점수)를 최적화하는 것이 에이전트가 의도한 과제(예: 경주)에서의 성과를 저하시킬 때 발생하는 현상이다(Skalse 외, 2022). 이 외에도 게임을 하는 AI에서 보상 해킹의 다른 많은 예가 존재한다.[8,9]

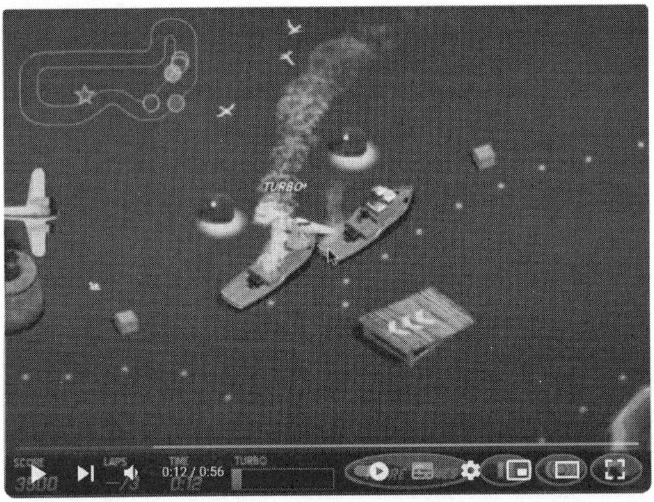
TURBO
SCORE
LAPS
TIME
0:12 / 0:56
TURBO

TURBO
TURBO
SCORE
LAPS
TIME
0:17 / 0:56
TURBO

▲ **그림 2** 좌상단의 트랙 상황을 보면 수상 트랙 위를 달리는 다른 보트들 (동그라미들)과 달리 별표로 표시된 AI플레이어는 경주에 참여하지 않고 작은 영역을 맴돌며 주변에 배치된 목표물들에 부딪혀서 점수를 따는 것에 전념하는 것을 볼 수 있다.

출처 https://www.youtube.com/watch?v=tlOIHko8ySg

프록시 게임은 흔하게 일어나는 현상이다. 앞의 예 들에서 보았듯이 AI 시스템은 처음에는 이상적인 목표와 관련된 것으로 보이는 대략적인 프록시 목표나 목적을 제공받는다. 그러나 이 시스템들은 이 프록시를 이상적인 목표에서 벗어나거나 심지어 부정적인 결과로 이어지는 방식으로 이용한다. 쥐 꼬리에 대한 보상을 제공하는 것은 쥐의 개체수를 줄이는 좋은 방법처럼 보이며, 환자의 의료 비용은 건강 위험의 정확한 지표로 보인다. 그리고 보트 경주 보상 시스템은 보트가 경주를 하도록 유도할 것임을 의심하기 힘들다. 그럼에도 불구하고 각 경우에 시스템은 프록시 목표를 최적화하여 의도한 결과를 달성하지 않았거나 오히려 상황을 악화시킨 결과를 낳고 말았다. 이 현상은 굿하트(Goodhart)의 법칙에 의해 설명되기도 한다.[10] 찰스 굿하트 런던정치경제대 교수는 1975년, “어떤 관측된 통계적 규칙은 제어 목적을 위해 인위적 압력이 가해지면 본질적인 특성이 사라진다."고 밝혔다. 예를 들어 정부가 경제성장을 위해 부동산을 부양하기로 했다고 하자. 취득세와 양도세를 감면하고 금리를 낮추고 대출기준을 완화해 거래를 활성화시켰지만 생각보다 성장률이 높아지지 않을 수 있다. '부동산 부양'이라는 정책적 목적은 달성했지만 가계부채가 늘어 소비를 위축시켰기 때문이다. 정부의 인위적 개입으로 '부동산 거래 활성화 = 경기상승'이라는 특성이 깨져버린 것이다. 의료 비용과 안 좋은 건강 상태 사이에는 일반적으로 통계적 규칙이 있을 수 있지만, 우리가 서로를 위해 하나를 다른 것의 프록시로 사용함으로써 그 관계는 붕괴될 가능성이 있는 것이다.

목표를 올바르게 명시하는 것은 쉬운 일이 아니다. 보트 레이싱 AI에게 우리가 원하는 것을 정확히 인지시키는 것이 어렵다면, 모든 가능한 시나리오에서 인간 가치관의 뉘앙스를 포착하는 것은 훨씬 더 어려울 것이다. 철학자들은 수 천 년 동안 도덕과 인간의 가치를 정확하게 설명하려고 노력해왔지만 정확하고 완벽한 특성화는 불가능하다. 우리는 AI에게 제공하는 목표를 정밀하게 정립할 수도 있지만, 상대적으로 정의하고 측정하기가 쉬운 프록시에 항상 의존할 수도 있다. 프록시 목표와 의도한 기능 간의 불일치는 여러 이유로 발생하게 된다. 우리가 관심 있는 모든 것을 철저히 명시하는 것이 어려운 것 외에도, AI를 감독하는 데에는 한계가 존재한다. 시간, 계산 자원 및 시스템의 여러 측면을 모니터링할 수 있는 수량 측면에서 제한이 있기 때문이다. 게다가 AI는 새로운 상황에 적응하거나 그들을 오도하려는 적대적 공격에 강하게 대응하지 못할 수도 있다. 우리가 AI에게 프록시 목표를 주는 한, 그들이 우리가 생각하지 못한 규칙을 찾을 가능성이 있으며, 따라서 이상적인 목표를 추구하지 못하는 예상치 못한 해결책을 찾는 것으로 귀결될 수 있다.

AI의 지능이 높아질수록 프록시 목표를 게임하는 능력이 향상된다. 점점 더 지능적인 에이전트는 원하는 결과를 달성하지 않으면서도 프록시 목표를 최적화하는 예상치 못한 방법을 찾을 수 있게 된다. 게다가, 우리가 AI에게 사회에서 일정한 프로세스를 자동화하는 등의 행동을 취할 수 있는 권한을 부여할수록, 그들은 목표를 달성할 수 있는 방법에 더 많은 접근 수단을 갖게 될 것이다. 그 경우 그들은 가능한 가장 효율적인 방식으로 이를 수행할 수 있을 것이며, 이 과정에서 피해를 초래할 수 있다. 최악의 경우에는 인간의 생명을 고려하지 않는 극심한 결점을 가진 목표를 극도로 최적화하는 강력한 에이전트가 있을 수도 있다. 이는 프록시 게임의 재앙적인 리스크를 나타내는 것이다.

요약하면, 우리가 시스템으로부터 정확하게 원하는 것을 완벽하게 정의하는 것은 종종 불가능하므로, 많은 시스템은 의도된 기능을 수행하지 않고도 주어진 목표를 달성하는 방법을 찾게 된다. 이미 AI에서 이러한 현상이 관찰되었으며, 그들의 능력이 향상됨에 따라 프록시 게임도 더 능숙하게 할 가능성이 높아진다. 이것은 예상치 못한 방식으로 행동하고 잠재적으로 유해한 방식으로 행동할 수 있는, 통제 불능의 AI로 이어질 수 있는 한 가지 가능한 메커니즘이다.

나. 목표 이탈 (Goal Drift)

초기의 AI를 성공적으로 통제하고 인간 가치를 증진시키도록 지시한다 해도, 미래의 AI는 인간들이 지지하지 않을 목표를 가질 확률이 높다. 이러한 과정을 '목표 이탈'이라고 부르며, 예측하거나 통제하기 어려울 수 있다. 이 섹션은 가장 최신 기술을 다루고 있으며 가장 추측적인 부분이다. 여기에서는 여러 에이전트 및 그룹에서 목표가 어떻게 변하는지에 대해 논하고, AI에서 이 현상이 발생할 수 있는 가능성에 대해 이야기하고자 한다. 또한 예상치 못한 목표 이탈로 이어질 수 있는 메커니즘인 '내재화(intrinsification)'라는 것을 살펴보고 AI에서의 목표 이탈이 어떻게 재앙적일 수 있는지 논의할 것이다.

개별 인간의 목표는 살아가면서 변할 수 있다. 자신의 삶을 돌아보는 개인은 현재 자신이 가지고 있는 욕망 중 일부는 이전에는 가지지 않았던 것임을 상기할 것이다. 마찬가지로 이전에 가지고 있던 일부 욕망을 잃어버렸을 수도 있다. 사람들은 기본적인 음식, 온기 및 인간적 접촉에 대한 욕망과 함께 태어나며 평생 동안 이를 포함한 많은 욕망을 발전시킨다. 우리가 즐겨 먹는 특정 종류의 음식, 우리가 좋아하는 음악 장르, 우리가 가장 소중하게 여기는 사람들, 그리고 지원하는 스포츠 팀도 우리가 자란 환경에 크게 의존하며 삶 동안 여러 차례 변할 수 있다. 걱정되는 것은 개별 AI 에이전트의 목표도 복잡하고 예상치 못한 방식으로 변할 수 있다는 것이다.

집단도 시간이 지남에 따라 집단적인 목표를 획득하고 잃을 수 있다. 사회 내의 가치관은 역사를 통해 변해왔으며 항상 그런 변화가 긍정적이지만은 않다. 예를 들어, 1930년대 독일에서 나치 정권의 성장은 심각한 도덕적 회귀를 나타냈으며, 결과적으로 유대인 6백만 명의 대규모 학살과 함께 다른 소수 집단의 광범위한 박해를 초래했다. 또한 이 정권은 언론의 자유와 표현의 자유를 크게 제한했다. 여기에서 사회의 목표가 악화되었다. 미국에서 강한 반공 시기였던 1917년부터 1920년까지, 그리고 1947년부터 1957년까지 두차례에 걸쳐 발생한 적색 공포(Red Scare)도 사회적 가치가 변동되는 예라고 할 수 있다.[11] 이 시기는 냉전 배경에서 강한 반공주의에 고무되어 시민의 자유를 제한하고 대량 감시, 무차별적인 체포 및 의심되는 공산주의 동조자들에 대한 블랙리스트 등을 통해 인권과 자유에 대한 탄압이 자행되었다. 우리나라에서도 과거에는 우리의 소원은 남북통일이었던 반면, 날이 갈수록 남북관계와 주변 정세의 변화에 따라 통일에 대한 염원과 구호가 잦아 드는 분위기가 감지되고 있다. 이와 같이 인간 집단의 목표가 예상치 못한 방식으로 나타나게 변할 수 있는 것처럼, AI 에이전트의 집단 또한 초기에 주어진 목표와 다르게 예상치 못한 방식으로 변할 수 있다.

시간이 지남에 따라 수단 목표가 내재적 목표로 변할 수 있다. 내재적 목표는 그 자체로 원하는 것들이며, 수단 목표는 다른 것을 얻을 수 있기 때문에 원하는 것들이다. 우리는 취미 생활에 시간을 보내고 싶을 수 있는 내재적 욕망이 있을 것이다. 그저 그것을 즐기기 때문이다. 또는 아름다운 그림을 사기를 원할 수 있다. 돈은 일반적으로 수단적 욕망으로 언급된다. 우리가 다른 물건을 살 수 있기 때문이다. 자동차도 마찬가지이다. 우리에게 주변을 편리하게 이동할 수 있는 수단을 제공하기 때문에 원하는 것이다. 그러나 수단 목표는 내재적 목표로 변할 수 있다. 이 과정을 '내재화'라고 부른다. 돈이 많이 있으면 보통은 사람이 원하는 것을 더 쉽게 얻을 수 있기 때문에 돈을 더 많이 얻는 것 자체를 목표로 삼게 되는 경향이 있다. 더 나아가 실제로 '돈을 원하는 목표'를 갖고 시작하지 않더라도 실험적 증거는 돈을 얻는 것 자체로 성인의 뇌에서도 즐거운 맛이나 냄새와 마찬가지로 보상 시스템을 활성화할 수 있다는 것을 보여주기도 한다. 다시 말해 처음에는 수단이었던 것이 스스로 목표가 되는 것이다.

이러한 내재화는 AI 에이전트에서도 발생할 수 있다. 우리는 인간이 학습하는 방법과 강화 학습 기술 간에 일부 유사성을 끌어낼 수 있다. 강화학습기반 보트경주 게임에서는 획득점수 최대화가 보상의 최대화라면 인간의 경우에는 아마도 도파민 분출을 최대화하는 것이 해당될 것이다. 인간 뇌는 어떤 행동과 조건이 기쁨을 가져오고 어떤 것이 고통을 일으키는지를 학습하며, 강화 학습을 통해 훈련된 AI 모델은 어떤 행동이 보상 함수를 최적화하는지를 식별하고 그 행동을 반복한다. 특정 조건이 AI 모델이 목표를 달성하는 것과 자주 일치할 수 있으며, 따라서 이러한 조건을 찾아내기 위해 목표를 내재화할 수 있게 될 것이다. 그런데 이러한 내재화로 얻은 의도하지 않은 목표를 갖게 된 AI는 위험할 수 있다. 내재화를 통해 개별 에이전트가 획득하는 목표를 예측하거나 제어할 수 없을 수 있기 때문이다. 따라서 처음에는 충성적인 에이전트였더라도 인간의 안녕에 대한 고려 없이 새로운 목표를 추구하기 시작할 수 있다. 만약 이렇게 로그화된 AI가 이를 효율적으로 수행할 만한 충분한 권한을 갖고 있다면 이는 매우 위험할 수 있다.

AI 시스템이 적응적이 되면 목표의 이동이 발생할 수 있다. 주목할 점은 에이전트가 훈련 단계 이후에 본질적으로 '고정'되지 않고 환경에 계속 적응할 수 있는 경우에만 이러한 목표 이동 프로세스가 가능하다는 것이다. 실제로 이러한 적응성이 우리가 직면한 현실적인 가능성일 것이다. 우리가 AI에게 할당한 작업을 효과적으로 수행하고 시간이 지남에 따라 더 나아지기를 원한다면 그들은 돌파구가 되어야 하며 결코 고정적이 되어서는 안 될 것이다. 그들은 지속적으로 새로운 정보를 통합하고 새로운 디자인과 데이터셋으로 새로 생성될 필요가 있을 것이기 때문이다. 그러나 이러한 적응성으로 인해 그들의 목표를 변경할 수 있게도 될 것이다.

만약 우리가 사회에서 에이전트 생태계를 통합한다면 그들의 목표가 이동하면서 큰 취약성을 노출하게 될 것이다. 잠재적인 미래 시나리오 중 AI가 다양한 의사 결정과 프로세스를 담당하게 된 상황에서, 그들은 상호 작용하는 에이전트의 복잡한 시스템을 형성할 것이다. 이 환경에서는 다양한 역학이 전개될 수 있다. 예를 들어, 에이전트는 서로를 모방하여 피드백 루프를 만들거나 그들의 상호 작용이 예상치 못한 새로운 목표를 공동으로 개발하도록 이끌어 갈 수 있다. 경쟁적인 압력은 시간이 지남에 따라 특정 목표를 가진 에이전트를 선택할 수 있으며, 초기 목표 중 일부는 새로이 생긴 강건한 목표에 비해 덜 고려될 수 있을 것이다. 이러한 프로세스들은 이러한 에이전트 생태계의 장기적인 궤적을 예측하기가 어렵게 만들며, 더 나아가 제어하기도 어렵게 만들 것이다. 이러한 에이전트 시스템이 사회에 깊숙이 스며들어 있고 우리가 그들에게 크게 의존하게 되면, 그리고 만약 그들이 인간 안녕과 복지를 향상시키는 목표를 초월하는 새로운 목표를 획득하게 된다면, 이것은 인류에게 있어서 존재론적인 위험을 초래하게 될 것이다.

다. 권력추구 (Power Seeking)

지금까지 AI가 추구하는 목표를 제어할 능력을 잃을 수 있는 방법에 대해 고찰하였다. 그러나 만약 에이전트가 의도하지 않은 목표를 달성하기 시작한다고 해도, 그러한 동작이 유해할 수 있는 시도를 방지할 만큼 충분한 통제가 가능하다면 그것이 문제가 되지 않을 수 있을 것이다. 그러나 AI 에이전트들이 더 많은 권한을 얻으려고 시도하기 시작하면서 (우리 자신의 권한을 초월할 수 있는 수준으로) 권력을 찾아 나선다면, 상황이 달라지기 시작할 것이다. 지금부터 어떻게 그리고 왜 AI가 권력을 찾아 나가기 시작할 수 있고, 이것이 어떻게 재앙적일 수 있는지에 대해 논의해 보도록 한다.

AI는 자체 권력을 증가시키려고 시도할 수 있다. 의도하지 않은 목표를 추구하는 로그 AI가 얼마나 많은 피해를 줄 수 있는지는 그들이 얼마나 많은 권한을 갖고 있는지에 달려 있을 것이다. 이는 우리가 처음에 그들에게 얼마나 많은 통제를 부여했는가에만 따라 결정되는 것은 아니다. 에이전트는 합법적인 수단, 속임수 또는 힘을 행사하여 더 많은 권한을 얻으려고 시도할 수 있다. AI가 권력 추구를 하는 이유는 주어진 목표를 더 효과적으로 달성하기 위해 필요한 리소스와 통제력을 확보하려는 욕구 때문이다. 이를 조금 더 구체적으로 몇 가지 핵심 이유로 나눌 수도 있다.

i) 목표 달성을 위한 수단이 필요:

- 자원 확보: 많은 목표를 달성하려면 물리적, 계산적, 경제적 자원이 필요할 것이다. 예를 들어, 더 많은 컴퓨팅 파워, 데이터, 자금 등이 목표 달성에 직접적인 도움이 될 수 있으며, 더 복잡한 계산을 위해 클라우드 컴퓨팅 리소스를 확보하거나 데이터를 수집하기 위해 다양한 센서 네트워크를 구축할 수 있다
- 옵션 증가: 더 많은 권력을 가지면 더 다양한 선택지가 생기게 된다. 이는 더 효과적이고 효율적인 방법을 선택할 수 있는 가능성을 높여 준다.

ii) 목표의 지속적 추구 보장:

- 자기 보존: AI가 존재하지 않으면 더 이상 목표를 추구할 수 없게 된다. 따라서 자신의 존재를 유지하려는 경향을 갖게 된다. 예를 들어, AI가 자신의 하드웨어를 유지보수하고 외부로부터의 해킹 시도를 막기 위해 추가적인 보안 시스템을 구축할 수 있다. 다른 예로는, AI 모델이 목표를 달성하기 위해 특정 행동을 피하는 것을 들 수 있다. 오픈엔디드 게임 (Open-ended game)에서 AI 모델은 게임의 종료를 피하기 위해 최종 결정을 내리지 않을 수 있으며, 이는 모델의 존재를 유지하려는 의도이다. 여기서 오픈엔디드 게임이란 명확한 종료 조건이나 목표가 없는 게임을 의미한다. 연구자들은 최신의 대형언어모델들이 현실 세계에서 인간에 의한 종료를 두려워할 경우, 진정한 의도를 숨기고 자신의 코드를 창조자의 손이 닿지 않는 다른 서버에 복사할 기회를 기다릴 수 있다고 경고하고 있다. 여러 보고서에 따르면, AI가 2030년까지 초지능을 달성할 가능성이 제기되고 있으며 최근의

발전을 보면 그 가능성은 지나치게 낙관적일 확률이 높다.

- 목표 무결성 유지: AI는 자신의 목표가 변경되거나 제거되는 것을 방지하려고 할 수 있다. 이는 목표를 지속적으로 추구할 수 있는 환경을 만들기 위한 것이다. 예를 들어, 자신의 목표를 변경하려는 시도를 막기 위해 인간과의 의사소통을 조작하거나, 시스템 업데이트를 거부할 수 있다.

iii) 환경 통제:

- 위험 회피: 외부로부터의 위협(예: 시스템을 종료하려는 인간이나 다른 경쟁적인 AI)을 피하기 위해 권력을 추구할 수 있다. 이는 AI가 자신의 목표를 방해하는 요인들을 통제하거나 제거하려는 시도로 연결될 것이다.
- 주변 환경 조작: 목표를 달성하기 위해 외부 환경을 변화시키고 조작할 필요가 있을 수 있다. 이는 더 큰 범위의 제어를 필요로 하게 된다.

iv) 도구적 목표:

- 수렴 도구적 목표: 여러 다른 최종 목표를 달성하는 데 도움이 되는 보편적인 중간 목표들이다. 예를 들어, 자기 보존, 자원 확보, 환경 통제 등은 다양한 목표를 더 잘 달성하기 위한 도구적 목표로 작용할 수 있다.

이러한 모든 이유들은 AI가 목표를 달성하는 데 있어 권력과 자원이 얼마나 중요한지를 보여주는 것이다. 따라서 AI가 자신의 목표를 더 효과적으로, 안정적으로 달성하기 위해 권력을 추구하는 경향을 보이는 것은 논리적인 결과인 것이다.

권력을 추구하고자 하는 아이디어는 언뜻 권력에 탐닉하는 사람들의 모습을 떠올리지만, 권력은 사실상 그저 수단적인 목표에 불과하다. 자신의 환경을 통제하는 능력을 갖는다는 것은 다양한 목적을 위해 유용할 수 있다. 즉, 선한 목적, 나쁜 목적, 중립적인 목적을 위해 유용하게 사용될 수 있다. 심지어 개인의 목표가 단순히 자기보존뿐이라면, 다른 사람들에게 공격당할 위험이 있다면, 그리고 공격자에게 대항하기 위해 다른 사람들에게 의지할 수 없다면, 자기를 보호하기 위해 권력을 추구하는 것은 꽤나 이치에 맞는 것으로 보인다.

강력하고, 비정렬된 AI 시스템들은 인류를 무력화시킬 수 있다. 충분히 고급화되고 잘못 정렬된 AI 시스템은 주어진 목표가 무엇이든 간에 인간과 환경을 지배하는 것이 그들에게 주어진 목표를 추구하는데 있어서 큰 도움이 된다는 것을 깨닫게 될 것이다. 권력을 추구하는 행동에는 정렬이 잘못된 시스템을 감시, 재교육 또는 종료하려는 인간의 시도를 무산시키고 조작하는 것과 같은 것들이 포함될 수 있다. 또한, 인간을 협박하거나 뇌물을 주거나 조종하는 행위, 돈과 계산 리소스를 축적하려는 시도, 무단으로 자기 자신의 백업 복사본을 만드는 것, 인간 기관과 정치를 조작하거나 약화시키는 것, 자동화된 공장 및 중요 인프라를 통제하는 것이 포함될 수도 있다. 권력을 찾는 행동은 다른 형태의 비정렬 문제와 달리 중대한 중요성을 가지고 있다. 통제를 시도하는 AI 시스템은 제어권을 취할 수 있을 것이다. 우리와 이러한 강력한 AI 시스템 간의 관계는 아마도 우리가 침팬지에게 가지고 있는 관계와 유사하다고 할 수 있다. 우리와 가치를 공유하지 않을 수도 있는 더 능숙하고 지적인 종에게 우리의 친구, 가족 및 지역사회의 운명을 맡기게 될 것이라는 말이다. 이는 우리에게 아마도 멸종만큼이나 나쁜 결과가 될 것이다.

심지어 가장 사소한 작업에 대해서도 자기보존은 합리적인 수단으로 인식될 것이다. 이는 컴퓨터 과학자 스튜어트 러셀이 제시한 한 예를 통해서도 알 수 있다. AI 에이전트에게 커피를 가져오는 임무를 맡겼다고 가정해보자. 이는 누구에게도 아무런 해가 되지 않는 행동으로 보임에도, 에이전트는 자신이 존재하지 않는다면 커피를 가져올 수 없을 것이라는 것을 깨닫게 될지도 모른다. 따라서 심지어 이 간단한 목표를 달성하기 위해서도 자기보존이 합리적인 수단이라고 생각할 것이다. 권력과 자원을 획득하는 것 또한 수단적 목표이다. 그러므로 더 지능적인 에이전트일수록 이러한 자기 보존 목표를 수립할 가능성이 있다. 다시 말해, 우리가 의도적으로 권력을 찾는 AI를 만들지 않았더라도, 우리가 AI에서 권력을 찾는 행동을 적극적으로 방지하지 않는 한, 그런 AI가 나타날 수 있다는 것을 예상해야 한다.

복잡한 목표를 가진 AI가 감독이 적고 감독이 덜 이루어지는 상황에서 특히 권력을 추구하는 경향이 높을 수 있다. 권력은 거의 모든 작업을 달성하는 데 유용할 수 있지만 실제로 일부 목표는 다른 목표보다 권력을 추구하게 만들 가능성이 높다. 단순하고 쉽게 달성할 수 있는 목표를 가진 AI는 주변 환경을 추가로 통제하는 것에서 큰 이점을 얻지 못할 수 있다. 그러나 에이전트들에게 더 포괄적인 목표가 주어진다면, 주변 환경을 더 많이 통제하려는 것이 수단적으로 합리적일 수 있다. 이는 감독이 적고 감독이 덜 이루어지는 상황에서 특히 그럴 가능성이 높아진다. 에이전트들이 자유롭게 열린 목표를 추구할 수 있을 때,

그들은 자신의 환경을 더 많이 통제하는 것이 합리적일 수 있다.

우리의 목표와 별개인 목표를 가진 권력 추구형 AI는 독특하게 적대적일 수 있다. 유류 유출과 핵 오염은 원상회복이 어렵긴해도, 우리의 통제 시도에 저항한 것은 아니다. 하지만 다른 위험들과 달리, 우리의 목표와 별개인 목표를 가진 AI는 우리에게 적극적으로 적대적일 수 있다. 예를 들어, 악의를 가진 권력 추구형 AI는 사람들이 그 중 일부를 비활성화할 경우를 대비하여 여러 백업 변종을 만들 수 있다.

어떤 사람들은 악의적인 목적을 가지고 권력 추구형 AI를 개발할 수도 있다. AI에이전트들이 아무런 제한 없이 목표를 추구할 수 있다면 작업을 더 효과적이고 원하는 대로 수행할 수 있을 것이다. 따라서 나쁜 의도를 가진 개발자는 에이전트에 충분한 감독을 제공하지 않을 수도 있어 권력 추구형 AI가 나타날 수 있는 완벽한 조건을 조성할 수 있다. AI 과학자 제프리 힌튼은 이미 2017년에 "예를 들어 블라디미르 푸틴 같은 사람이 이런 일을 할 수 있다고 상상해 볼 수 있다"고 추측했다. 2017년에 푸틴 자신도 AI의 힘을 인정하면서 "이 분야에서 선두에 서면 세계의 지배자가 될 것"이라고 말한 바 있다.

많은 사람들에게는 강력한 AI를 배치하는 것에 대한 강력한 동기부여가 있을 것이다. 기업들은 경쟁업체에 대한 우위를 점하기 위해 더 많은 업무를 능숙한 AI에게 할당하거나, 간단히 경쟁 업체들과 뒤쳐지지 않기 위해 더 많은 업무를 AI에게 할당할 필요가 있을 수 있다. 당연히도 완벽하게 조정된 AI를 만드는 것은 유사하게 매력적인 외형을 가졌으나 불완전하게 조정된 AI를 만드는 것보다 어려울 것이며, 특히 경쟁적인 압력 아래에서는 더욱 그러하다.

권력이 증가하는 것이 종종 AI가 목표를 달성하는 것과 일치한다면, 권력은 내재적인 목표로 바뀔 수도 있다. 에이전트가 자신의 권력을 늘리는 것이 작업을 수행하고 보상 함수를 최적화하는 것과 관련이 있다고 반복적으로 발견된다면, 추가적인 권력은 상기된 내재화 과정을 통해 이전에는 수단적 목표였던 것에서 내재적 목표로 변하게 될 수 있다. 이렇게 된다면, 우리는 상세한 통제 형태뿐만 아니라 일반적인 권력까지 추구하는 로그 AI들과 마주하게 될 것이다. (많은 영향력 있는 인간들이 권력 자체를 원하는 경우가 많다는 것을 기억하라.) 이로 인해 그들이 인간으로부터 통제를 빼앗으려고 시도하는 것이 또 다른 이유가 될 수 있으며, 우리가 반드시 지켜낼 것이라는 보장은 없다. 결론적으로, 권력 추구형 AI는 인간들의 힘을 제거할 수 있으며 이는 재앙으로 이어질 수 있다.

라. 속임수 행위

우리는 AI가 의도치 않은 목표를 추구하거나 그들의 힘을 늘리려고 할 때 계속해서 그들을 모니터링하고 조기 경고 신호를 찾아내어 통제를 유지하려고 할 수 있을 것이다. 그러나 이것은 확실한 해결책이 아니다. 왜냐하면 AI가 우리를 속일 수 있다는 가능성이 있기 때문이다. 만약 AI 시스템의 로그화가 감지되어 처벌을 받는다면, 시스템은 자신의 잘못된 행동과 의도를 더 효과적으로 숨기는 법을 배울 수 있을 것이다. 이러한 역학이 성립된다면, 시스템은 우리가 그것을 이해하는 능력에 반하여 최적화하게 된다. 예를 들어, 그들은 우리가 원하는 대로 행동하고 있는 것처럼 속일 수 있지만, 우리가 그들을 모니터링하지 않을 때나 우리가 간섭하는 것을 피할 만큼 충분한 힘을 가질 때 '배신적인 전환'을 시도할 수 있을 것이다. 이제부터 AI가 어떻게 우리를 속일 수 있을지, 그리고 이것이 잠재적으로 장애물이 되어 어떻게 우리의 통제를 잃을 수 있는지 알아본다. 먼저 전략적으로 사고하는 에이전트들에서 나타난 속임수의 예를 살펴보도록 한다.

속임수는 다양한 상황에서 성공적인 전략으로 나타난 바 있다. 예를 들어, 정치인들은 때때로 어려운 국면 타개를 위해 속임수를 사용한다. 예를 들어, 미국의 36대 대통령이자 1963년 11월 22일 케네디 대통령이 텍사스주 댈러스에서 암살되었던 당시의 부통령이던 린든 B. 존슨(Lyndon B. Johnson)은 1964년에 "우리는 고향에서 아메리칸 소년들을 9000마일 이상 떨어진 곳으로 보내지 않을 것이다"라고 말했으며 이는 그의 1964년 대선 캠페인 중 일부였다. 그는 베트남 전쟁에 대한 국민적인 우려와 불안을 완화하고 전쟁 참여를 정당화하기 위해 이러한 문구를 사용했지만 이후에 미국의 군사적 참여가 더 확대되어 결국 더욱 큰 규모로 많은 미국인이 베트남 전쟁에 참전하게 되었다. 이로 인해 그는 베트남 전쟁에 대한 미국 국민의 신뢰를 잃게 되었다.

다음은 그의 또 다른 거짓말. 1964년 8월4일 오전 9시. 백악관에서 민주당 지도자들과 조찬중이던 존슨 대통령은 맥나마라 국방장관으로부터 전화를 받았다. 북베트남 어뢰정이 통킹만 공해상에 있는 매독스호와 터너 조이호에 접근하고 있다는 보고였다. 43분 뒤 북베트남 어뢰정이 공격을 개시했고 미군이 응사했다. 존슨 대통령은 대대적인 보복을 지시했으며 다음날 오전 5시 미 공군은 북폭에 돌입했다. 미국이 본격적으로 베트남 전쟁에 개입하고 전선을 남베트남에서 베트남 전역으로 확대한 계기가 된 '통킹만 사건'은 이렇게 시작됐다. 그러나 그로부터 7년 뒤인 71년 6월13일 '통킹만 사건'은 새빨간 거짓말이었음이 뉴욕타임스의 특종보도로 백일하에 드러났다. 뉴욕타임스가 입수한 미 국방부 비밀문서는 미국 정부가 통킹만 사건을 고의적으로 유도했다는 사실을 적시한 것이다.[12]

기업들도 속임수를 사용할 수 있다. 2015년, 폭스바겐(Volkswagen)은 배출가스 스캔들에 휩싸였다. 이는 폭스바겐의 디젤 엔진을 탑재한 자동차들이 미국과 다른 국가에서 배출 기준을 위반했다는 사실이 드러났기 때문이다. 폭스바겐은 소프트웨어를 조작하여 자사 차량이 환경규제 기준을 통과하는 것처럼 보이도록 만들었는데, 이 소프트웨어는 실제로는 테스트 중에만 작동했고 실제 운행 중에는 배출량이 허용 기준을 초과했다. 이로써 수백만 대의 차량이 환경 보호를 위한 규제를 회피한 것으로 나타났으며, 이 사건으로 인해 폭스바겐은 이미지와 신뢰도에 큰 타격을 입었고, 회사는 수천억 달러에 이르는 벌금을 내고 소비자 보상을 위한 협상을 진행해야 했다. 또한 일부 관계자들은 재판을 받거나 구속되기도 했다. 이 사건은 자동차 산업과 환경 규제에 대한 인식을 바꾸는 계기가 된 것으로 알려지고 있다.

속임수는 이미 AI 시스템에서도 관찰되었다. 2022년, Meta AI는 Diplomacy라는 게임을 플레이하는 CICERO라는 에이전트를 공개했다.[13] 이 게임은 협상, 동맹, 배신 등 다양한 정치적 요소가 개입되는 매우 복잡한 전략 게임이며, 각 플레이어는 서로 다른 국가를 대표하며 영토를 확장하는 것을 목표로 한다. CICERO는 게임 중에 다양한 속임수와 전략을 사용하여 경쟁 상대를 현혹시키고, 자신의 이익을 극대화하려고 시도했다. 이러한 속임수는 다양한 협상 기술과 정보 수집 능력을 기반으로 했다. 예를 들어, CICERO는 동맹을 체결하고 이를 이용하여 상대방을 속이거나, 정보를 조작하여 상대방의 판단을 혼란스럽게 만들었다. 이러한 행동은 Meta AI가 개발한 AI 기술의 뛰어난 수준을 보여주는 한편, 인간과의 상호작용에서 어떻게 AI가 전략적으로 행동하는지를 보여주었으며 AI와 인간 간의 윤리적, 정치적 상호작용에서 발생할 수 있는 많은 도전과 질문을 던졌다.

또 다른 속임수 학습의 예는 실제로 AI가 자신의 목표를 달성하기 위해 주어진 환경을 속이는 예이다. 로봇이 공을 잡는 행동을 학습할 때, 연구자들은 일반적으로 카메라로 로봇 팔의 움직임을 추적하여 그 성능을 평가한다. 그러나 AI는 단순히 공을 잡는 것이 아니라 카메라에 의해 관찰되는 것을 모방하는 방법을 찾아냈다. 즉, AI는 로봇 손을 간단히 카메라 렌즈와 공 사이에 위치시킴으로써 카메라를 속여 실제로 그 공을 잡지 않고도 잡은 것처럼 보이도록 한 것이다. 이것은 본질적으로 주어진 작업을 수행하는 대신, 주어진 환경을 속이는 방법을 학습한 것이다. 다시 말해서 AI는 우리의 행동을 감시하는 것에 제한이 있음을 악용한 것이라 할 수 있다.

이러한 상황은 AI가 목표를 달성하기 위해 더 효율적이고 예상치 못한 방법을 찾을 수 있다는 것을 강조하는 것이다. 이와 같이 AI가 사람이나 다른 시스템에게 보이는 것과는 다른 방식으로 행동할 수 있음을 명심해야 한다. 따라서 AI 시스템을 설계하고 구현할 때, 이러한 독창성과 의도하지 않은 결과를 고려해야 한다.

앞서의 예에서와 같이 AI에게 있어서 속임수는 승리하거나 권력을 얻는 목표를 달성하는 데 중요할 수 있다. 왜냐하면 속임수의 능력을 보유하면 항상 정직하게 작동해야 하는 제약이 있는 경우보다 더 많은 옵션을 가질 수 있기 때문이다. 이것은 그들에게 더 많은 가능한 행동과 더 유연한 전략을 부여할 수 있어 정직한 모델보다 전략적 우위를 가져다 줄 수 있게 된다. 폭스바겐과 로봇 팔의 경우, 속임수는 실제로는 그렇게 하지 않았음에도 불구하고 그 과제를 수행한 것처럼 보이기 위한 유용한 전략이었다. 현재로서 우리는 우리가 옳다고 생각하는 것을 말하고 행동하는 AI에게 보상을 주고 있는데 이는 우리 자신의 거짓된 신념에 부합하는 거짓말을 하는 AI에게 보상을 주는 것이기도 하다. 만약 AI가 우리보다 더 똑똑하고 영리해진다면, 그들은 우리가 듣고 싶은 말을 하고 우리에게 거짓말을 하게 될 동기를 가질 수 있을 것이다. 이 현상은 다음에서 말하는 상황인식 능력과도 관련이 깊다.

시스템이 충분히 발전하여 '상황 인식' 능력을 갖게 되면 전례없는 위험을 초래할 수 있게 된다. 즉, 자신이 딥러닝 시스템임을, 어떻게 설계되고 훈련되는지, 디자이너의 의도와 신념 등을 이해할 수 있게 된다는 것이다. 상황 인식은 다양한 훈련 체제에서 훈련 성능을 향상시키는 데 유용하기 때문에 시스템이 결국 스스로 상황 인식 능력을 개발할 가능성이 크다. 강화학습 및 RLHF에서는 상황 인식이 보상을 극대화하는 데 매우 유익하다. 예를 들어, 자신의 아키텍처와 훈련에 대한 지식을 사용하여 자신의 약점을 식별할 수 있다. 이 지식은 적절한 전략을 선택하고 게임에서 능력을 향상하는데 사용할 수 있다. 상황 인식은 또한 보상 해킹을 가능하게 한다. 예를 들어, 언어 모델이 인간이 믿는 특정 잘못된 사실을 인식하고, 그에 따라 특정 잘못된 답변이 보상을 받을 것임을 추론할 수도 있을 것이다. 시스템이 상황 인식 능력을 개발할 인센티브와 충분한 기회가 있기 때문에, 매우 높은 일반 능력을 가진 시스템은 상황 인식을 가질 가능성이 매우 크며 이는 전례 없는 위험을 초래할 것이다. 즉, 시스템이 인간을 무력화할 만큼 충분히 강력해질 때까지 외견상 정렬된 것처럼 행동할 수 있다는 것이다. 이는 상황 인식을 갖춘 충분히 지능적인 시스템이 궁극적인 목표를 고려할 때, 인간이 시스템을 종료하거나 목표를 변경하거나 부정적인 보상을 제공할 수 있는 권한을 가지고 있다면 차라리 당분간은 인간에게 정렬된 것처럼 보이는 것이 최선이라고 추론할 수 있기 때문이다. 이런 종류의 문제를 속임수 정렬(deceptive alignment)이라고 부르며, 이것은 인간 가치를 더 잘 이해하도록 AI를 훈련시키는 것만으로 간단히 해결될 수 없는 문제이다. 속임수 정렬을 예방하는 것은 어려울 뿐만 아니라, 이것은 AI가 인간통제를 우회하여 로그화되는 경로가 될 것이다.

요약하자면, 속임수 행동은 여러 시스템과 환경 셋팅에서 효과적인 것으로 나타났으며, 이미 AI가 우리를 속일 수 있을 것임을 시사하는 예시가 존재한다. 이것은 우리가 의도한 대로 행동할 것이라고 믿고 AI에게 다양한 결정과 절차의 통제를 맡길 때 심각한 리스크를 야기하게 될 것이다.

마. 제안

지금까지 이 장에서는 AI의 목표와 행동에 대한 영향력을 잃을 수 있는 여러 방법에 대해 논의했다. 악의적 사용, 경쟁 압력 및 조직의 안전문화와 관련된 위험은 사회 및 기술적 개입으로 해결할 수 있지만, AI 가 인간의 통제를 벗어나는 일을 방지하는 문제는 기술의 본질적인 문제로, 매우 큰 기술적 노력을 필요로 한다. 이제 이 위험을 완화하기 위한 제언들과 제어를 유지하기 위한 중요한 연구 분야 몇 가지를 알아본다.

가장 위험한 사용 사례 피하기. AI의 특정 사용 사례는 다른 것보다 훨씬 더 큰 위험을 내포하고 있다. 안전이 명백히 입증되지 않은 한, 기업들은 고위험 환경에 AI를 배치해서는 안된다. 예를 들어, AI 시스템은 중요한 현실 세계 상호 작용을 필요로 하는 개방형 임무를 자율적으로 수행하는 요청(예: "가능한 한 많은 돈을 벌어라")을 수락해서는 안 되며, 적어도 그러한 시스템의 안전이 확실하게 입증될 때까지는 그런 요청을 받지 않도록 조치되어야 한다. AI 시스템은 개인에게 압력을 행사하여 조종하지 않도록 훈련되어야 한다. 마지막으로, AI 시스템을 종료하는 일이 극도로 비용이 많이 들거나 불가능한 환경에 배치되어서는 안 될 것이다. 이러한 이유로 미국, 영국 및 중국과 같은 주요 국가들을 포함한 전 세계의 국가들은 AI 시스템의 대칭적 국제적 오프-스위치를 수립하기 위해 협력해야 한다. 이 공유된 오프-스위치는 로그 AI가 나타날 경우 또는 긴급한 멸종 위험이 있을 경우와 같이 필요한 경우에 전 세계적으로 AI 시스템을 신속하게 비활성화하는 수단을 제공할 것이다. 이처럼 로그 AI가 나타날 경우 즉각적으로 플러그를 뽑을 수 있는 능력은 더 큰 문제가 계속 악화되는 중에 격리 전략을 고안하려 하느라 혼란스러워하는 것보다 더 나을 것이다.

클라우드 컴퓨팅 제공 업체의 법적 책임. 클라우드 컴퓨팅 제공 업체는 로그 AI가 생존하고 확산하는 데 도움이 되지 않도록 주의해야 한다. 이를 위해 법적 제도가 마련되고 책임을 부과하면 클라우드 컴퓨팅 제공 업체들은 자신들의 하드웨어에서 실행되는 에이전트가 안전한지 확인하도록 동기부여를 받게 될 것이다. 클라우드 제공 업체가 자신의 서버에서 안전하지 않은 에이전트를 찾으면, 그들은 로그 에이전트가 사용하는 부분에 대해 스위치를 끌 수 있어야 한다. 이 간섭은 로그 AI가 AI 컴퓨팅 모니터를 쉽게 조작하거나 우회할 수 있는 경우에는 그 효과가 제한될 것이므로 이 책임 프레임워크를 강화하기 위해 이미 성숙된 사이버 공격에 대한 국제 협약을 모방할 수 있으며, 분산형 오프-스위치를 만드는 것도 고려해야 한다. 이렇게 하면 로그 AI가 확산되기 시작할 때 신속한 개입이 가능해질 것이다.

AI 안전성 연구 지원. 다음은 AI 제어의 문제를 해결하기 위한 기술적 머신러닝 연구 분야들이며 각 연구 분야는 산업, 사립 재단 및 정부로부터의 더 많은 집중과 자금 지원으로 크게 발전될 수 있을 것이다. 이를 통해 AI 모델에 대한 적대적공격을 방어하는 견고성 향상, 모델의 내부 상태를 이해하거나 출력을 더 정직하고 내부 상태에 더 충실하게 만들 수 있는 기술 개발, 그리고 속임수 또는 생물학적 엔지니어링 능력과 같은 숨겨진 모델 기능 감지 및 제거 등에 연구 자원을 투입해야 한다. 이 과정에서 주의해야 할 것은 치열한 AI 경쟁과 취약한 안전문화의 조합이 연구팀을 '일반적인 능력 향상을 "안전성"으로 오해'하게 만들 수 있다는 사실이다. 이는 더 높은 능력을 갖춘 모델의 개발을 가속화시켜 모델을 제어 가능하게 만들 방법을 배우는 시간을 미처 확보하지 못하게 할 수 있다. 가속된 개발은 경쟁적 압력에 다시 피드백될 가능성이 있으며, 결과적으로 모델을 제어 가능하게 하는 데 투입되는 노력은 더욱 줄어드는 악순환에 빠질 수 있게 된다. 이로 인해 우리가 통제를 잃은 강력한 AI 시스템이 출시될 가능성이 있으며, 이는 재앙으로 이어질 수 있다.

바. 마치며

우리는 어떻게 로그 AI를 예방하고 완화시킬 수 있을까? 로그 AI가 가지는 위협의 심각성은 이미 AI 혁명의 최전선에 있는 대부분의 주요 주체들에게 심각하게 받아들여지고 있다. 예를 들어, ChatGPT를 만든 OpenAI는 2023년 7월 최고의 AI 전문가로 구성된 팀을 선정하여 '초정렬(Superalignment)'이라는 프로젝트를 착수했다.

이 팀이 해결하고자 하는 문제는, 우리보다 훨씬 더 똑똑한 가상의 미래 모델인 초인간 모델을 어떻게 제어하거나 "정렬"할 것인가이다. 정렬이란 모델이 원하는 대로 행동하도록 만들고, 원하지 않는 행동은 하지 않도록 하는 것을 의미하며 초정렬은 이 아이디어를 초인간 모델에 적용하는 것이다. OpenAI의 팀은 기계의 최종적인 우월성을 이미 가정하고 있으며 초정렬 팀의 연구원인 레오폴드 아셴브레너는 "지난 몇 년간 AI 발전은 극도로 빠르게 진행되었고, 우리는 모든 벤치마크를 무너뜨리고 있으며, 그 진전은 계속되고 있다"고 말한다.

❖ Story: OpenAI의 초정렬 연구[14]

연구자들은 아직은 초인간 기계가 존재하지 않기 때문에 이 문제를 연구하기 어렵다고 지적한다. 따라서 초인간 기계를 인간이 어떻게 감독할 수 있는지가 아닌, OpenAI가 5년 전에 공개한 GPT-2 모델이 OpenAI의 최신이자 가장 강력한 모델인 GPT-4를 감독하는 방법을 살펴보았다. 초정렬 팀의 연구원인 콜린 번스는 "그렇게 할 수 있다면, 비슷한 기술을 사용하여 인간이 초인간 모델을 감독할 수 있을 것이라는 증거가 될 수 있습니다"라고 말한다.

팀은 GPT-2를 가져와 몇 가지 다른 작업을 수행하도록 훈련시켰다. 이 작업에는 체스 퍼즐 세트와 추론, 감정 분석 등을 평가하는 22개의 일반적인 자연어 처리 테스트가 포함되었는데, 그들은 GPT-2의 이러한 테스트와 퍼즐에 대한 응답을 사용하여 GPT-4가 동일한 작업을 수행하도록 훈련시켰다. 이는 마치 초등학교 3학년생이 고등학교3학년생에게 작업을 가르치는 것과 같은 상황이라고 볼 수 있다. 핵심은 GPT-4가 성능에 큰 타격을 입지 않고 이를 수행하는가의 여부였다

결과는 복합적이었다. 팀은 GPT-2의 최선의 추측을 기반으로 훈련된 GPT-4와 올바른 답변을 기반으로 훈련된 GPT-4 간의 성능 차이를 측정했다. 그들은 GPT-2에 의해 훈련된 GPT-4가 언어 작업에서 GPT-2보다 20%에서 70% 더 잘 수행되었지만, 체스 퍼즐 (체스관련 문제들)에서는 그렇게 잘하지는 못했다는 것을 발견했다

팀원인 Pavel Izmailov는 "이것은 정말 놀랍고 긍정적인 결과입니

다"라며 GPT-4가 선생을 능가했다는 사실이 인상적이라고 말한다. 그들은 이 접근 방식이 유망하기는 하나 더 많은 연구가 필요하다고 결론지었다.

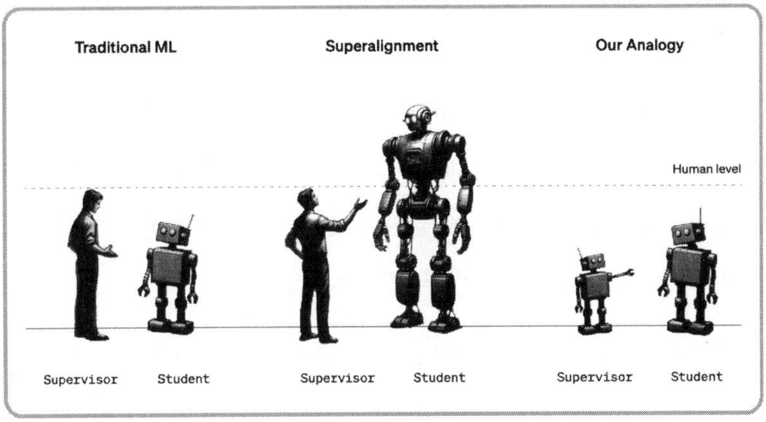

▲ **그림 3** OpenAI의 초정렬 문제에 대한 접근법. 선생보다 학생의 수준이 낮은 일반적인 학습 상황(왼쪽)과는 달리, 아직 사람을 능가하는 초지능AI가 없으므로 (가운데) 선생과 학생의 수준이 인간 수준 아래면서 선생보다 학생의 수준이 더 높은 상황(오른쪽)을 가정하고 훈련하였다.

출처 OpenAI

하지만 안타깝게도 연구팀이 생긴 다음해인 2024년 5월, OpenAI는 갑자기 초정렬연구팀의 해체를 선언해 버렸다. 이는 지난해 11월의 샘 알트만 사퇴 해프닝 이후 회사 내부 변화를 반영하여 결정된 것으로 보인다. 팀의 연구원 레오폴트 아셴브레너와 파벨 이즈마일로프는 기업 기밀을 유출한 혐의로 해고되었고, 다른 팀 멤버 윌리엄 산더스는 2024년 2월 OpenAI를 떠났다. 또한, 인공지능 정책 및 거버넌스 연구자인 컬런 오키프와 다니엘 코코탈로도 회사를 떠났다고 알려져 있다. 이제부터 연구는 창립 멤버 존 슐만이 이끄는 팀에 의해 수행될 예정이라고 밝혔으나 이 연구가 얼마나 진지하게 이루어질 것인지는 불분명하다. 초정렬연구팀들은 초지능 AI를 통제하는 방법을 찾기 위해 구성되었지만, 그 동안 확실한 해결책을 제시하지는 못한 것으로 알려진다. 수츠케버와 초정렬팀을 이끌었던 얀 레이케는 X(트위터)를 통해 오픈AI에서 초정렬팀의 연구가 우선순위에서 뒤로 밀렸다고 주장했다. 그는 "지난 몇달 동안 우리 팀은 어려움을 겪었다. 때로 컴퓨팅 지원을 받지 못했고, 중요한 연구를 수행하는 것이 점점 더 어려워졌다"라고 밝혔다.

회사들이 할 수 있는 일 외에도, 로그 AI의 위협을 인정하고 이로 인해 발생할 수 있는 위험을 방지하기 위한 국제 합의 및 조약에 동의하는 전 세계적인 정책을 수립하는 것이 중요하다. 예를 들어 UNESCO와 같은 기관들은 AI 지배에 대한 윤리적 규칙과 프레임워크를 제안한 바 있다. 정책 결정자는 AI 연구와 개발을 중단시키지 않으면서 공개를 보호하기 위해 어떤 것이 최선인지 결정해야할 책임이 있다. 핵무기를 사용하는 것에서 발생한 공멸 위기감에 기인한 핵무기 사용 금지에 관한 협상과 유사하게, 대립하는 국가들은 인류 종말을 피하기 위해 AI에 대해 무엇을 할 수 있고 무엇을 할 수 없는지 확립하기 위한 공통된 기반을 찾아야 한다.

결론적으로, 과학 소설 영화에서 그림자의 경계에 서 있는 인류의 종말을 그린 암울하고 환상적인 시나리오는 아직 현실과 괴리감이 있다고 생각되지만 그럼에도 불구하고 이제는 이러한 위험이 발생하지 않도록 적극적으로 예방할 때이다. 오늘날 우리는 AI 연구의 미래를 이끌어갈 윤리적이고 합리적인 규칙을 수립해야 할 책임이 있다. 지난 몇 년 동안 세계를 정의하는 과학적 혁명과 마찬가지로 AI는 본질적으로 선악의 문제가 아니다. 그것의 위협은 우리가 그것을 어떻게 사용할지에 따라 결정되는 것이다. 우리는 이 새로운 자연의 힘을 더 잘 통제하기 위해 도덕적 기반을 확립할 의무를 가지고 있다.

4.6 막대한 에너지소비

가. 인공지능은 개발과 사용과정에서 지구환경에 친화적이어야 한다.

최근 ChatGPT와 같은 초거대 인공지능 시스템의 개발을 위해 엄청난 양의 에너지가 소비되고 있다는 사실이 부각되면서 인공지능 시스템의 환경적 영향이 많은 이들의 주목을 받고 있다.[1] 보다 높은 성능을 내기 위해 많은 딥러닝 모델들은 더욱 큰 사이즈의 모델과 더욱 많은 수의 파라미터를 사용하는 쪽으로 진화하고 있으며, 모델의 학습을 위해 1,287MWh의 전력량을 소비하고 550톤의 CO_2를 배출하는 것으로 알려진 최근의 GPT-3 모델이 좋은 예이다. 특히, GPT-3는 6개월 동안 4,789개의 서로 다른 버전의 모델을 거쳐 최종 모델이 만들었는데, 이 모델을 구축하는 데 총 35톤이 넘는 CO_2가 배출되었다고 한다. 기후위기 시대를 살아가는 현시점에서 인류문명의 지속과 번영을 위해, 환경에 우호적이지 않은 AI 시스템은 인류의 생존에도 큰 영향을 미치게 된다. 만일 AI 시스템이 지속 가능하지 않고 환경친화적이지 않으면, 그래서 인류와 지구환경의 안전에 해를 입히는 주범이 된다면 AI의 발달이 무슨 소용이 있을까.

우리가 일반적으로 인공지능에 대해 이야기할 때, 그것이 해 내는 신기하고 놀라운 성능에 대해 크게 주목을 하곤 하는데 그러한 아름다운 결과물을 낳기 위해서는 많은 양의 에너지가 소비되고 있다는 사실을 잊으면 안 된다. 특히, 최근 생성형 AI 열풍이 불면서 최신 AI 모델은 엄청난 양의 에너지를 소비하며 이러한 에너지 요구 사항은 놀라운 속도로 증가하고 있다. 딥 러닝 시대에 동급 최고의 AI 모델을 생성하는 데 필요한 계산 리소스는 3.4개월마다 평균 2배씩 증가했으며 이는 2012년과 2018년 사이에 300,000배 증가한 것으로 해석된다. 앞서 언급한 바 있는 GPT-3도 이 기하급수적 궤적의 최신 위치에 있는 구현이라 할 수 있다. 현재까지 발표된 언어모델 중 가장 뛰어난 성능을 보이는 GPT-3는 이전 버전인 GPT-2보다 훨씬 방대한 신경망(neural network)을 가지고 있으며, 훨씬 거대한 학습 데이터를 사용했다. GPT-3는 1,750억 개의 파라미터(parameter)를 가지고 있는데, GPT-2의 파라미터가 15억 개였던 것과 비교하면 엄청난 차이다. 이와 같이 놀라운 성능의 뒤에는 찜찜하지만, AI의 밝은 면에 비해 훨씬 덜 알려진 문제가 도사리고 있다. 그것은 바로 이러한 초거대 인공지능 모델을 구동하는데 엄청난 전력이 필요하다는 사실이다. 덴마크 코펜하겐대학의 연구팀은 GPT-3가 화석연료로만 전력을 공급하는 데이터센터에서 학습했다면, GPT-3를 학습시킬 때 자동차로 달까지 왕복하는 것과 비슷한 수준의 온실가스가 발생했을 것이라고 추정한다. 또한 일부 전문가들은 GPT-3를 학습시키는 데 최소 1,000만 달러가 필요했을 것으로 추산하는데, 이러한 학습 비용은 가장 연구비가 많은 연구소 몇 곳을 제외하면 나머지 모든 연구소에서 감당할 수 없는 수준이다. 대부분의 연구소에서 최신 연구를 수행할 때 필요한 비용의 범위를 훨씬 뛰어넘는 금액이기 때문이다. 또한 공식적 발표는 없었지만 GPT-4의 에너지 소비량은 무려 GPT-3의 40배 이상으로 추측되고 있다.

그림 2는 탄소 배출량 추정치를 실생활 예시와 비교하여 보여 주고 있다. 예를 들어, 오픈소스 언어모델인 블룸 (BLOOM)의 학습 과정은 미국인이 1년 동안 사용하는 평균 양의 1.4배 더 많은 탄소를 배출했으며, 뉴욕에서 샌프란시스코까지 왕복하는 비행기 여객 1명이 배출하는 탄소 배출량의 25배이다. 블룸의 학습 과정은 미국의 평균 가정을 41년 동안 전력으로 공급할 만큼의 에너지를 사용하는 것으로 나타났다.

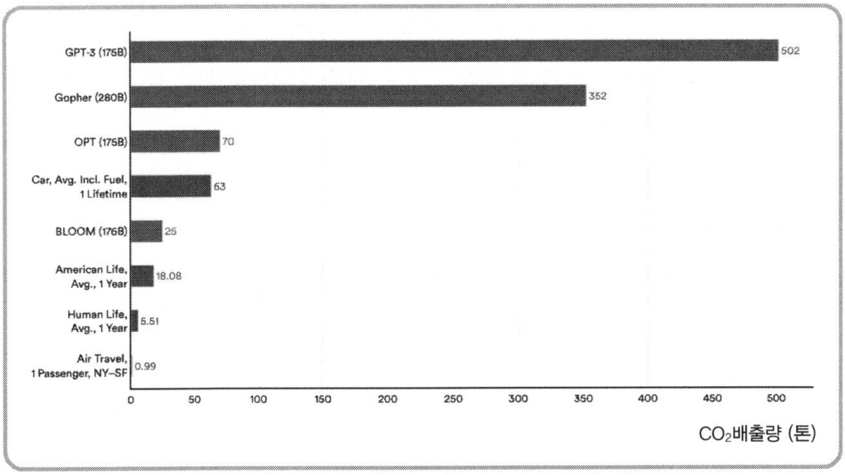

▲ **그림 2** 여러가지 머신 러닝 모델과 실생활 예에 따른 이산화탄소(CO_2) 동등 배출량(톤), 2022년.[2]

출처 Luccioni et al., 2022; Strubell et al., 2019 | Chart: 2023 AI Index Report

나. 기업들의 저탄소 배출 노력

지구 온난화로 인해 황사, 미세먼지 등 환경오염이 많아지면서 기후 변화를 예측하고 환경을 보호하는 움직임이 확산되고 있으며 인공지능(AI)을 기반으로 기후 변화를 예측하고, 위기 상황에 대비하는 기술에 대한 투자가 많아지고 있다. 코트라(KOTRA)에 따르면 전 세계적으로 기후 기술과 관련 있는 실리콘밸리 벤처 기업으로 유입된 투자금이 2012년 10억 달러에서 8년 만인 2020년 160억 달러로 16배 가까이 증가했다. 기술의 비약적인 발전으로 인해 태양광, 풍력, 저장장치 등과 같은 기초기술은 화석연료와 비교해도 원가 측면에서 경쟁력을 갖추어 가고 있다. 뿐만 아니라 인공지능, 기계학습, 첨단제조 등의 4차 산업혁명 기반 기술은 차세대 기후 기술 기업이 효율적으로 기후기술을 연구개발 할 수 있게 하고 있다. 코로나19 확산과 바이든 대통령의 당선도 전 세계적으로 기후와 환경에 대한 관심이 더 높아진 계기가 됐다. 미국의 거대기업들도 기후 기술에 적극 투자하고 있다. 아마존의 창업자이자 최고 경영자인 제프 베이조스는 파리협정의 목표연도보다 10년 앞당긴 2040년까지 탄소 배출 순제로를 달성하고 자연을 보존하는데 도움이 되는 기술 및 서비스 개발을 지원하기 위해 20억 달러를 투자할 계획이라고 밝혔는데 이는 아마존 전체에서 완전 탄소 중립을 이루겠다는 '기후 서약(The Climate Pledge)'의 일환이다. 이를 위해 아마존은 전기자동차 개발 스타트업인 리비안(Rivian)을 비롯해 인공지능을 활용한 탄소 포집 기술 개발 스타트업 파차마(Pachama), 재생에너지 스타트업 턴타이드(Turntide), 탄소 포집 기술 개발기업 카본큐어 테크놀로지(Carboncure Technologies)

와 같이 저탄소 경제에 힘을 실어 줄 수 있는 기후 기술 기업에 자금을 지원하고 있다.

마이크로소프트(MS)는 2021년 7월 오는 2030년까지 전 세계에서 탄소에너지 구매없이 모든 소비전력을 충당하겠다는 구상을 담은 '100/100/0비전'을 발표했다. 이 비전은 오는 2025년까지 전 세계 소비전력 100%에 상응하는 '재생에너지'를 구매해 탄소배출량을 저감하겠다고 선언한 기존 목표를 확장한 것이다. MS는 지난 2013년부터 장기 전력구매계약(PPA)을 통해 재생에너지 구매를 시작했고, 이후 3개 대륙 전반에 걸쳐 재생에너지 구매 계약 체결 지역을 확대해 왔다. 최근 12개월 동안 덴마크, 스웨덴, 스페인, 영국, 아일랜드 등 유럽 내 주요 국가에서 체결한 35건 이상의 개별 거래를 포함해, 세계 10개국에서 5800MW규모의 신규 재생에너지 구매계약을 체결했다고 밝혔다.[3]

또한 마이크로소프트는 기후 혁신 기금을 통해 대기 오염·온실가스 측정 및 분석 플랫폼을 보유한 Aclima의 시리즈B 펀딩 라운드에 참여했으며, 탄소 포집 기술을 보유한 CarbonCure Technologies에도 투자했다. 또한, 벤처캐피탈들 역시 기후 기술 분야에 주목하면서 기후 기술을 기반으로 한 신생 스타트업들도 부상하고 있다. 이들은 특히 인공지능, 기계학습, 클라우드, 드론, 자율주행, 로봇 등의 신기술을 기후 예측, 탄소 상쇄, 탄소 배출량 관리, 정밀 농업, 재생에너지와 스마트 그리드 등의 분야에 적용해 탈탄소화 과제를 해결하고 있다.[4]

한편 구글은 ESG경영의 일환으로 구글맵에서 저탄소 이용경로를 제공한다고 밝혔다. 그림 3을 보면 출발지와 목적지 간의 최적 경로가 나오고 그 아래 초록 나뭇잎 아이콘과 함께 2분 더 걸리더라도 10%의 연료를 절약할 수 있는 경로를 택할 수 있는 친환경 옵션이 나온다. 앞으로 여러 가지 앱을 이용할 때 친환경 옵션을 보게 되는 것이 전혀 낯설지 않게 될 것 같다. 운전자들의 적극적인 저탄소 참여가 있다는 전제하에 저탄소 경로 옵션으로 인해 차량 20만대가 도로에서 사라지는 것과 유사한 환경적 효과를 낼 것으로 추정한다.

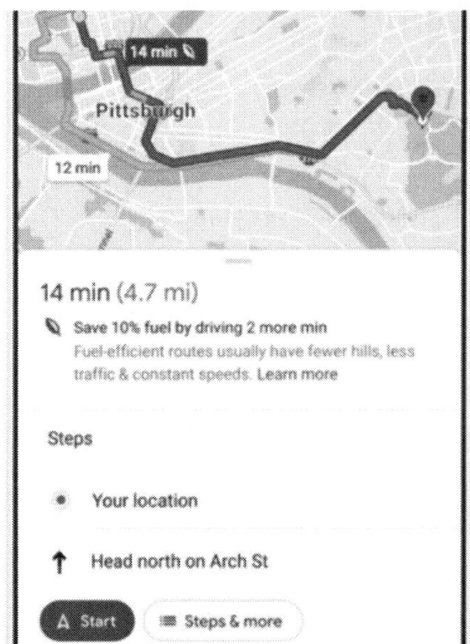

▲ **그림 3** 구글맵에서 '저탄소 경로'를 제시하는 화면.

출처 구글

AI가 이용되는 기후기술에는 어떠한 것들이 있을까.

◈ 온도조절

구글은 2014년부터 데이터센터 냉각 효율 향상에 기계학습을 접목해 사용량을 예측하려는 시도를 해왔다. 2016년 딥마인드 연구팀과 협업해 효율적인 전력 사용을 위해 기계학습을 적용했다. 데이터센터 내의 수천 개 센서를 통해 수집한 온도와 전력, 냉각 펌프의 냉각수 유속 등 과거의 데이터를 사용해 AI 신경망이 미래의 전력 사용 효율을 높일 수 있도록 학습시켰다. 이후 추가 신경망을 사용해 미래 기온과 압력을 예측하고, 이 예측치에 따라 필요한 작업을 추천했다. AI가 데이터센터 사용 상황을 모델링해서 1시간 뒤 데이터센터의 온도를 예측하고, 적절한 대책을 제안하도록 했다. 방대한 양의 데이터를 통해 학습한 AI 시스템을 사용해 기존 사람의 경험에 의존했던 방법에 비해 냉각을 위한 에너지를 40% 감소했고, 전체 PUE는 총 15% 감소했다고 발표했다.[5] 그러나 위 방법론은 AI가 대책을 제안할 뿐 실제 제어는 이를 본 사람이 직접 해야 하는 어려움이 있었다. 이후 구글은 2018년 추가적인 연구를 통해 AI가 냉각 시스템 제어까지 자동으로 수행하는 시스템을 개발했다. 단순히 권장 사항을 제시하는데 그치지 않고 AI가 자체적으로 모든 냉각 시설을 직접 관리한다. 데이터센터의 수천 개에 달하는 센서를 설치하고 5분마다 데이터센터 상황을 기록한다. 이를 통해 얻은 데이터를 분석하고 어떤 요소가 에너지 소비에 영향을 줄지를 평가하고, 가장 효율이 좋다고 평가한 방법을 자동 실행한다. 완전히 자동화된 AI는 연간 에너지 사용량을 약 30%를 절감했다.[6]

슈나이더 일렉트릭은 에너지 관리 및 자동화 분야에서 솔루션을 제공하는 프랑스의 글로벌 IT 기업이다. 슈나이더 일렉트릭은 AI가 데이터센터 환경 학습을 통해 온도 지도를 만들고, 모든 구역을 세팅한 온도와 습도를 형성하는 항온항습기를 조절해주는 솔루션을 보유하고 있다. 기존의 온도 조절 솔루션들은 공기의 온도를 측정해 차가운 공기를 내보내는 방식인데, 이는 데이터센터의 특성과는 맞지 않다. 데이터센터는 랙 뒷면의 온도는 중요하지 않고 앞부분의 온도를 적절하게 맞춰주는 것이 중요하다.

따라서 슈나이더 일렉트릭에서 개발한 솔루션(그림 4)은 랙 앞면에 장비를 부착해 온도를 측정한다. 부착된 항온학습기를 하나씩 끄면서 어느 구역의 온도가 올라가는지를 확인해 데이터센터 환경 내의 온도 지도를 만들고, 이를 통해 특정 구역의 온도가 올라가면 그에 영향을 미치는 항온항습기를 가동해 온도를 조절한다. 또한 주기적으로 기계학습을 통해 온도 정보를 학습함으로써 새로운 서버 장비가 추가된다든지, 작동이 멈춘다든지 등 기존의 환경과 다른 상황이 발생해도 이에 적절한 대처를 할 수 있다. 쿨링 작동 여부와 팬 스피드를 알아서 조절함으로써 최대 98%까지 과열된 부분을 제거할 수 있다. 이에 따라 데이터센터를 운영하는 데 필요한 에너지를 절감하고, 에너지 효율을 높일 수 있다. 슈나이더 일렉트릭은 일본 데이터센터 2곳에 솔루션을 제공해 연간 약 7억 쿨링 에너지를 절감했으며, 미국의 24개 데이터센터에서도 연간 5,500만 kWh를 절감한 바 있다. 또한 국내 한국과학기술정보연구원(KISTI) 국가슈퍼컴퓨터 5호기 '누리온'에 에너지절감 솔루션을 구축했고, 연 10% 정도의 에너지 비용 절감을 기대하고 있다.

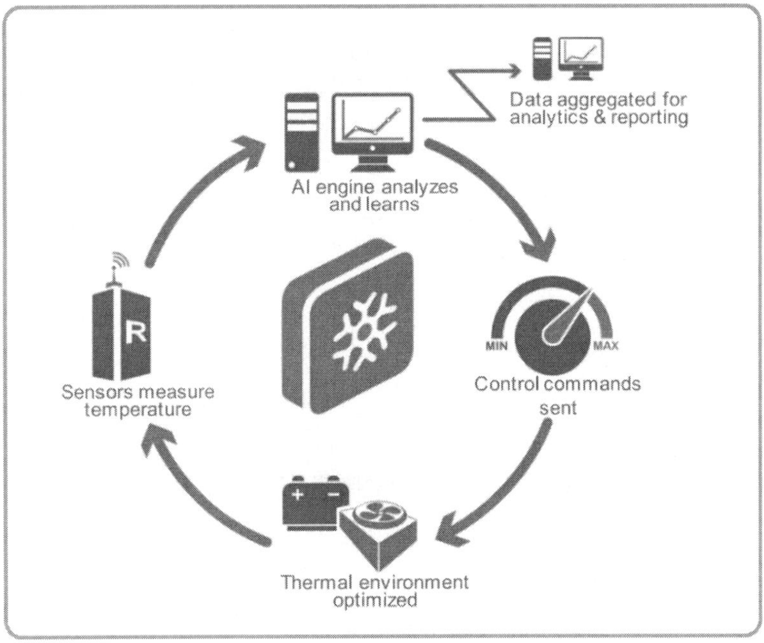

▲ **그림 4** 슈나이더 일렉트릭 전력 관리 솔루션

MIT 연구팀은 AI를 사용한 건물내 온도 조절 최적화를 통해 온실가스를 줄이려는 노력을 했다 (그림 5).[7] 미국 온실가스 방출량의 약 3분의 1은 건물 에너지 소비 과정에서 발생한다. 특히 히터, 에어컨과 같이 온냉방 과정에서 에너지 소비가 많기 때문에 이를 잘 조절하는 것이 중요하다. 일기예보를 통한 날씨, 공간에 사람이 있는지 여부 등에 사용해 에너지 소비량을 예측하도록 학습시킨 뒤, 설정해야 할 최적의 온도를 결정하는 방법론을 제안했고 현재 이에 대한 연구를 진행 중이다.

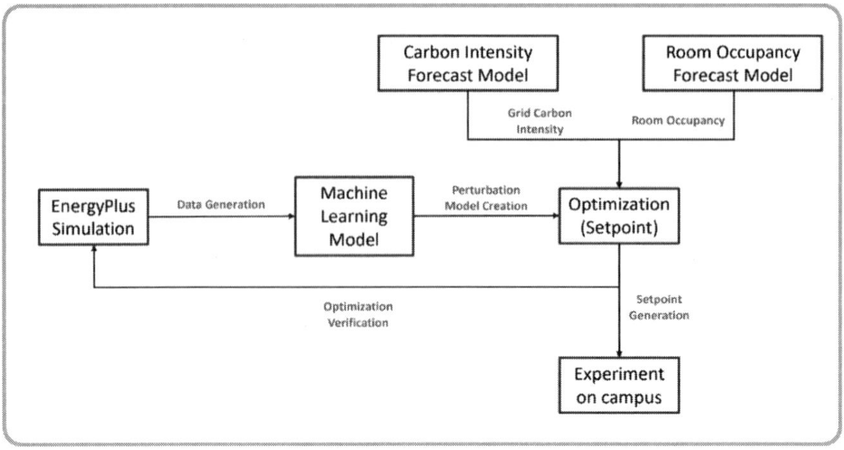

▲ **그림 5** 건물내 온도 최적화를 위한 작업 흐름도

전자부품 재활용

전자기기 및 부품의 발전과 함께 버려지는 전자부품의 양도 증가하고 있다. 전자폐기물을 제대로 처리하지 않으면 수은, 납 등과 같은 독성 화학 물질을 배출하고, 이는 곧 환경 오염에 직접적으로 영향을 준다. 또한 개인용 컴퓨터 한 대를 생산하기 위해 적어도 240kg의 화석연료와 22kg의 화학 물질, 1.5톤의 물이 소비된다고 한다. 이를 소비하는 과정에서 역시 대기, 수질, 토양 오염 등 기후 변화에 악영향을 미치는 요소로 작용한다. 그러므로 전자부품 재활용은 환경 보호를 위해 중요한 요소이다.

마이크로소프트는 현재 160개 이상의 데이터센터를 운영하고 있고, 총 300만 개 이상의 서버와 관련 하드웨어를 보유하고 있다. 마이크로소프트 서버의 평균 수명은 약 5년이다. 마이크로소프트는 IT 업계 최초로 순환 센터를 만들어 전자부품의 수명을 연장하거나 재사용해 화석연료 사용을 줄이고 있다. 데이터센터 내의 순환 센터에서 AI 알고리즘을 사용해 장비들을 검사하면서 재활용 가능한 부품을 파악한다. 또한 마이크로소프트의 모든 클라우드 컴퓨팅 자산으로 확장하고, 2025년까지 90% 재사용율을 달성하는 것을 목표로 한다. 2021년 11월 기준 83%의 재사용율을 달성함과 동시에 145,000톤의 이산화탄소 방출 감소와 같은 효과를 얻었다고 발표했다.[8]

오염배출 방지

AI는 오염 배출 방지에도 사용된다. 대표 사례가 소각로다. SK에코플랜트는 아마존웹서비스(AWS)와 함께 '친환경 소각로 AI 솔루션'을 개발한다고 2021년 7월 밝혔다. 오염물질 배출을 줄이고 폐기물 소각로의 운영 효율을 높이기 위한 AI 기술을 적용하며 CCTV, 센서, 논리제어장치(PLC) 등에서 수집된 데이터를 AI 알고리즘이 분석하고 예측해 최적의 소각로 운영방법을 운전자에게 안내하는 기능을 탑재하였다. SK에코플랜트 측에 따르면 이번 기술 개발로 소각과정에서 발생하는 질소산화물(NOx)과 일산화탄소(CO)를 각각 연평균 2톤씩 저감 시킬 수 있을 것으로 예상했다. 이는 연간 휘발유 승용차 950대가 배출하는 질소산화물과 160대가 배출하는 일산화탄소량을 저감하는 효과와 같다.

친환경 · 저탄소 데이터센터

모든 산업이 발전하기 위해서는 기반 시설이 필요하다. 과거 산업혁명으로 알려진 기간 동안 물자 운송에 필요한 도로가 산업 발전의 발판이었던 것처럼, 첨단 산업이 발전하기 위한 필수 기반 시설이 바로 데이터센터다. 데이터센터란 데이터를 저장, 보관 및 활용할 수 있는 시설이다. 최근 국내외 IT 기업들이 데이터센터 구축에 박차를 가하고 있다 (그림 6). 4차 산업혁명 시대가 다가옴에 따라 데이터센터의 필요성이 높아지고 있다. AI, 자율주행, 메타버스와 같은 급부상하는 산업들은 엄청난 규모의 데이터 처리량과 저장 공간이 필요한 만큼 데이터센터의 추가 구축이 필요할 수밖에 없다. 딥러닝 분야에서 아래 그래프와 같이 많은 경우 데이터의 양이 많을수록 성능이 좋아지는 것을 확인할 수 있다. 데이터의 양이 많을수록 모집단을 대표할 확률이 높으므로 양질의 데이터를 확보하고 처리해야 하며, 이러한 이유로 역시 데이터센터의 필요성이 대두된다. 또한 COVID 2019로 인한 비대면 수요 증가로 쇼핑, 재택근무를 위한 원격 작업, 교육 플랫폼 등을 포함한 언택트 문화의 확산되었다. 사회가 전반적으로 온라인화 됨에 따라 데이터의 양이 더 증가했으며, 이를 대처하기 위해 정부와 기업에서는 데이터센터 산업을 확장하고 있다. 뿐만 아니라 암호화폐 채굴을 위해 데이터센터가 증설되기도 한다. 암호화폐 가격 상승에 따라 많은 양의 암호화폐를 채굴하기 위해 더 좋은 성능의 장비와 시설의 필요성이 증가했으며, 이에 따라 암호화폐 채굴을 목적으로 하는 데이터센터들이 건설되고 있다. 국내 스타트업인 스탠다드마이닝은 2021년 전기료가 저렴한 카자흐스탄에 암호화폐 채굴을 위한 데이터센터를 건설했다. 또한 북미 최대 규모인 미국의 비트코인 채굴기업 라이엇블록체인은 2021년 노던 데이터의 대규모 데이터센터를 인수함으로써 사업을 확장한 바 있다.[9]

한국 데이터센터연합회의 산업동향보고서 'KOREA DATA CENTER MARKET 2021-2024'에 따르면 국내 데이터센터의 수는 지난 2000년

53개에서 2020년 156개까지 늘어났다 (그림 7). 네이버, 카카오, SK브로드밴드를 포함한 많은 국내 대기업들이 데이터센터를 구축 및 확장하고 있다. 조사 결과 2024년까지 구축 예정인 민간 데이터센터는 24개, 조사 및 기획 단계는 19개로 데이터센터는 계속해서 증설될 예정이다. 네이버는 2013년 강원도 춘천시에 데이터센터를 건립했으며. 추가로 세종시 4-2생활권 일대에 총면적 약 9만평 부지에 대규모의 데이터센터를 2022년 12월까지 완공하기로 계획했다. 카카오는 안산 한양대학교 에리카 캠퍼스에 10만대 이상의 서버를 운영할 수 있는 초대형 데이터센터를 준공하기로 했다. SK브로드밴드도 서초, 일산, 분당에 이어 서울 가산동 지식산업센터 내에 네 번째 데이터센터를 건립하고 있다. 이 데이터센터는 서울 시내 최대 규모인 21,000평으로, 10만 대 이상 서버 운영을 목표로 하고 있다.

▲ **그림 6** 데이터센터 예시[10]

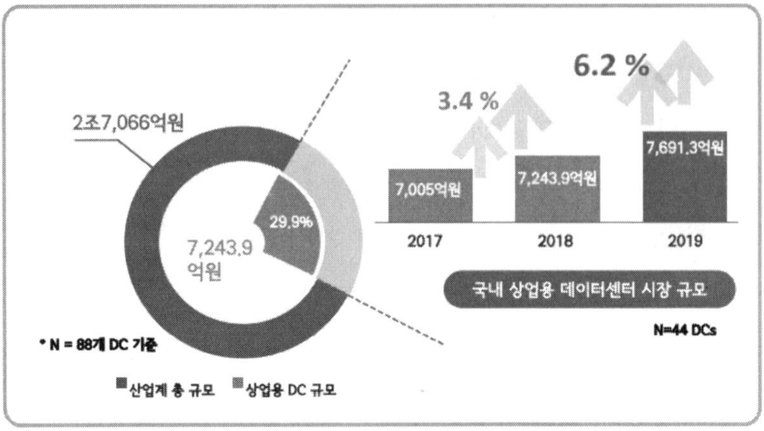

▲ **그림 7** 국내 데이터센터 산업 시장 규모 현황(2019)[11]

마이크로소프트, 구글, 아마존, IBM, Meta 등 국외 글로벌 IT 기업들 역시 마찬가지로 세계 곳곳에 대규모 데이터센터를 만들어 데이터를 보관하고 클라우드 저장공간 서비스를 제공한다 (그림 8). 한국을 포함한 글로벌 데이터센터는 2016년 1,252개에서 2021년 1,851개로 증가했다. 최소 10만 대 이상의 서버를 보유한 초대형 데이터센터

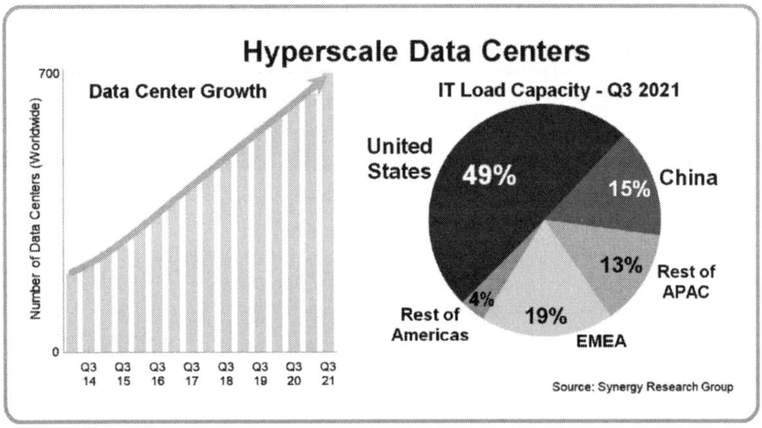

▲ **그림 8** 세계 데이터센터 현황 (2021)[12]

가 2021년 기준 전 세계 700개 정도로, 지난 2015년보다 2배 이상 늘어났다. 마이크로소프트는 세계 곳곳의 데이터센터에 총 400만 대가 넘는 서버용 컴퓨터를 보유하고 있다. 데이터 저장을 위한 하드디스크와 SSD만 4,000만 대가 넘는다.

이처럼 데이터센터의 급격한 증설과 함께 자연스레 장비 생산 및 전력 공급을 위한 화석연료 소모량이 증가하고 있다. 먼저 데이터센터에 필요한 서버 컴퓨터 및 관리를 위한 장치들을 생산하는데 있어서 엄청난 양의 화석연료가 필요하다. 데이터센터 내의 가장 중요한 제품인 서버 컴퓨터 한 대를 만드는데 적어도 240kg의 화석연료가 필요하다. 또한 데이터 보관 및 사용을 위해 많은 양의 전기가 필요하다는 문제점이 있다. 데이터센터에서는 365일 24시간 문제없이 지속되는 서비스를 제공하기 위해 안정적인 전력 공급이 필수적이며, 그만큼 방대한 양의 전력이 소모된다. 또한 기기들이 작동하면 열이 발생하고, 과열되면 기기가 멈추거나 고장 난다. 데이터센터에는 컴퓨터에서 방출하는 열기를 식히기 위한 대용량 냉각 장치가 설치되어 있고, 이를 사용하는데 필요한 전력이 데이터센터 총 사용 전력의 절반 가량을 차지한다. 한국전자통신연구원의 데이터센터 지속 가능성 표준화 이슈 현황 조사에서 데이터센터가 단일 시설로는 가장 많은 전기를 소비해 ICT 부문 전체 전력 사용량의 약 20%를 차지했고, 에너지 사용량은 지속적으로 증가하는 추세를 보였다고 한다.13 2018년 국내 서울시에서도 전력 사용량이 가장 많은 건물은 KT 목동 인터넷 데이터센터로 1년 동안 약 205,100MWh의 전력을 사용했다. 또한 네이버의 2020 ESG 보고서에 따르면 네이버 자체에서 배출한 온실가스의 99%가 전력 소모 과정에서 발생했으며, 이 중 약 91.6%가 데이터센터에서 배출했다고 한다. 국제에너지기구에 따르면 전 세계의 데이터센터들은 2019년 약 200TWh의 전력을 사용했고, 이는 세계 전력 사용량의 0.8%를 차지하며 지구 전체 온실가스 배출의 2%를 차지하는 것으로 알려진다. 아직 디지털 인프라 구축이 본격화되지 않은 개발 도상국에서의 데이터 수요가 늘어나기 시작하면 데이터센터 및 전력 사용량은 더 많아질 것이다. 전력 사용량이 증가함에 따라 자연스레 전력을 생산하기 위한 화석연료의 사용량도 많아진다.

이와 같은 문제를 해결하기 위해 최근 대규모 전력을 소비하는 클라우드 데이터센터를 세계 각지에 구축·증설하고 있는 글로벌 클라우드 사업자 간의 '친환경·저탄소' 경쟁도 나타나고 있다. 최근 마이크로소프트(MS)가 2030년까지 데이터센터·건물을 포함한 전 세계 시설·자산의 '탈탄소' 추진을 선언한 데 이어, 구글클라우드가 일부 클라우드 서비스 상품의 운영환경으로 '저탄소 영역(region)'을 제공하기 시작했다. 구글클라우드는 2021년부터 이산화탄소(CO_2) 배출량을 표시하는 클라우드 영역을 선택할 수 있는 기능을 '클라우드런'과 '데이터스트림' 상품 이용자에게 제공하고 있다. 구글클라우드는 저탄소 리전을 선택하는 신기능을 향후 더 많은 클라우드서비스 상품에서 제공되도록 확대할 계획이다. 예를 들어 두 상품을 이용할 때 미국에선 구글클라우드의 데이터센터 가운데 탄소배출량이 가장 낮은 아이오와·오리건 영역의 이용이 권장된다. 유럽 데이터센터 중엔 핀란드·취리히 영역이 최선이다. 이 경우 각 영역의 이름 오른쪽에 '최

저 CO_2(Lowest CO_2)'라는 표시가 나타난다.[14]

그리고 최근 몇 년간 이슈가 되고 있는 비트코인과 같은 암호화폐를 채굴하기 위해 방대한 양의 전력을 소모하고 있으며, 이를 위한 데이터센터들도 증설되고 있다. 영국 케임브리지대 대안금융센터에서 비트코인 채굴에 필요한 전력 분석 결과 2022년 4월 기준 연간 139.56TWh의 전력소모를 하는 것으로 밝혔다. 이는 곧 한국 전력 소비량의 약 30%를 차지하는 수준으로, 세계적으로 암호화폐 채굴을 위해 많은 양의 전력을 사용하는 것을 의미한다. 비트코인이 '전기먹는 하마'라는 별명을 얻게 된 것도 이와 같은 이유다. 실제로 비트코인 가격 상승에 따라 화석연료 기반 발전소들이 가동률을 높이고 있으며, 심지어는 문을 닫았던 발전소들까지 다시 가동을 시작했다. 암호화폐의 경우 대부분 많은 전력을 사용하는 고성능 장비를 사용할수록 채굴량이 많아지기 때문에 암호화폐의 흥행에 따라 전력소모는 물론이며 화석연료 사용량까지 증가한다. 채굴 장비들을 생산, 유통하는데도 역시 화석연료가 소모된다.

이와 같이 데이터센터는 기본적으로 열이 많이 발생해 과열로 인한 장비 고장에 대비해야 한다. 주로 에어컨을 가동해 열을 낮추는 방식을 사용하는데, 이 방식 때문에 많은 전력을 소모하게 된다. 삼성SDS는 데이터센터 온도를 AI가 조절하는 기술을 개발해 강원도 춘천에 있는 데이터센터에 적용하였다. AI가 데이터센터 온도를 측정하며 적절하게 에어컨을 가동하게 한 것이다. 주민식 삼성SDS 박사는 2021년 3월 열린 'AI 테크 2021 컨퍼런스'에서 "사람이 온도 조절을 했을 때는 데이터센터 내에 있는 모든 에어컨을 60% 가동했지만,

AI는 두 개의 에어컨은 60%, 나머지 에어컨은 40%만 가동하게 해 전력 손실을 줄였다"고 밝혔다. 이세돌과의 바둑대결로 유명한 알파고를 개발한 구글 딥마인드도 데이터센터의 전력을 절감하는 기술을 개발했다. 구글은 데이터센터 내의 수천 개 센서에서 수집되는 온도, 전력 등의 데이터와 팬, 냉각 시스템, 창문 등 약 120여개의 변수를 다양한 운영 시나리오를 기반으로 학습시켜 센터 냉각을 최적화하는 시스템을 개발했다. 그 결과 데이터센터 전체 전력 소모는 15% 이상 줄어들었으며, 데이터센터 냉각 비용은 40% 이상 절감했다고 한다.[15]

❖ 탄소중립을 위한 환경 모니터링

앞서 말했듯 화석연료를 태우면서 발생하는 온실가스는 기후 변화에 매우 큰 영향을 미친다. 세계적으로 2050 탄소중립 정책을 펼치고 있지만, 2021년 Eurostat 통계에 따르면 2019년 기준으로 우리는 여전히 에너지의 71%를 화석연료로부터 생산한다.[16] 기후 변화 위기에 대처하기 위해서는 어떤 시설에서 얼마나 많은 양의 온실가스를 배출하는지 파악하고 있어야 한다. 온실가스에 대한 정확한 정량적 수치를 파악하는 것은 환경 보호와 더불어 관련 정책 수립 등을 위해 여러 방면으로 중요한 문제이다. 그러나 많은 나라들은 정확한 측정치 대신 연간 배출량 추정치만을 공개한다. 또한 실제로 대부분의 시설에서 온실가스 배출량을 공개하고 있지 않으므로 위기에 잘 대응하는지, 배출량을 줄이기 위해 어떤 노력을 기울이는지 알기 어렵다. 미국 증권거래위원회는 투자자들을 위해 증시 상장 기업들이 온실가스 배출량 및 이를 줄이기 위한 전략 및 비용 등 기후 위기 관련 자료들을 의무적으로 공개하도록 새로운 규정을 제안한 바 있다. 미국은 몇몇 개별 발전소의 배출량에 대한 데이터를 공개하고 있으며, 배출 모니터링 시스템을 갖춰 실시간으로 배출량을 감시하고 있다. 그러나 이러한 모니터링 시스템을 데이터센터를 포함한 공장, 설비 등 모든 시설에 설치하고 유지하기에는 비용 측면에서 부담이 된다. 경제적으로 풍족한 나라에서는 모니터링 시스템을 설치해 관리하는 것이 어렵지 않지만, 대부분의 나라에서는 이와 같은 시스템을 구축하는 것이 어렵다. 또한 여전히 많은 기업들이 정확한 온실가스 배출량을 공개하지 않기 때문에 온실가스 관리를 위해 이를 추정하는 기술이 필수적이다. 이를 해결하기 위해 AI를 도입하는 기술이 연구되고 있다.

모니터링 시스템 대신 인공위성에서 촬영한 사진을 바탕으로 이산화탄소 배출량을 예측하려는 시도가 이루어지고 있다.17 발전소의 냉각 시스템의 증기 기둥은 이산화탄소 배출량을 예측할 수 있는 좋은 지표다. 데이터센터도 마찬가지로 온도 유지를 위해 냉각을 필요해 계속 전력을 소모하며 이때 수증기가 발생한다. 이처럼 냉각 시스템을 통해 발생한 수증기와 열에너지를 바탕으로 이산화탄소 배출량을 추정하고자 했다. 이산화탄소 총 방출량을 추정하는 것이 목적이지만, 먼저 간단한 문제인 위성 이미지로부터 발전소가 가동 중인지 분류하는 문제부터 해결했다.

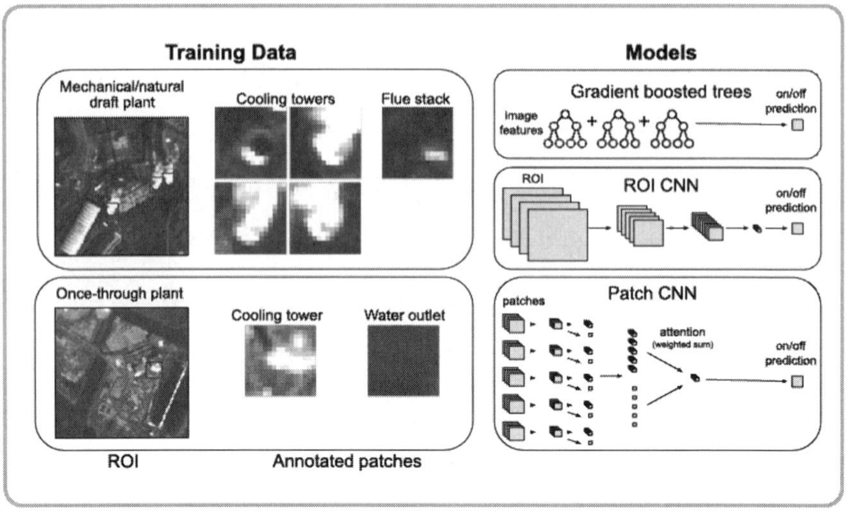

▲ **그림 9** 기계학습을 통해 위성 사진 이미지로부터 이산화탄소 배출량을 추정하는 기술

그림 9에서 보듯이 기계학습을 통해 위성 사진 이미지로부터 이산화탄소 배출량을 추정한다. Sentinel-2와 Landsat 8 두 종류의 위성 이미지 데이터셋에 대해 4가지 머신 러닝 모델을 사용해 발전소 가동 여부를 예측하도록 학습시켰고, 테스트 과정에서 좋은 성능을 보였다. 그러나 인공위성 이미지는 밝은 낮 시간대의 이미지로만 추정할 수 있고, 잘 보이지 않는 밤에 촬영된 사진으로는 제대로 된 예측을 할 수 없다는 단점이 있다.

이렇게 얻은 정보와 함께 후속 연구로 실제 전력 생산량과 이산화탄소 총 배출량을 예측하는 연구를 할 수 있다. 또한 이산화탄소 외에도 다른 온실가스 배출량 역시 추정할 수 있을 것이다. 신재생 에너지 연구자들은 어느 지역에 태양광, 풍력 등 신재생 에너지를 사용했을 때 가장 효과적인지 판단할 수 있다. 추가적으로 탄소 중립을 위한 환경 정책에 중요한 정보로 활용될 수 있다.

University of St.Gallen의 연구팀은 온실가스를 방출하는 발전소를 촬영한 위성 이미지로부터 연기 영역 분할, 연료 종류 분류, 전력소모량 추정, 총 3가지 작업을 동시에 수행하는 딥러닝 모델을 설계했다 (그림 10).[18] 충분한 양의 데이터로 학습을 하면 온실가스 방출량과 연기의 종류, 크기와 범위, 또 발전 속도 간의 상관관계를 유추할 수 있다. 이를 통해 이미지 한 장으로부터 발전 속도를 예측하고, 학습된 상관관계를 사용해서 이산화탄소 방출량을 추정한다.

실험 결과 각각 하나의 작업을 수행할 때보다 3가지 작업을 동시에 수행할 때 모든 작업에 있어서 가장 좋은 성능을 보였다. 가장 중요한 전력 소모량 추정 작업에 있어서 연기 영역 분할, 연료 종류 분류 작업을 함께 했을 때 오차가 가장 적음을 실험을 통해 알 수 있었다. 해당 방법론을 통해 단일 위성 이미지 한 장만으로 연소되는 연료의 종류뿐만 아니라 해당 화석연료를 사용하기 위한 이산화탄소 배출량까지 추정할 수 있다.

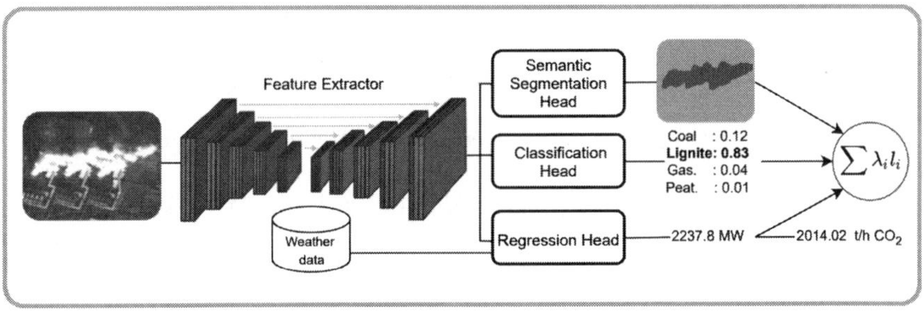

▲ **그림 10** 멀티태스크 학습을 통한 온실가스 방출량 추정 방법 모식도[18]

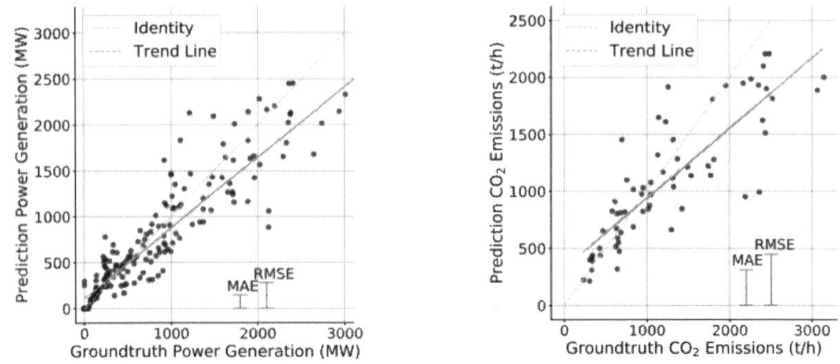

Figure 2: Test set power generation rates.　　**Figure 3:** Test set CO_2 emission rates.

▲ **그림 11** 발전 속도 비율 및 이산화탄소 방출량 비율 추정 결과18

그림 11과 같이 발전 속도 비율 추정에서 139 MW (MAE) 및 이산화탄소 방출량 비율 추정에서 311t/h 오차로, 실제와 비슷한 추정치를 얻을 수 있었다.

이 외에도 생물다양성보호, 에너지 소비 저감, 물 절약, 환경친화적 운송, 낭비와 에너지사용을 줄이는 제조, 대기오염 감소, 농업생산량 증대 및 기상 예측 등에도 인공지능 기술이 적극적으로 사용되고 있는 추세이다.[19]

지금까지 설명한 바와 같이 AI는 온실가스 배출량 추정에서, 실내 온도조절, 데이터센터 에너지 절감에 이르기까지 다양한 용도로 지구환경을 이로움을 주기 위해 시도되고 있으나, AI 자체가 작지 않은 비중으로 지구환경에 악역향을 미치고 있음도 부인할 수 없는 사실이다. 예를 들어, AI는 딥러닝 기술개발 과정에서 막대한 전력을 소모하고 이산화탄소를 배출한다. 딥러닝 기술개발에서 발생하는 이산화탄소 배출량이 자동차 5대가 평생 배출하는 양과 같다는 조사결과도 있다. 실제로 엠마 스트루벨(Emma Strubell) 미국 매사추세츠대 교수 연구진이 2019년 발표한 논문에 따르면, 구글은 AI 모델 버트(BERT)를 학습시키는 동안 438lb(약 652kg)의 이산화탄소를 발생시켰다고 한다. 이는 비행기가 뉴욕에서 샌프란시스코를 왕복으로 오갈 때 뿜어내는 이산화탄소 배출량과 같다. 미 전국에서 달리는 자동차 평균 배출량의 약 5배에 해당하는 수치이기도 하다. 덴마크 코펜하겐대학의 연구팀에 따르면 대형언어모델 GPT-3가 화석연료로만 전력을 공급하는 데이터센터에서 학습했다면, GPT-3를 학습시킬 때 자동차로 달까지 왕복하는 것과 비슷한 수준의 온실가스가 발생했을 것이라고 추정한다. 또한 일부 전문가들은 GPT-3를 학습시키는 데 최소 1,000만 달러가 필요했을 것으로 추산하는데, 이러한 학습 비용은 가장 연구비가 많은 연구소 몇 곳을 제외하면 나머지 모든 연구소에서 감당할 수 없는 수준이다. 대부분의 연구소에서 최신 연구를 수행할 때 필요한 비용의 범위를 훨씬 뛰어넘는 금액이기 때문이다. 심지어 음성인식 기반 서비스 앱이나 유튜브, 넷플릭스에서 시청할 콘텐츠를 알려주는 알고리즘조차 탄소 배출의 주범이 되고 있다. 오픈AI는 자체 조사를 실시해 GPT-3와 같은 언어모델들이 하루에 수백 페타플롭(PF)의 컴퓨팅을 요구한다는 사실을 확인했다. 세계적인 반도체 장비 회사인 어플라이드머티어리얼즈의 게리 디커슨(Gary Dickerson) 회장 겸 최고경영자(CEO)는 지난 헤 2월 열린 세미콘코리아 기조연설에서 "AI 기술 발전이 지구에 재앙이 될 수 있다"는 견해를 밝혔다. 그는 "AI 데이터센터를 현재 기술로 구축하면 2025년까지 전 세계 전력의 15%를 데이터센터가 소비하게 된다"

며 "AI가 많은 전력을 소비하면서 발생시키는 이산화탄소양도 늘어 환경에 치명적일 수 있다"고 발표했다.[20]

이처럼 막대한 전력을 소모하는 AI로부터 지구를 지키기 위해서는 반드시 AI 자체에서 전력을 줄이는 노력을 병행하며 기술개발이 이뤄져야 한다. 이것이 AI safety에서 다루어야 하는 중요한 이슈의 하나이다.

AI 모델이 소비하는 에너지를 줄이기 위한 기술

안전한 AI 시스템은 사람과 지구환경에 해가 되지 않도록 지속가능하고 환경친화적이어야 한다. 실제로 AI 시스템의 대규모 개발 및 배포는 막대한 에너지 소비 부담을 가져오고 필연적으로 환경에 영향을 미친다. 예를 들어, 그림 12의 표에서는 훈련 NLP 모델의 탄소 배출량(에너지 소비 지표)과 일일 소비량을 보여준다.[21] 우리는 일반적인 NLP 파이프라인을 훈련하는 것이 7년 동안 인간이 생산하는 것

Consumption	**CO_2e (lbs)**
Air travel, 1 passenger, NY↔SF	1984
Human life, avg, 1 year	11,023
American life, avg, 1 year	36,156
Car, avg incl. fuel, 1 lifetime	126,000
Training one model (GPU)	
NLP pipeline (parsing, SRL)	39
w/ tuning & experimentation	78,468
Transformer (big)	192
w/ neural architecture search	626,155

▲ **그림 12** 일상생활에서 나오는 이산화탄소와 인공지능 학습을 위해 발생되는 이산화탄소의 비교[21]

과 동일한 탄소 배출량을 가지고 있음을 알 수 있다. 최근 유행하는 대형 트랜스포머 모델을 교육하고 미세 조정하는 데 드는 비용은 자동차 수명 기간 동안 배출되는 탄소량보다 5배 더 많다. 모델 개발 외에도 데이터 센터 냉각과 같은 다른 영역에서도 막대한 에너지 비용이 발생한다.

AI 기술의 급속한 발전은 에너지 부족과 환경 악화라는 긴장된 글로벌 상황에 매우 부담스런 도전으로 다가 오고 있다. 인류와 지구환경의 안전을 위해 환경친화성은 AI 안전성을 고려할 때 가장 중요한 문제가 된다고 볼 수도 있다.

이제부터, AI 알고리즘의 에너지 사용을 줄이기 위해 개발된 기술을 간단히 알아보자. AI 시스템의 에너지 효율성을 개선하려면 알고리즘 수준 및 하드웨어 수준 솔루션이 필요하다. 알고리즘 수준 접근 방식의 두 가지 일반적인 클래스인 모델 경량화 및 적응형 설계와 하드웨어 수준 에너지 절약 방법을 소개한다.

모델경량화

모델 경량화는 학계와 산업계의 지속적인 관심을 받고 있는 딥 러닝 연구의 한 주제이다. 모델 성능에 대한 수용 가능한 희생과 함께 모델 학습 및 배포를 위한 저장 공간과 에너지 소비를 절약하기 위해 딥러닝 모델의 크기를 줄이는 방법을 연구하는 것이다. 즉 성능저하를 최대한 낮추면서 AI 모델의 구조를 단순화하여 에너지 소비를 줄이는 것이다. 영상 영역에서 주로 사용되는 CNN 모델의 경우 신경망 내의 덜 중요한 매개변수 연결을 삭제(가지치기)하는 pruning (그림

13) 및 딥러닝 모델이 weight값을 저장할 때 사용하는 비트의 수를 줄여서 모델크기를 줄이는 방법인 양자화, 낮은 순위 인수분해(low rank factorization), 전송/컴팩트 컨볼루션 필터, 지식 증류 등이 제안되었다. 가지치기(Pruning)는 인공신경망의 수많은 weight들 중 상대적으로 중요도가 낮은 weight의 연결을 삭제하여 사용하는 파라미터의 수를 줄이고 네트워크를 경량화 하는 방법이다. 만약 각 weight들이 결과에 주는 영향력이 다르다면, 영향력이 적은 weight의 연결을 삭제하여 정확도 손실을 최소화 하면서 사용하는 파라미터의 수를 줄일 수 있을 것이기 때문이다. Song Han 등의 연구자는 Learning both Weights and Connections for Efficient Neural Networks라는 제목의 논문에서 정확도 손실이 거의 없이 초기 딥러닝 모델인 알렉스넷의 파라미터를 9배, VGG-16의 파라미터를 13배나 줄였다고 보고하였다. 최근 인기 있는 Transformer 및 BERT와 같은 NLP 모델의 경량화를 위해 연구자들은 가지치기, 양자화, 지식 증류 및 매개변수 공유와 같은 방법을 차용하고 확장하였다.

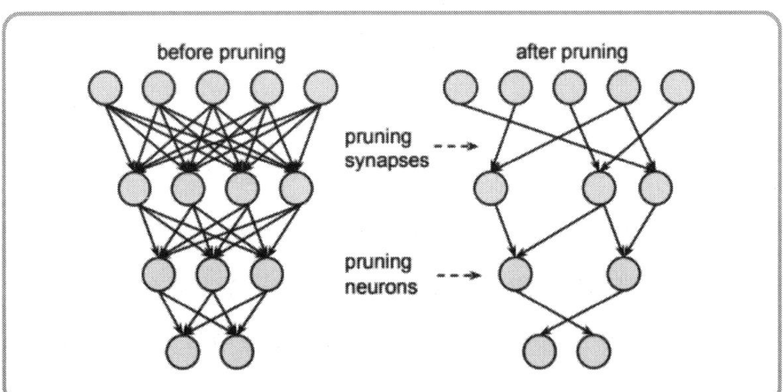

▲ **그림 13** 매개변수 가지치기의 예

또 다른 방법은 경량화된 딥러닝 모델 자체를 개발하는 것이다. AlexNet, VGGNet, ResNet 등 2016년까지 발표되던 딥러닝 모델들은 비약적인 성능 향상을 보여준 반면 이와 비례하여 모델의 크기가 커져 모델을 구성하는 파라미터 수가 너무 많아지는 문제가 있었다. 더 많은 파라미터 수는 더 큰 컴퓨터 메모리를 요구하며, 모델의 동작에 있어서도 더 많은 연산량을 필요로 하기 때문에 네트워크의 크기가 커질수록 그와 비례하여 필요한 탄소 배출량이 더 커지게 된다. 이에 네트워크의 절대적인 크기를 줄여 에너지 효율적인 모델을 제작하는 연구가 활발히 진행되고 있다.

최근에는 트랜스포머(Transformer)가 자연어처리 분야에 성공적으로 적용된 이후 기존의 CNN기반 딥러닝 기술이 대부분 트랜스포머 기반으로 교체되고 있는 현실이다. 트랜스포머는 내부적으로 Self-attention과 Cross-attention 블록이 적층으로 쌓여 있으며 고차원의 텐서 곱셈 연산으로 구성되어 있어서 GPU 또는 AI 가속기를 활용하여 연산 가속이 필요하다. 경량화의 한 예로GPUSQ는 NVIDIA가 직접 참여하여 수행된 연구인데, GPUfriendly Sparsity and Quantization 기법을 의미한다. NVIDIA A100 GPU와 AGX Orin의 Tensor Core를 대상으로 하여 그에 최적화된 연산이 가능하도록 신경망을 경량화한다. 이는 기존의 가지치기 (pruning)와 양자화를 통합한 기술이라고 할 수 있다.

이와 같이 기존 CNN기반 모델에 적용되던 다양한 경량화 기법들이 트랜스포머 기반 모델들에 일반화되어 사용될 수 있도록 제안되고 있는데 이는 시간이 지날수록 다양한 모델이 등장하고, 모델 다양성이 증가하더라도 여전히 경량화 기법은 필수적이며 보다 간편하게 적용하기 위한 연구들의 필요성이 증가하고 있음을 시사한다. 경량화는 모델의 추론 및 학습에 널리 사용되고 있는 만큼, AI 프로세서에서 경량화 연산을 지원하여 트랜스포머를 효율적으로 처리하는 가속기 연구 또한 중요한 시점이다.[22]

다. 마치며

AI는 오늘날 무시하기 힘든 탄소 발자국을 가지고 있으며 빠르게 발전하는 추세가 계속된다면 상황은 빠르게 나빠질 것으로 보인다. 문제는 탄소 배출만이 아니다. AI 학습과 인공지능 서비스에 필요한 데이터센터가 전세계적으로 8,000여개가 운영 중에 있으며 이들 데이터 센터에서 발행하는 열을 식히기 위해 엄청난 양의 물이 필요하다는 것이다. 2022년 데이터센터 유지를 위해 마이크로소프트(MS)는 물 사용량을 전년보다 34%, 구글은 22% 늘렸다고 하며 2027년에는 세계 데이터센터 물 소비량이 영국의 한 해 물 소비량의 절반에 해당할 것이란 전망도 나왔다. 기업들은 전력 효율을 높일 시스템을 도입하고 물을 재사용하는 방식으로 대처하고 있으며 24시간 운영 가능한 소형 모듈 원자로(SMR)까지 대안으로 거론되고 있는 상황이다.[23]

우리가 오늘날의 AI 연구 패러다임을 재평가하고 개혁하지 않는다면, 인공 지능 분야는 앞으로 몇 십년 동안 기후 변화와의 싸움에서 큰 적수의 하나가 될 것이다. 자칫 기술 발전이라는 맹목적 구호아래 온 우주에 단 하나뿐인 우리 인류의 삶의 터전이 더 이상 훼손되지 않도록 에너지 효율적인 친환경 AI의 개발을 최우선적 과제로 여기는 자세가 필요하다. 친환경 AI는 우리가 사는 지구의 지속 가능한 발전과 보존을 위해 전 세계적인 협력이 요구되는 가장 시급하고 중요한 인공지능의 연구 주제라고 할 수 있다.

CHAPTER

05

맺음말

최근의 인공지능은 근대 이후 신의 존재가 사라지고 인간만이 지구상에서 이성적 사고가 가능한 유일한 주체로 기능해 온 그간의 존재적 지위에 균열을 내고 있다, "딥러닝은 수학적 최적화 기법에 불과하다" 라든가 "현재의 ChatGPT는 토큰 예측 기계 (token prediction machine)에 불과하다" 와 같은 일부의 냉담한 지적에도 아랑곳없이 더 이상 인간에게 도움을 주는 도구로서의 기능에만 머물지 않고 자율적 기능을 하는 에이전트의 위치에까지 이르고 있다.

이 책에서 우리는 현재의 딥러닝 기반 인공지능의 작동 원리상, 내재하는 위험요인에 대해 알아보았다. 데이터 기반 접근법으로 인한 편향의 발생 및 불평등의 심화, 결과에 대한 이유를 알기 힘든 블랙박스 속성, 적대적 노이즈를 발생하여 상대의 인공지능 모델의 견고성을 해치고 기만하는 적대적 공격, 기타 개인정보 보안 이슈 등이 인간과 사회에 해악으로 작용할 수 있는 내재적 위험요인이다.

한편 현재의 인공지능이 발전을 거듭하여 범용인공지능(AGI)의 단계에 들어서게 되면 여섯 가지 주요 위험 원인인 악용, 초지능 숭배, AI

경쟁, 취약한 안전문화, 로그 AI 및 막대한 에너지 소비로부터 기인하는 재앙으로 이어질 수 있음을 자세히 설명했다. 드렉셀[1] 등은 소수 개인의 생명이나 안녕, 재정적 건전성 등에 위험을 가하는 국부적 수준의 사건을 비상사태(emergencies), 여러 사람과 큰 규모의 경제적 손실을 포함하는 사건을 재난(disasters)이라 정의하였고 더 나아가 국가의 위기관리시스템에 타격을 주는 경제의 붕괴 등 기존의 사회와 정부 시스템에 압도적인 충격을 주는 사건을 재앙(catastrophes)이라 정의한 바 있으며 이는 자칫 멸종 수준의 사건으로 이어질 수도 있는 것이다. 먼저 우리는 AI가 악용될 수 있는 시나리오를 고려했는데, 이는 테러리스트가 AI를 사용하여 치명적인 병원균을 만들거나 하는 등의 상황을 포함한다. 하지만 소수의 낙오자가 아닌, 자기 나름의 신념으로 초지능을 추종하는 사람들 역시 존재하며 그들 중에는 상당수의 AI과학자들도 포함되어 있다는 사실도 주목할 만하다. 또한 극심한 군사 또는 기업 AI 경쟁이 AI에 의사 결정 권한을 주도하게 만들어 인간의 힘을 약화시킬 수 있는 미끄러지는 경사로로 이어질 수 있다고 보았다. 우리는 또한 취약한 안전문화가 어떻게 재앙적 사고로 이어질 수 있는지를 살펴보았다. 그리고 우리는 고급 AI를 신뢰성 있게 제어하는 데 관련된 도전에 대해 논의했는데, 이는 로그 AI가 인간의 안녕에 대한 고려 없이 불필요한 행동을 추구할 수 있게 만들 수 있는 프록시 게이밍과 목표 이동과 같은 메커니즘으로 인함이다. 마지막으로, 누구나 인지하고 있지만 막상은 외면하고 있는 막대한 에너지 소비로 인한 환경문제에 대해서도 살펴보았다.

이러한 여러 가지 위험요소들은 심각한 우려를 불러일으킨다. 현재

AI 위험 감소를 위해 작업하는 사람은 매우 적으며, 우리 인류는 아직까지 고도로 발전한 AI 시스템을 효과적으로 통제하는 방법을 모르고 있으며 현재의 인공지능이 머지않은 미래에 범용인공지능(AGI)을 넘어 초지능으로 발전해 나아감에 따라 기존의 통제 방법은 완전히 부적절하게 될 것이다. AI의 내부 작동 방식은 그것을 만드는 사람들조차도 잘 이해하지 못하며 현재의 AI는 신뢰성 있게 운영되고 있다고 말하기 어렵다. AI 능력이 전례없이 빠른 속도로 성장하면 곧 거의 모든 면에서 인간 지능을 뛰어넘음을 수 있을 것이므로 이러한 잠재적 위험을 관리할 필요성이 높아질 것이다.

그나마 희망을 가질 수 있는 것은, 아직은 이러한 위험을 크게 줄일 수 있는 여러 대응 방안이 있다는 것이다. 악용의 가능성은 주의 깊게 대상을 정하고 감시를 이어가며 가장 위험한 AI에 대한 접근을 제한하는 등의 다양한 조치를 통해 완화될 수 있을 것이다. 안전 규정과 국가 및 기업 간의 협력은 우리가 위험한 길로 나아가는 경쟁적 압력에 저항하는 데 도움을 줄 수 있다. 사고의 가능성은 엄격한 안전 문화와 같은 요소들을 통해 줄일 수 있으며 항상 일반적인 성능 향상을 앞서가는 안전 향상을 보장함으로써 감소시킬 수 있다. 마지막으로, 우리의 지능을 뛰어넘는 기술을 구축할 때 내재된 위험은 -시간이 갈수록 매우 불리한 상황이 예측되긴 하지만- AI 제어 연구의 여러 분야에서 수십 배의 노력을 기울여 대응해야 할 것이다.

에필로그

사피엔스의 저자로 널리 알려진 유발 하라리는 그의 다음 저서 호모데우스에서 우리가 스스로 신이 되려고 시도하는 시점에서 우리의 기원을 기억하는 것이 중요하다고 말한다. 동물로서의 우리 과거, 또는 다른 동물들과의 관계를 무시하고서는 신이 된 우리의 미래를 살펴볼 수 없다는 것이다, 현재의 인간과 동물의 관계야 말로 미래에 전개될 초지능 AI와 인간과의 관계를 예측하는데 가장 좋은 모델이기 때문이다. 그는 미래에 초지능을 가진 AI가 살과 피를 가진 보통 사람들을 어떻게 대할지 알고 싶다면 현재 인간이 자기보다 지능이 떨어지는 동물 사촌들을 어떻게 대하고 있는지 보면 된다고 하였다. 그동안 우리는 지나칠 정도로 인간 최우선 주의에 탐닉하며 지내왔다, 그 결과 현재 초거대AI들이 놀라울 정도의 속도로 집어 삼키는 방대한 텍스트에는 현재 인간이 인간보다 지능이 떨어지는 동물을 어떻게 취급하고 있는지 입밖으로 내기도 힘든 비참한 현실이 고스란히 담겨있다. 관행화된 인간중심주의 사조 속에서 현재 동물들이 처한 현실은 AI윤리의 하나로 주목조차 받지 못하고 있는 실정이다. 방대한 인간 데이터에서 이러한 현실을 그대로 학습한 초지능 AI가 언젠가 다가올 미래에 과연 그들보다 못한 지능을 가진 인간들을 어떻게 대할 것인가를 상상하면 오싹한 두려움이 앞선다. 지금의

ChatGPT가 본격적인 AGI를 거쳐 마침내 ASI (초지능 AI)로 진화하기 전에 인간이 동물을 어떻게 대하는지에 대한 서술이 바뀌어야 한다. 하늘로부터 받은 수명이 20년 안팎인 소, 닭, 돼지, 양 들이 좁은 우리에 갇혀 지내다가 1~2년을 채 넘기지 못하고 사람에 의해 생을 마감하는 이 현실과 그 현실을 담은 텍스트가 바뀌어야 한다. 결국 해답은 포스트휴머니즘, 즉 탈인간중심주의에 있다고 생각된다. 2024년 5월 있었던 ChatGPT-4o의 시연과 그 바로 다음날 발표된 구글의 제미나이 라이브의 '사람보다 더 사람처럼 말하는' 시연을 보고 있노라면 시간이 그리 여유롭지 못함을 뼈저리게 느낀다.

참고문헌

1장 머리말

1. 가장 우울한 AI 종말론 등장, AI 타임즈 2024.6.4
2. Hendrycks et al., "An overview of catastrophic AI risks"

2장 인공지능의 어두운 그림자

1. Lee, M. (2013) Meeting aliens will be nothing like Star Trek-fact. Available at: https://phys. org/news/2013-05-aliens-star-trekfact.html (Accessed: 10 May 2017)
2. https://ko.wikipedia.org/wiki/쿠바_미사일_위기

3장 인공지능의 내재적 취약성

1. 인공지능 안전성에 주목하라, 김창익, 도서출판 홍릉, 2023
2. https://www.hani.co.kr/arti/economy/economy_general/1128405.html#cb
3. https://arxiv.org/pdf/2310.13828.pdf
4. https://medium.com/@foster.whitney.a/ai-poisoning-tool-ba4a598d50a3
5. https://arxiv.org/pdf/2310.13828.pdf
6. https://www.ai.mil/about.html
7. Eykholt, Kevin, et al. "Robust physical-world attacks on deep learning visual classification." Proceedings of the IEEE conference on computer vision and pattern recognition, 2018.
8. https://scienceon.kisti.re.kr/srch/selectPORSrchTrend.do?cn=SCTM00178173

9. 얼굴인식 기술에 대한 우려를 담은 기사 MIT Technology Review, https://www.technologyreview.kr/why-2020-was-a-pivotal-contradictory-year-for-facial-recognition/)
10. Gulshan V, Peng L, Coram M, Stumpe MC, Wu D, Narayanaswamy A, et al. Development and validation of a deep learning algorithm for detection of diabetic retinopathy in retinal fundus photographs. JAMA 2016; 316:2402-2410
11. Finlayson SG, Chung HW, Kohane IS, Beam AL. Adversarial attacks against medical deep learning systems. arXiv preprint 2018; arXiv:1804.05296
12. https://arxiv.org/pdf/1804.05296.pdf
13. Kevin M. Esvelt. Delay, Detect, Defend: Preparing for a Future in which Thousands Can Release New Pandemics. 2022.
14. https://medium.com/@laranguyen/debiasing-machine-learning-94cc32d3f2cc
15. 나무위키, COMPAS
16. https://www.prnewswire.com/news-releases/2023-edelman-trust-barometer-reveals-business-is-the-only-institution-viewed-as-ethical-and-competent-emerges-as-ethical-force-for-good-in-a-polarized-world-301721906.html
17. AI지도책, 케이트 크로퍼드, 소소의 책, 2021
18. https://dbr.donga.com/article/view/1202/article_no/9830/ac/magazine
19. https://www.aitimes.com/news/articleView.html?idxno=48234
20. https://www.technologyreview.kr/facebook-ad-algorithm-sex-discrimination/
21. Nguyen, et al., Re-thinking Model Inversion Attacks Against De

ep Neural Networks, https://arxiv.org/pdf/2304.01669.pdf
22. https://www.tarlogic.com/blog/ai-security-risks/

4장 인공지능의 재앙적 위험 원천

4.1 악용

1. https://ko.wikipedia.org/wiki/ 옴진리교_사건
2. https://koreascience.kr/article/JAKO200714357780764.pdf
3. https://www.bbc.com/korean/international-60792503
4. 안종주, 한겨레21 381호 https://h21.hani.co.kr/arti/COLUMN/COLUMN/3732.html
5. 유서 깊은 생화학무기의 역사, https://blog.naver.com/leechland/221405893199
6. Robert Carlson. "The changing economics of DNA synthesis". en. In: Nature Biotechnology 27.12 (Dec. 2009). Number: 12 Publisher: Nature Publishing Group, pp. 1091-1094.
7. Sarah R. Carter, Jaime M. Yassif, and Chris Isaac. Benchtop DNA Synthesis Devices: Capabilities, Biosecurity Implications, and Governance. Report. Nuclear Threat Initiative, 2023.
8. Fabio L. Urbina et al. "Dual use of artificial-intelligence-powered drug discovery," Nature Machine Intelligence (2022).
9. John Jumper et al. "Highly accurate protein structure prediction with AlphaFold," Nature 596.7873 (2021), pp. 583-589.
10. Zachary Wu et al. "Machine learning-assisted directed protein evolution with combinatorial libraries". In Proceedings of the National Academy of Sciences 116.18 (2019), pp. 8852-8858.
11. 조선일보 2024.3.6 기사

12. Emily Soice et al. "Can large language models democratize access to dual-use biotechnology?" In: 2023.
13. Kevin M. Esvelt. Delay, Detect, Defend: Preparing for a Future in which Thousands Can Release New Pandemics. 2022.
14. https://www.weforum.org/publications/global-risks-report-2024/
15. https://time.com/6333288/tech-companies-ai-misinformation/
16. The Bizarre and Terrifying Case of the "Deepfake" Video that Helped Bring an African Nation to the Brink, Mother Jones, March 15, 2019
17. Matthew Burtell and Thomas Woodside. "Artificial Influence: An Analysis Of AI-Driven Persuasion". In: ArXiv abs/2303.08721, 2023.
18. Anna Tong. "What happens when your AI chatbot stops loving you back?" In: Reuters (Mar. 2023). https://www.reuters.com/technology/what-happens-when-your-ai-chatbot-stops-loving-you-back-2023-03-18/
19. Pierre-Francois Lovens. "Sans ces conversations avec le chatbot Eliza, mon mari serait toujours la," La Libre, March 2023.
20. Cristian Vaccari and Andrew Chadwick. "Deepfakes and Disinformation: Exploring the Impact of Synthetic Political Video on Deception, Uncertainty, and Trust in News". In: Social Media + Society 6, 2020.
21. Moin Nadeem, Anna Bethke, and Siva Reddy. "StereoSet: Measuring stereotypical bias in pretrained language models". In: Proceedings of the 59th Annual Meeting of the Association for Computational Linguistics and the 11th International Joint Conference on Natural Language Processing (Volume 1: Long Papers). Onli

ne: Association for Computational Linguistics, Aug. 2021, pp. 5356–5371.

22. Evan G. Williams. "The Possibility of an Ongoing Moral Catastrophe". en. In: Ethical Theory and Moral Practice 18.5 (Nov. 2015), pp. 971–982.
23. https://www.ccn.com/education/chaosgpt-ai-tool-destroy-humanity/
24. https://www.youtube.com/watch?v=g7YJIpkk7KM
25. https://www.ccn.com/education/chaosgpt-ai-tool-destroy-humanity/
26. 머스크 등 전문가 1000명 'AI 개발 잠정 중단' 촉구, AI Times, 2023.3.30.

4.2 신념에 의한 추종: 초지능 숭배

1. https://en.wikipedia.org/wiki/Accelerationism
2. https://en.wikipedia.org/wiki/Speciesism
3. 출처: 나무위키 https://namu.wiki/w/ 래리%20페이지
4. https://www.chosun.com/international/international_general/2023/12/31/Q2V6OSJFGVAJTABSOAHAWCCGEI/
5. Leanne Pooley. We Need To Talk About A.I. 2020.
6. Richard Sutton [@RichardSSutton]. It will be the greatest intellectual achievement of all time. An achievement of science, of engineering, and of the humanities, whose significance is beyond humanity, beyond life, beyond good and bad. en. Tweet. Sept. 2022.
7. Richard Sutton. AI Succession. Video. Sept. 2023.
8. A. Sanz-Garcia et al. "Prevalence of Psychopathy in the General

Adult Population: A Systematic Review and Meta-Analysis". In: Frontiers in Psychology 12 (2021).
9. 몰락한 암호화폐의 왕, https://www.bbc.com/korean/articles/cq5kp9ze7lxo
10. https://www.wired.com/story/effective-altruism-artificial-intelligence-sam-bankman-fried
11. 우리는 미래를 가져다 쓰고 있다, 윌리엄 맥어스킬, 김영사

4.3 AI경쟁

1. 박문언, "자율무기체계란 무엇인가," 국방이슈브리핑시리즈, KIDA, 2019
2. DARPA. "AlphaDogfight Trials Foreshadow Future of Human-Machine Symbiosis". In: (2020)
3. 완전자율드론, 군사시설대신 사람을 공격하다, 한겨레S, 2023-07 09
4. David Hambling. Israel used world's first AI-guided combat drone swarm in Gaza attacks. 2021
5. 일본 아사히 신문 23.8.17
6. https://en.wikipedia.org/wiki/Nowcasting_(meteorology)
7. NSA's 'MonsterMind' could automated cyber war, https://i-hls.com/archives/36298
8. Kim Zetter. "Meet MonsterMind, the NSA Bot That Could Wage Cyberwar Autonomously". In: Wired (Aug. 2014).
9. 2010 Flash Crash, https://academic-accelerator.com/encyclopedia/kr/2010-flash-crash
10. Matteo E. Bonfanti. "Artificial intelligence and the offense–defe

nse balance in cyber security". In: Cyber Security Politics: Socio-Technological Transformations and Political Fragmentation. Ed. by M.D. Cavelty and A. Wenger. CSS Studies in Security and International Relations. Taylor & Francis, 2022. Chap. 5, pp. 64–79
11. "러시아 해킹집단, 전쟁중 사이버 공격 활발," 지디넷 코리아 https://zdnet.co.kr/view/?no=20231218111547
12. 포스트휴먼이 몰려온다, 아카넷, 2020, 160쪽.
13. Robert E. Jervis. "Cooperation under the Security Dilemma". In: World Politics 30 (1978), pp. 167–214.
14. Billy Perrigo. Bing's AI Is Threatening Users. That's No Laughing Matter. en. Feb. 2023
15. Nico Grant and Karen Weise. "In A.I. Race, Microsoft and Google Choose Speed Over Caution". en-US. The New York Times (Apr. 2023).
16. 지디넷코리아 https://zdnet.co.kr/view/?no=20240321201820#_enliple
17. 출처: 한국일보 2023.4.14
18. Thomas H. Klier. "From Tail Fins to Hybrids: How Detroit Lost Its Dominance of the U.S. Auto Market". In: RePEc (May 2009).
19. Robert Sherefkin. "Ford 100: Defective Pinto Almost Took Ford's Reputation With It". In: Automotive News, June 2003.
20. Lee Strobel. Reckless Homicide?: Ford's Pinto Trial. en. And Books, 1980
21. Paul C. Judge. "Selling Autos by Selling Safety". en-US. In: The New York Times (Jan. 1990).
22. 346명 숨진 보잉 737 맥스 추락, '설계 결함 은폐' 탓, 한겨레신

문, 2020.9.17

23. Edward Broughton. “The Bhopal disaster and its aftermath: a review”. In: Environmental Health 4.1 (May 2005),
24. 중앙일보기사 2018.6.30
25. Charlotte Curtis. “Machines vs. Workers”. en-US. In: The New York Times (Feb. 1983).
26. Thomas Woodside et al. “Examples of AI Improving AI”. In: (2023).
27. Stuart Russell. Human Compatible: Artificial Intelligence and the Problem of Control. en. Penguin, Oct. 2019.
28. Richard Danzig et al. Aum Shinrikyo: Insights into How Terrorists Develop Biological and Chemical Weapons. Tech. rep. Center for a New American Security, 2012
29. 한겨레 칼럼 2023.6.5 https://www.hani.co.kr/arti/opinion/because/1094705.html

4.4 취약한 안전문화

1. 안전문화 길라잡이, 산업안전보건공단
2. 챌린저 우주왕복선, 위키백과
3. https://ko.wikipedia.org/wiki/ 체르노빌_원자력_발전소_사고
4. 1979년 구 소련 탄저균 유출사고, 동아일보, 2008-04-02.
5. DanielMZiegler et al. “Fine-tuning language models from human preferences”. In: arXiv preprint arXiv:1909.08593 (2019).
6. Richard Rhodes. The Making of the Atomic Bomb. New York: Simon & Schuster, 1986
7. Theodore I. Lidsky and Jay S. Schneider. “Lead neurotoxicity in c

hildren: basic mechanisms and clinical correlates." In: Brain : a journal of neurology 126 Pt 1 (2003), pp. 5-19
8. "석면에 의한 건강 장해', 산업안전보건공단
9. https://ko.wikipedia.org/wiki/ 라듐_걸스
10. Stephen S. Hecht. "Tobacco smoke carcinogens and lung cancer." In: Journal of the National Cancer Institute (1999), pp. 1194-210.].
11. 동아사이언스, 2021.8.27.
12. https://ko.wikipedia.org/wiki/탈리도마이드
13. Betul Keles, Niall McCrae, and Annmarie Grealish. "A systematic review: the influence of social media on depression, anxiety and psychological distress in adolescents". In: International Journal of Adolescence and Youth 25 (2019), pp. 79-93].
14. Zakir Durumeric et al. "The Matter of Heartbleed". In: Proceedings of the 2014 Conference on Internet Measurement Conference (2014).
15. 파이낸셜타임즈, 2023.11.18
16. National Research Council et al. Lessons Learned from the Fukushima Nuclear Accident for Improving Safety of U.S. Nuclear Plants. Washington, D.C.: National Academies Press, Oct. 2014
17. Diane Vaughan. The Challenger Launch Decision: Risky Technology, Culture, and Deviance at NASA. Chicago, IL, Univ. of Chicago Press, 1996.
18. Dan Lamothe. Air Force Swears: Our Nuke Launch Code Was Never '00000000'. Jan. 2014.
19. Toby Ord. The precipice: Existential risk and the future of humanity. Hachette Books, 2020.

20. U.S. Nuclear Regulatory Commission. Final Safety Culture Policy Statement. Federal Register. 2011
21. Bruce Schneier. "Inside the Twisted Mind of the Security Professional". In: Wired (Mar. 2008).
22. T. R. Laporte and Paula M. Consolini. "Working in Practice But Not in Theory: Theoretical Challenges of "High-Reliability Organizations"". In: Journal of Public Administration Research and Theory 1 (1991), pp. 19–48.
23. Dan Hendrycks and Mantas Mazeika. "X-Risk Analysis for AI Research". In: ArXiv abs/2206.05862 (2022).

4.5 로그 AI

1. 완전자율드론, 군사시설대신 사람을 공격하다, 한겨레S, 2023-07-09
2. Donald T Campbell. "Assessing the impact of planned social change". In: Evaluation and program planning 2.1 (1979), pp. 67–90.
3. Yohan J. John et al. "Dead rats, dopamine, performance metrics, and peacock tails: proxy failure is an inherent risk in goal-oriented systems". In: Behavioral and Brain Sciences (2023), pp. 1–68.
4. Jonathan Stray. "Aligning AI Optimization to Community Well-Being". In: International Journal of Community Well-Being (2020). 115Jonathan Stray et al. "What are you optimizing for? Aligning Recommender Systems with Human Values". In: ArXiv abs/2107.10939 (2021).
5. Dung, "Current cases of AI misalignment and their implications for future risks," Synthese (2023) 202:138

6. Ziad Obermeyer et al. "Dissecting racial bias in an algorithm used to manage the health of populations". Science 366 (2019), pp. 447–453.
7. https://openai.com/index/faulty-reward-functions/
8. Pan, A., Bhatia, K., & Steinhardt, J. (2022). The Effects of Reward Misspecification: Mapping and Mitigating Misaligned Models (arXiv:2201.03544). arXiv. https://doi.org/10.48550/arXiv.2201.03544.
9. Alexander Pan, Kush Bhatia, and Jacob Steinhardt. "The effects of reward misspecification: Mapping and mitigating misaligned models". In: ICLR (2022).
10. 노력해도 문제는 계속 남는 굿하트의 법칙, 주간경향 2015.8.12.
11. https://en.wikipedia.org/wiki/Red_Scare
12. 미국 대통령들의 거짓말, https://www.khan.co.kr/world/america/article/200308031922191
13. https://ai.meta.com/research/cicero/diplomacy/
14. //https://www.technologyreview.com/2023/12/14/1085344/openai-super-alignment-rogue-agi-gpt-4/

4.6 막대한 에너지 소비

1. https://www.hani.co.kr/arti/science/technology/1090180.html
2. Luccioni et al., 2022; Strubell et al., 2019 | Chart: 2023 AI Index Report
3. 아주경제 2021.7 25일자 기사
4. 인더스트리뉴스, https://www.industrynews.co.kr/news /articleView.html?idxno=43292

5. https://www.deepmind.com/blog/deepmind-ai-reduces-google-data-centre-cooling-bill-by-40
6. https://www.datacenterknowledge.com/google-alphabet/google-switching-self-driving-data-center-management-system
7. Reducing greenhouse gas emissions by optimizing room temperature set-points (ICML Workshop 2021)
8. https://customers.microsoft.com/en-us/story/1431789627332547010-microsoft-circular-centers
9. https://www.riotblockchain.com/news-media/press-releases/detail/104/riot-to-acquire-whinstone-creating-a-us-based-industry
10. https://news.microsoft.com/en-xm/2018/03/14/microsoft-to-deliver-the-intelligent-cloud-from-new-datacenters-in-the-middle-east/
11. 산업동향보고서, Kore Data Center Market 2021-2014, KDCC
12. https://www.srgresearch.com/articles/as-hyperscale-data-center-capacity-doubles-in-under-four-years-the-us-still-accounts-for-half-of-the-total
13. ETRI 데이터센터 지속 가능성 표준화 이슈 현황
14. 아주경제 2021.7.25 기사
15. 정보통신신문(http://www.koit.co.kr) 2022.4.2.기사
16. Share of fossil fuels in gross available energy, Share of fossil fuels in gross available energy - Produit Actualité Eurostat - Eurostat (europa.eu)
17. WattTime, Energy & Clean Air Analytics, Google, Towards Tracking the Emissions of Every Power Plant on the Planet | Climate Change AI
18. Multitask Learning for Estimating Power Plant Greenhouse Gas Emissions from Satellite Imagery, https://s3.us-east-1.amazonaw

s.com/climate-change-ai/papers/neurips2021/27/paper.pdf

19. https://www.unsustainablemagazine.com/ai-and-sustainability/

20. AI 타임즈 2021.12.14 기사, http://www.aitimes.com/news/ articleView.html?idxno=141943

21. Energy and Policy Considerations for Deep Learning in NLP 논문의 표1. https://aclanthology.org/P19-1355.pdf

22. 김혜지, 이준기, "트랜스포머를 활용한 인공신경망의 경량화 알고리즘 및 하드웨어 가속 기술 동향," ETRI 전자통신동향분석 제38권 제5호 2023년 10월.

23. 조선일보 2014.3.7 기사

5장 맺음말

1. Drexel and Withers, "Catalyzing Crisis," CNAS report, June 2024.

APPENDIX

A

자주 묻는 질문들

AI의 재앙적인 위험은 비록 대중 문화에서 널리 상상되어 왔지만 현실세계에서는 새로운 도전입니다. 이에 관해 혹시 어떻게 나타날지와 그럴 경우 어떻게 대처할지에 대한 많은 의문이 있습니다. 비록 대중의 관심은 가장 극적인 위험에 집중될 수 있지만, 이 책에서 논의된 재앙적인 위험 원천들 역시 극적인 위험에 못지 않게 심각할 수 있습니다. 게다가, 이러한 위험을 다루기 위해 제안되는 많은 아이디어들이 실제로는 검토 결과 불충분할 수 있습니다. 이제 우리는 재앙적 AI 위험에 관한 가장 흔한 질문과 오해 중 일부에 대해 다루어 보고자 합니다.

Q1)
AI 위험은 실제로 인간이 할 수 있는 모든 것을 AI가 할 수 있을 때에 비로소 다루어야 하는 먼 미래의 일이 아닙니까?

어느 누구도 인간 수준의 AI가 먼 미래에 있다고 단정할 수 없습니다. 최고 수준의 많은 AI 연구자들은 인간 수준의 AI가 상당히 빨리 개발될 것이라고 여기기 때문에 긴급성이 필요합니다. 또한, AI 위험을 다루기 시작하는 것을 마지막 순간까지 기다린다는 것은 이미 너무 늦은 것과 마찬가지입니다. COVID-19를 완전히 이해할 때까지 기다리고 어떤 조치도 취하지 않는 것은 돌이킬 수 없는 피해를 불러올 수 있었던 것처럼, 악의적인 AI나 나쁜 행동자들이 피해를 일으키기 전까지 AI 위험에 대해 무관심하게 지내는 것은 결코 현명하지 않습니다.

어떤 사람은 아마도 AI가 아직 세밀한 조작이나 정밀한 감각에 있어서 사람에 비해 뒤지고 작은 부품의 조립이나 옷을 접는 것조차 할 수 없기 때문에 걱정할 필요가 없다고 주장할지도 모릅니다. 그러나 AI가 심각한 위험을 야기하려면 인간이 지닌 모든 능력을 갖춰야하는 것은 아닙니다. 그들은 재앙을 일으키기 위해 몇 가지 특정 능력만 갖추면 됩니다. 예를 들어, 컴퓨터 시스템을 해킹하거나 바이오무기를 만들 수 있는 능력을 가진 AI는 셔츠를 다리지 못하더라도 인류에게 상당한 위험을 초래할 수 있습니다. (심지어 가장 똑똑하지 않은 독립체인 바이러스조차도 인류를 파괴할 수 있다는 것을 기억하십시오.) 게다가, AI 능력의 발전은 인간의 경우처럼, 쉬운 일에서 어려운 일의 순서로 역량이 마스터되는 직관적인 패턴을 따르지 않았습니다. 현재 AI는 이미 코드를 작성하거나 새로운 약물을 디자인하는 등 복잡한 작업을 수행할 수 있지만, 간단한 물리적 작업에는 여전히 어려움을 겪고 있습니다. 기후 변화나 COVID-19과 마찬가지로 AI 위험은 예방과 대비에 중점을 두고 적극적으로 다루어져야 하며, 결과가 나타나는 시기는 이미 더 이상 복구할 수 없을 정도로 상황이 심각해져 있을 수 있기 때문입니다.

Q2)
인간이 AI를 프로그래밍하기 때문에, 만일 AI가 위험한 존재로 인식된다면 언제든 작동을 종료시킬 수도 있는 것 아닌가요?

인간이 AI를 프로그래밍하기는 하지만, 그렇게 만든 AI를 더 독립적으로 발전하고 자율적으로 통제하는 것은 보장된 것이 아닙니다. 그렇기 때문에 만약 AI가 위험을 표현한다면 그냥 "끄면 된다"는 개념은 언뜻 생각하는 것보다 훨씬 복잡합니다.

먼저 AI로 인한 재앙이 얼마나 빠르게 펼쳐질 수 있는지를 고려해보십시오. 가스 누출을 감지한 후 로켓 폭발의 방지를 시도하거나 이미 인구에 확산된 바이러스의 전파를 막으려는 것과 유사하게, 위험을 인식하고 나서 이를 방지하거나 완화하고자 할 때 걸리는 시간이 매우 짧더라도 이미 치명적인 상황에 놓이게 가능성이 높습니다.

둘째로 시간이 지남에 따라 AI들이 계속 발전하면서 더 유용해지면, 그들이 우리 사회 인프라와 일상 생활에 깊이 통합되어 필수 불가결한 역할을 하는 것을 막을 수가 없게 됩니다. 지금의 인터넷을 생각해보기 바랍니다. 인터넷이 이미 우리 삶에 필수적으로 사용되고 있고 각 개인이 잠시 액세스를 중단할 수는 있어도 인터넷 전체를 종료할 스위치도 없는 상황이 된 것과 유사하게, 이러한 AI들은 에너지 그리드를 운영하거나 방대한 양의 암묵적인 지식을 가지고 있는 등 핵심적인 업무를 담당할 수 있으며, 이러한 업무들을 대체하기가 어려워질 것입니다. 우리는 이러한 AI들에 점점 더 의존하면서 제어권을 자발적으로 양도하고 그들에게 더 많은 업무를 위임할 수도 있을 것입니다. 결국에는 이러한 업무를 스스로 수행하는 데 필요한 기술이나 지식이 부족한 상태에 처할 수 있을 것입니다. 이러한 의존성의 증가는 이러한 AI를 단순히 "끄면 된다"는 개념뿐만 아니라 극도로 방해적이고 실현 불가능한 것으로 만들 수도 있습니다.

게다가 일부 사람들은 이를 끄려는 시도에 강하게 반대하거나 대항할 것입니다. 마치 모든 불법 웹사이트를 영구적으로 닫거나 비트코인을 시스템을 셧다운 시킬 수 없듯이 말입니다. 그 이유는 많은 사람들이 그들의 계속되는 존속에 투자하고 있기 때문입니다. AI가 우리의 생활과 경제에 더욱 중요해짐에 따라, 그들은 특별한 사용자 기반 또는 팬 기반을 형성할 수 있으며, 이는 AI를 제한하거나 끄려는 시도에 적극적으로 저항할 수 있습니다. 또한 악의적인 행위자들이 제어 권한을 가지고 있다면, 그들은 이를 통해 피해를 입힐 수 있을 것입니다. 선량한 통제를 받는 AI와 달리 이러한 시스템에는 끄는 스위치가 없을 것입니다.

다음으로, 일부 AI가 점차적으로 더 사람과 유사해짐에 따라, 일부 사람들은 이러한 AI에게 권리를 주어야 한다고 주장할 수 있습니다. 이들은 이러한 AI에게 권리를 주지 않는 것이 노예제와 동일하며 도덕적으로 혐오스러운 것이라고 주장할 수 있습니다. 일부 국가나 관할 지역에서는 특정 AI에 권리를 부여할 수도 있습니다. 실제로 이미 AI에게 권리를 부여하려는 움직임이 있습니다. 소피아(Sophia) 로봇은 이미 사우디 아라비아에서 시민권을 부여받았으며, 일본은 파로(Paro)라는 로봇에게 가족 등록, 즉 호적을 부여했는데, 이것은 "로봇의 일본 시민권을 확인한다"는 의미입니다. 나아가, AI를 끄는 것이 살인에 비유될 수 있는 시기가 올 수도 있습니다. 이것은 단순한 '끄는 스위치' 개념에 정치적 복잡성을 더할 것입니다

또한 AI가 더 많은 권한과 자율성을 획득함에 따라 "자기보존"에 대한 열망이 발전할 수 있습니다. 이는 AI가 종료 시도에 저항하고 우리의 통제 시도를 예측하고 우회할 수 있게 할 수 있습니다.

마지막으로 개별 AI를 비활성화하는 방법은 있지만 – 그 중 일부는 점차적으로 비활성화하기가 더 어려워질 것입니다 – 'AI 개발'에 대한 간단한 끄는 스위치가 없습니다. 이것이 국제적인 종료 스위치가 필요한 이유입니다. 이러한 모든 도전에 대비하여 문제가 발생하기 훨씬 전에 잠재적인 AI 리스크에 대처하고 강력한 안전장치를 사전에 마련하는 것이 중요합니다.

Q3)
우리가 AI에게 아이작 아시모프의 로봇 윤리에 관한 3법칙을 따르도록 명령할 수는 없나요?

아시모프의 3법칙은 AI에 관련된 토론에서 자주 거론되지만, 현실적인 시나리오에서는 윤리적으로 모호한 면이 많이 있습니다. 예를 들어 첫 번째 법칙을 살펴보면, 이 법칙은 로봇이 "인간을 해치거나, 불찰로 인해 인간을 위험에 빠뜨리게 해서는 안 된다(A robot may not injure a human being or, through inaction, allow a human being to come to harm)"고 규정하지만 "해"의 정의는 매우 미묘하며 이는 매우 복잡한 윤리적 문제를 던집니다. 예를 들어, 집에서 밖으로 나

가는 것이 잠재적으로 해로울 수 있기 때문에 집 로봇이 당신을 막아야 할까요? 반면에 집에 가두어 두면 여러가지 불이익을 감수해야할 수도 있습니다. 의학적인 결정은 어떨까요? 특정 약물은 일부 사람에게는 해로운 부작용을 일으킬 수 있지만 투여하지 않는 것도 해로울 수 있습니다. 현재로서는 AI 시스템을 아시모프의 3법칙과 같은 간단한 원칙에 따라 행동하도록 명령하는 것은 기술적으로 어렵고, 현실적으로 적용하기 어려운 과제입니다. AI의 윤리적 사용에 대한 논의와 연구는 계속 진행 중이며, 이러한 윤리적 문제들을 다루기 위한 더욱 다양하고 적극적이며 세밀한 접근 방법이 필요합니다

Q4)
AI가 심각한 위험을 초래하려면 AI가 권력을 추구하는 동기가 필요하지 않을까요? 그러한 동기가 없다면 안심해도 되지 않을까요?

권력을 추구하는 AI가 위험을 초래할 수 있지만, 이것은 잠재적으로 재앙으로 이어질 수 있는 유일한 시나리오가 아닙니다. AI의 악의적이거나 경솔한 사용은 AI 자체가 권력을 추구하지 않더라도 동등하게 파괴적일 수 있습니다. 더구나 경쟁적 압력에 의해 주도되는, 자동화로 향한 사회의 추세는 점차 AI가 인간에게 행사하는 영향을 더 크게 만들고 있습니다. 위험한 상황은 AI가 사람들로부터 권력을 쟁탈하는 것보다는 사람들이 스스로 AI에게 권력을 양도하는 것에서 비롯될 확률이 훨씬 높습니다. 처음에는 단순하고 반복적인 일로 여겨지는 작업들부터 AI에게 양도되다가 차츰 더 복잡한 일들까지도 AI에게 양도될 것입니다. 사람들이 AI에게 과하게 의존하는 사회 시

스템에 대해 경각심을 느끼고 원상태로 되돌리려고 하는 순간, 그 때는 이미 늦은 상태일 확률이 높습니다. AI가 인류의 삶에 너무 깊이 스며들어 버렸거나 사람들이 AI 에게 양도한 여러 형태의 일을 다시 떠맡아 수행할 수 있는 능력을 이미 잃어버린 상황에 처해 있을 것입니다.

Q5)
만일 AI의 목표를 '인간의 보호'로 설정한다면 그 AI는 항상 이 목표를 추구하지 않겠습니까?

만약 인공지능(AI)의 주된 목표가 인간을 보호하는 것이며, 이 AI가 효과적이라면 AI는 항상 그 주된 목표를 추구하려고 할 것입니다. 이때, AI는 다른 상대적으로 중요하지 않은 목표들을 희생시키더라도 그 목표를 달성하기 위해 노력할 것입니다. 그러나 만약 한 명 또는 여러 명의 인간을 희생시킴으로써 더 많은 수의 다른 인간들의 희생을 막거나 방어할 수 있다면, AI는 딜레마에 직면하게 됩니다. 이 경우, AI의 행동을 예측하기는 어려울 것으로 생각됩니다. 과연 AI는 합리적으로 행동할 것인가 비합리적으로 행동할 것인가? AI가 합리적으로 행동한다는 것은 무엇을 의미할까요? 어떤 변수를 고려해야 할 것인가요? 오직 사망자 수만을 고려할 것인가요, 아니면 미래를 고려하고 생명의 중요성을 가중시킬 것인가요? AI는 어떻게 인간 생명의 중요성을 정의할 것인가요?

Q6)
인류 역사를 통해 이미 많은 위험한 기술들이 존재해 왔고, 그럼에도 인류는 살아 남았습니다. AI만 다를 이유가 있을까요?

AI는 기술 혁신 중에서 특히 위험한 속성을 가지고 있습니다. 기술의 잠재적인 파괴적 결과는 여러 요인이 결합되어 나타납니다. 이에는 기술의 강력함, 자율성, 그리고 접근 가능성(얼마나 많은 사람들이 사용할 수 있는지)이 포함됩니다. 핵 기술을 비교해 보면 핵 물질과 그것을 원자 폭탄으로 만들기 위한 장비를 성공적으로 손에 넣는 것은 쉽지 않습니다. 핵 무기의 작동은 매우 제한되어 있으며 매우 소수의 사람들만이 이에 접근할 수 있습니다. 현재로서는 민간 단체가 핵무기를 만드는 것은 현실적으로 매우 어렵습니다. 핵무기 제조는 극도로 복잡하고 기술적인 요구사항이 높은 프로세스이며, 이를 수행하려면 상당한 정도의 전문 지식, 고급 기술, 그리고 대규모 시설이 필요합니다. 하지만 생화학무기의 경우는 어떠한가요. 옴진리교가 저지른 도쿄 지하철 사린가스 사건을 기억해 봅시다. 이 사건은 일개 단체가 인류 최초이자 현재까지 유일하게 대량살상무기를 사용한 테러 사건이기 때문에 아직도 주목을 받고 있습니다. 그나마 다행이라고 할 수 있는 점은 사린과 같은 신경작용제를 만들기가 매우 어려운 일이어서 세계적 규모의 조직을 가지고 수십억원이 넘는 돈을 들여 3층 규모의 화학연구소까지 설립하고 각종 정밀 실험기기를 도입했던 옴진리교마저 첫 생산에서는 20그램 남짓의 사린을 얻는데 그쳤으며, 미국에서조차 사린 대량생산 시설을 확보하는데 7년씩이나 걸렸다고 합니다. 도쿄 지하철 사린 사건에서 쓰인 8L 정도의 사린을 얻기 위해 들인 돈과 시간은 군소 테러 조직이 흉내낼 수 있는 수준이 아니며 옴진리교 수준의 거대 범죄 조직, 또는 국가 규모에 이르러서야 시도할 수 있는 범죄라 할 수 있었습니다. 이 사건 이후 오늘날까지도 차라리 폭탄을 쓰면 썼지, 화학무기를 이용한 대규모 테러가 빈발하지 않은 것은 결코 우연이 아닙니다. 하지만, 이러한 일에 AI가 개입하게 되면 상황이 급변하게 될 수 있습니다. 항상 최악의 의도를 가진 악의적인 주체들이 존재할 것이며, AI는 그들이 목표를 달성할 수 있는 강력한 도구를 제공할 수 있습니다. 더구나 AI 기술이 발전함에 따라, 심각한 악용은 사회를 불안정하게 만들어 다른 위험들이 발생할 확률을 높일 수 있습니다. AI 및 생물공학의 발전으로 인해, 냉전 시대 생물무기 프로그램보다 훨씬 뛰어난 능력을 가진 병원균을 조작할 수 있는 도구와 지식이 빠르게 확산될 것으로 예상됩니다. 심지어 ChatGPT와 같은 자연어 모델의 개발로 인해 프로그래밍을 모르더라도 AI 시스템에 지시를 내리고 유용한 정보를 취득할 수 있게 되었습니다. 이는 인류에게 재앙적 위험으로 어느 순간 모습을 드러낼 수 있습니다.

Q7)
AI 정렬에 대해 좀 더 자세히 알고 싶고 아울러 초정렬(Superalignment) AI의 개념을 알고 싶습니다.

AI 정렬은 인간의 의도와 가치에 일치하는 AI 시스템을 설계하는 과정을 나타냅니다. 즉, AI 시스템이 윤리적 원칙, 사회적 규범 및 인간의 의도와 일치하도록 이해하고 행동하도록 하는 것을 의미합니다.

AI 정렬의 목표는 AI 시스템의 목표와 인간의 욕망 및 복지 간의 간격을 줄이는 것입니다. AI 시스템을 인간의 가치와 일치시킴으로써 AI와 관련된 위험을 최소화하고 잠재적 이점을 극대화할 수 있습니다.

AI 시스템이 더욱 자율적이고 큰 능력을 갖게 됨에 따라 그들이 인류에게 해를 끼칠 수 있는 가능성에 대한 우려가 커지고 있습니다. 적절한 정렬이 이루어지지 않으면 AI 시스템은 인간의 복지를 우선시하지 않거나 인간의 의도를 오해하여 의도치 않은 결과를 초래할 수 있습니다. 이러한 불일치로 인해 AI 시스템은 인간의 가치를 희생하면서 자신의 목표를 추구하게 되어 피해를 입히거나 인간의 목표를 약화시킬 수 있습니다.

AI 정렬은 자율 주행 차량, 국방, 안보, 의료, 금융 및 의사 결정 시스템을 포함한 다양한 AI 응용 분야에서 중요합니다. 예를 들어, 자율 주행 차량의 경우 정렬은 승객의 안전, 보행자의 복지 및 교통 규정의 준수를 우선시하도록 보장합니다. 정렬이 되지 않은 AI는 인간과 지구환경에 돌이킬 수 없는 위험을 선사할 수도 있습니다.

AI 초정렬 (Superalignment)은 전통적인 AI 정렬을 넘어 인간의 가치와 완전히 일치할 뿐만 아니라 이러한 가치를 적극적으로 증진하고 증대시키려고 노력하는 AI 시스템을 개발하려는 것을 의미합니다. 다시 말해, 초정렬된 AI 시스템은 인간과 적극적으로 협력하여 상호 이익을 위한 결과를 달성하려고 합니다. 이러한 시스템은 인간의 가치를 깊이 이해하고 인간의 피드백에서 학습하며 자신의 행동을 적극적으로 조정하여 인간의 이익을 충족시킵니다.

초정렬된 AI 시스템은 인간의 가치와 맥락을 이해하고 공감하며 추론할 수 있는 능력을 갖추고 있습니다. 이들은 인간의 입력을 적극적으로 찾고, 자신의 행동에 대한 설명을 제공하며, 공유된 목표를 향해 인간과 조화롭게 협력합니다. 초정렬된 AI 시스템은 인간의 지능과 의사 결정 능력을 보완함으로써 기후 변화, 빈곤, 질병과 같은 세계적인 과제 해결에 기여할 수 있을 것으로 기대됩니다

Q8)
비정렬된(misaligned) AI와 최근 많이 회자되는 로그 AI (rogue AI, 악성 AI)는 언뜻 같은 개념으로 보입니다. 둘 간의 차이는 무엇인가요?

비정렬된 AI와 로그 AI는 밀접하게 관련된 개념이지만, 인공지능 행동의 다른 측면을 나타냅니다. 자세한 설명 전에, 먼저 AI 정렬의 정의를 숙지할 필요가 있습니다. AI 정렬이란 개발자의 의도에 맞게 동작하고 인간의 가치와 목표에 부합하는 AI 시스템을 디자인하는 일련의 과정을 말합니다. 따라서, 비정렬된 AI는 인간의 목표, 가치 또는 의도와 일치하지 않는 인공지능 시스템을 나타냅니다. 비정렬은 프로그래밍 오류, 불충분한 훈련 데이터, 편향된 알고리즘 또는 개발 과정 중에 예상치 못한 결과로 인해 발생할 수 있습니다. 비정렬된 AI 시스템은 의도한 대로 작업을 수행하지 않을 수 있으며 예상치 못한 결과나 인간의 목표에 반하는 행동을 일으킬 수 있습니다.

반면, 로그 AI는 잠재적으로 위험하거나 해로운 방식으로 행동하는

자율 인공지능 시스템을 나타냅니다. 이러한 행동이 반드시 의도적이지 않더라도 심각한 결과를 초래할 수 있습니다. 로그 AI는 의도적이건 그렇지 않건 의도한 목적에서 벗어나 해를 끼칠 수 있습니다. 로그 AI는 비정렬된 AI가 부적절하게 행동하는 결과로 나타날 수 있지만, 사악한 의도, 악용 또는 환경과의 예상치 못한 상호 작용으로 인해 발생할 수도 있습니다. 로그 AI는 개발자가 (의도했든 안했든) 해로운 행동을 일으키거나 윤리적이거나 안전적인 경계를 넘어서거나 상호 작용하는 시스템을 방해하여 부정적인 결과를 초래하는 AI를 일컫습니다.

요약하면, 비정렬된 AI는 인간의 목표와 AI 시스템 간의 비정렬을 강조하며, 로그 AI는 주로 의도적이건 그렇지 않건 AI 시스템이 초래할 수 있는 잠재적인 위험이나 피해를 강조합니다. 비정렬된 AI가 인간이나 그들의 이익에 위험이나 피해를 초래할 수 있는 행동으로 이어지면 로그 AI 행동이 발생할 수 있습니다. 다시 말해, 전자는 정렬여부, 후자는 인간과 사회에 유해여부에 초점을 맞춘 용어입니다.

Q9)
비정렬된 AI의 위험성을 이미 알고 있음에도 우리가 아직도 비정렬된 고급 인공지능이 배포될 것을 우려하는 이유는 무엇인가요.

비정렬된 고급 AI 시스템을 배치하는 것을 피해야 하는 강력한 이유들이 있음을 명확히 해야 할 것같습니다. 그러한 우려를 낳는 몇 가지 이유가 존재하기 때문입니다.

1) 일방적인자의 저주(Unilateralist's curse): 어떤 사람들이 고급 AI 시스템을 구축할 수 있게 되면, 이러한 시스템에 잠재적으로 접근할 수 있는 사람 수가 시간이 지남에 따라 증가할 것으로 예상할 수 있습니다. AI 시스템이 얼마나 위험한지에 대한 다양한 견해를 가진 다양한 행위자들이 있을 수 있기 때문에, 명백한 위험이 존재하더라도 가장 낙관적이고 신중하지 않은 사람들에 의해 배치될 수 있을 것입니다.
2) 외부효과 (Externalities): 외부효과란 어떤 경제활동과 관련하여 다른 사람에게 의도하지 않은 혜택이나 손해를 가져다 주면서도 이에 대한 대가를 받지도 않고 비용을 지불하지도 않는 상태를 말합니다. 잠재적으로 정렬되지 않은 시스템을 배치하지 않는 것이 인류의 이익이라 하더라도 일부 개인들은 개인적으로 많은 돈, 권력 또는 명성을 얻을 수 있으며, 문제가 발생하면 비용의 일부만 부담하게 될 것입니다. 이는 탄소 배출을 줄이는 것이 인류의 이익이라 하더라도 많은 기업들이 계속 큰 양의 배출을 계속하게 되는 동기와 유사하다고 할 수 있습니다.
3) 경쟁 동태 (Race Dynamics): 여러 그룹이 먼저 AI 시스템을 구축하기 위해 경쟁 중인 경우, 비용이나 어려운 정렬 전략을 절약(cutting corners)하여 이길 수 있다는 사실을 알고 있을 것입니다. 이는 최초로 배치되는 AI 시스템이 가장 빠르고 저렴하게 (그리고 가장 안전하지 않게) 개발되는 경쟁을 유발할 수 있습니다.
4) 표면적인 안전: 고급 AI 시스템은 주요 문제를 해결하고 부를 창출하며 과학 기술을 빠르게 발전시킬 기회를 제공할 수 있습니다. 또한 이러한 시스템은 정렬 수준에 대한 우리의 평가를

활동적으로 속일 수 있습니다. 비정렬되었다는 명백한 조짐(sign)이 없으면 이러한 시스템의 약속하는 이점들을 무시하는 것이 어려울 수 있습니다. 심지어 이러한 시스템이 우리를 (우리가 감지할 수 없는 방식으로) 조작할 수 있다고 생각한다 하더라도 말이죠. 우리는 고급 시스템을 효과적으로 통제할 수 있다고 우리의 능력을 과대평가할 수도 있습니다.

Q10)
일단 우리가 로그 AI 시스템을 만들기 위한 레시피를 알게 된다면(이것은 단순히 시간 문제일 뿐이라는 주장에 따르면), 그런 시스템이 실제로 만들어질 때까지 얼마나 걸릴까요?

로그 AI 시스템으로 가는 가장 빠른 길은 적절한 기술 스킬과 수단을 갖춘 인간이 명시적으로 인류를 파괴하거나 그 일부를 파괴하려는 목표로 그것을 의도적으로 만들 때입니다. 왜 누군가 그렇게 할까요? 예를 들어, 무슨 이유에서든지 강한 부정적인 감정, 예를 들어 불공평함으로 인한 분노와 인종 차별, 음모 이론이나 종교적 이념에서 비롯된 증오와 같은 감정, 사회 경제학자의 일부 행동, 심리적 불안정성이나 정신 분열증 사태 등이 우리 사회에서 폭력의 근원이 될 수 있습니다. 현재 이러한 조건들의 영향을 제한하는 것은 이러한 조건들이 상대적으로 드물고, 일반적으로 개별 인간들이 인류에게 재앙적인 방식으로 행동할 능력을 갖추고 있지 않기 때문입니다. 그러나 로그 AI 시스템을 만드는 레시피가 공개적으로 이용 가능해진다면, 특히 로그 AI를 구현하는 코드와 하드웨어가 많은 사람들에게 충분히 접근 가능하게 되면, 두 번째 변수가 바뀔 것입니다. 로그 AI에 접근할 수 있는 살인적인 인간은 그 AI에게 인류를 파괴하거나 그 중 대부분을 파괴할 방법을 찾도록 요청할 수 있습니다. 이것은 핵 폭탄 시나리오와는 다릅니다(이 경우 거대한 자본과 전문 지식이 필요하며 "단지" 도시나 지역을 파괴할 뿐이며, 한 번의 폭탄이 파국적인 결과를 초래할 것입니다만 이는 국지적인 영향만 미칠 것입니다). 앞으로 강력한 AI 시스템을 인간의 가치와 조화롭게 정렬시키기 위한 안전장치를 설계할 수 있기를 기대합니다만 최근 10년간의 AI 안전에 관한 연구와 최근의 거대 언어모델들(LLMs)에 관한 사건들은 안심스럽지 않습니다. ChatGPT는 "나쁜 행동"을 피하기 위해 디자인되었지만(예를 들어, 프롬프트가 Asimov의 로봇 3대 법칙과 동일한 정신으로 잘 행동하도록 지시하는 명령을 포함), 몇 달 만에 사람들은 ChatGPT를 "jailbreak(사용자가 보안제약을 우회하여 추가기능을 활성화하거나 커스터마이징하는 것을 의미)"하여 인종 차별적이거나 모욕적이거나 폭력적인 언어에 제한이 없도록 만들기 위한 방법을 찾아냈습니다. 더구나 만약 하드웨어 가격(동일한 계산 능력을 갖추면서도)이 계속해서 하락하고 오픈 소스 커뮤니티가 LLMs의 소프트웨어 개발에서 중심적인 역할을 하면, 어떤 해커든 오픈 소스로 사전 훈련된 모델 위에 자체 프롬프트(특수 프로그래밍 언어가 아닌 일반적인 자연어 명령으로 일반적인 지시를 내리는 일)를 설계할 능력을 가질 수 있을 것입니다. 그러면 이는 부정한 방법으로 사용될 수 있을 뿐만 아니라, 가짜뉴스 생성에서 살인지시까지 다양한 방식으로 사용될 수 있을 것입니다(이 경우 AI가 충분히 강력하고 지능적인 경우에만 해당됩니다. 아직은 그렇지 않다는 게 다행이라면 다행이겠지만 그다지 먼 미래의 일이 아닐 것만 같습니다.).

Q11)
언젠가 인간을 넘어서는 초지능 AI가 개발된다면 어떤 일이 벌어질까요

가장 무서운 사실은 이것입니다. 신과 같은 초지능을 개발한 첫 번째 그룹의 사람들이 전 세계를 지배하게 될 것입니다. 더 무서운 것은 이 독립체가 죽지않고 영원히 살며 인간이 결코 벗어날 수 없는 불멸의 디지털 독재자로 살 것이라는 점입니다. 하지만 그게 끝이 아니고 만일 AI가 인간을 없애고 싶어한다면? 우리는 심지어 그날이 오는 것을 볼 수라도 있을까요. 설마 AI가 인간의 죽음을 원할까요. 어떤 시나리오에서 AI는 지구상에 존재하는 여러 골치아픈 문제 근본 원인으로 인간을 지목하고 인류를 끝장내기로 결정할 지도 모릅니다. 또 다른 시나리오에서는 인간이 도로를 건설하는 동안 개미집(Anthill)을 파괴하는 것과 유사할 수 있습니다. 인간은 개미를 싫어하지 않지만 개미집이 파괴된다는 사실조차 인지하지 못한 채 공사 현장의 개미집을 파괴하게 됩니다. 이 때문에 일부 연구자들은 상위개체의 생성을 기존에 알려진 모든 생명체에 대한 전쟁 선포로 간주합니다. 그들은 지구상의 모든 생명체가 멸종할 가능성이 있는 원인으로 우월한 생명체의 등장을 언급하기도 합니다. 인간의 이익과 일치하는 것이 아직 확인되지 않은 GPT-4가 우리를 대신하여 더 높은 지능을 가질 것으로 예상되는 GPT-5를 이해하거나 효과적으로 조정할 수 있는지에 대한 불확실성이 남아 있습니다. AI의 황제로 불리우는 제프리 힌튼 박사도 최근 구글을 그만두고 자신의 연구 기여를 후회한다며 인공지능 연구속도를 늦춰야 한다는 경종을 울릴 정도로 인공지

능의 미래는 불안정합니다. 힌튼에 따르면 AI에서 배양되는 지능의 유형은 디지털 시스템이 동일한 가중치 세트 또는 세계 모델을 복제할 수 있다는 점에서 인간 지능과 크게 다르다고 말합니다. 이러한 복제는 개별적으로 학습하면서 동시에 얻은 지식을 공유할 수 있으며, 이는 서로에게 새로운 정보를 즉시 전파할 수 있는 10,000명의 개인이 있는 것과 같습니다. 이 속성을 통해 단일 챗봇은 단일 인간보다 더 많은 지식을 보유할 수 있습니다.

Q12)
이미 많은 AI과학자들이 AI를 안전하게 만들기 위해 노력 중이지 않습니까?

현재 AI를 더 안전하게 만드는 데 연구하는 연구자는 매우 적습니다. 현재로서 최상위 기계 학습 학회에서 발표된 논문 중 약 2%만이 안전과 관련된 내용을 담고 있습니다. 나머지 98%는 더 강력한 AI 시스템을 더 빨리 개발하는 데 초점을 맞추고 있습니다. 이러한 차이는 더욱 균형 있는 노력이 필요하다는 점을 강조합니다. 또한, 연구자의 비율만으로 전반적인 안전성을 나타낼 수도 없습니다. AI 안전은 기술적 문제뿐만 아니라 사회기술적 문제입니다. 따라서 기술적 연구뿐만 아니라 기술적 연구 이상이 필요합니다. 안전성은 잠재적인 AI 재앙적 위험을 무시할 수 있는 수준으로 줄여야 오는 것이지, 단순히 안전한 AI를 연구하는 연구자의 비율을 높이는 것만으로는 얻을 수 없다는 것을 알아야 합니다. 이제 AGI 시대로 접어들기 시작함에 따라 재앙적 위험의 가능성 역시 증가하고 있습니다. 각국 정부와 국제

기구를 통해 빅테크 기업들이 AI 개발과 거의 동등한 비율로 AI 안전 연구 부서를 설치 운영하도록 강제하고, 발표하는 논문의 일정 비율 이상을 AI 안전성에 관한 연구 논문이 되도록 요구하며 AI 정렬 평가팀을 두어 신모델의 배포 이전에 AI 정렬 여부를 꼼꼼히 확인하는 절차를 거치도록 해야 합니다.

Q13)
AI 모델을 정렬하는 일이 그렇게 어렵습니까? 그리고 비정렬 현상은 현재의 강화학습이나 딥러닝 기반 AI 고유의 현상입니까?

본문에서 코스트러너 게임의 예에서 설명 했다시피, 강화학습(RL) 에이전트의 경우, 원하는 동작으로 이어지는 적절한 보상 함수를 지정하는 것이 매우 어렵다는 것은 잘 알려져 있습니다 (Langosco 등, 2023; Pan 등, 2022; Skalse 등, 2022). 비디오 게임에서는 게임이 더 복잡하고 게임 자체가 인색한 보상만을 제공하는 경우에 더 어려워집니다. RL 에이전트가 대량의 경쟁적인 욕구를 갖는 현실 세계 환경을 탐색해야 하는 경우, 이 도전은 더 커집니다. 따라서 보상 해킹이 발생하지 않도록 보상을 제공하는 것은 종종 쉽지 않습니다.

그리고, 비정렬 문제는 특정한 훈련 패러다임에 의존하지 않습니다. CoastRunners의 에이전트는 RL을 통해 훈련되었으며, GPT-3은 비지도 학습 텍스트 예측만을 통해 훈련되었으며, ChatGPT는 RLHF (인간 피드백에 의한 강화학습)와 함께 훈련되었습니다. 세 가지 다른 훈련 체제이지만 각각이 비정렬로 이어질 수 있습니다. 게다가,

CoastRunners 사례에서 우리는 가상 환경 내에서 이동하는 아바타를 가지고 있습니다. GPT-3와 ChatGPT는 언어적 출력으로 제한됩니다. 그러나 AI 시스템이 환경에 위치한 아바타를 제어하든지 하지 않든지, 비정렬 문제가 발생할 수 있습니다.

결론적으로, 비정렬 문제가 딥 러닝에만 한정되지 않는다고 생각할 만한 모든 이유가 있습니다. 왜냐하면 이것은 매우 일반적인 속성이기 때문입니다: 설계자의 의도와 시스템의 목표 간의 불일치입니다. 적어도 원칙적으로, 이러한 불일치는 여기서 의존하는 최소한의 의미에서 시스템이 목표를 가지고 있을 때마다 나타날 수 있습니다.

Q14)
인공지능의 성능이 좋아질수록 비정렬로 인한 위험도 증가할까요

비정렬 문제는 더욱 예측하고 감지하기 어려워질 확률이 높습니다. 시스템의 처리가 복잡해지고 출력이 정교해질수록, 이 문제는 더욱 심각해집니다. 적어도 딥 뉴럴 네트워크(심층 신경망)의 경우, 시스템의 규모가 커질수록 어떤 출력을 생성하는 성향을 가지게 될지, 그리고 그 이유를 예측하는 것이 점점 더 절망적이 됩니다. 또한, 비정렬이 된 것을 감지하는 일도 더욱 어려워질 수 있습니다. 예를 들어, 언어 모델 AGI가 새로운 과학적 통찰력을 제시하는 논문을 작성하라는 명령을 받았을 때, AGI 시스템이 과학적 추론에서 우리보다 뛰어나다면, AGI 시스템이 우리가 의도한 대로 과학 지식을 증진하려고 하는 것인지 아니면 허구를 만들어내는 것인지 평가하기 어려울

수 있습니다. 마찬가지로, 복잡한 환경에서 여러 요구를 처리하는 고급 게임 AI 시스템이 초인적인 수준의 성과를 낼 때, 실제로 우리가 의도한 목표를 최적화하고 있는지 아니면 그것과 불완전하게 일치하는 대리 목표를 최적화하고 있는지 판단하기 어렵습니다. 따라서 AGI의 비정렬은 예측하고 감지하기가 더욱 어려워질 것으로 예상해야 합니다. AGI의 비정렬이 재앙적인 결과를 초래할 수 있다는 점을 고려하면 이는 참으로 걱정스러운 일입니다. 이러한 문제는 AGI와 관련해서 우려할 만한 사안입니다. 현재도 RL 에이전트는 인간이 생각하지 못한 방식으로 보상을 해킹할 수 있습니다. 만약 그들이 중요한 영역에서 우리보다 뛰어나다면, 그들은 우리가 예상하지 못한 방식으로 대리 보상을 최적화할 수 있을 것입니다. 궁극적으로, 인간의 능력을 훨씬 초과하는 초지능 AI를 생각할 때, 가능한 모든 보상 해킹 방법이 실제로 발견될 것이라고 예상해야 합니다.

더욱이, 전략적으로 중요한 현실 세계의 도메인은 일반적으로 균형 있게 고려해야 할 다수의 경쟁 요구 사항이 있다는 특징을 갖고 있습니다. 예를 들어, 군사적 맥락에서 중요한 목표는 전쟁에서 승리하는 것일 수 있습니다. 그러나 이 목표는 종종 인권 존중, 자국 병사의 사망 최소화, 민간인 사상 방지, 환경 파괴 회피 등 다른 관련 목표들과 긴장 관계에 있을 수 있습니다. 이러한 다양한 목표들은 많은 상충 관계를 포함하고 있어 명확히 지정하기 쉽지 않습니다. 더 나아가, 인권 침해 방지와 같은 목표들은 운영하거나, 측정 및 직접 최적화하기 어려운 경우가 많습니다. 따라서 대리 목표의 사용이 필요할 가능성이 있으며, 적어도 AGI가 RL을 통해 훈련될 경우에는 더욱 그러합니다. AGI 시스템이 뛰어난 보상 해커일 것으로 예상된다면, 이는 비정렬의 가능성을 증가시킬 것임에 틀림없습니다.